地铁土建工程施工技术及应用研究

牛 文　黄日生　刘红伟　著

吉林科学技术出版社

图书在版编目（CIP）数据

地铁土建工程施工技术及应用研究 / 牛文, 黄日生,
刘红伟著. —长春: 吉林科学技术出版社, 2021.8
ISBN 978-7-5578-8655-4

Ⅰ.①地… Ⅱ.①牛… ②黄… ③刘… Ⅲ.①地下铁
道–铁路施工–研究 Ⅳ.①U231

中国版本图书馆CIP数据核字(2021)第165344号

地铁土建工程施工技术及应用研究

著　　牛　文　黄日生　刘红伟
出 版 人　宛　霞
责任编辑　隋云平
封面设计　优盛文化
制　　版　优盛文化
幅面尺寸　170mm×240mm　1/16
字　　数　252千字
页　　数　225
印　　张　14.25
印　　数　1–200册
版　　次　2021年8月第1版
印　　次　2021年8月第1次印刷

出　　版　吉林科学技术出版社
发　　行　吉林科学技术出版社
地　　址　长春市净月区福祉大路5788号
邮　　编　130118
发行部电话/传真　0431–81629529　81629530　81629531
　　　　　　　　　　　81629532　81629533　81629534
储运部电话　0431–86059116
编辑部电话　0431–81629518
印　　刷　定州启航印刷有限公司

书　　号　ISBN 978-7-5578-8655-4
定　　价　75.00元

编写委员会

主　编：牛　文　黄日生　刘红伟

副主编：许爱政　谢靖宇　杜向南　李永佳　阳　明

编　委：吴永哲　杨云飞　李亚辉　李绛峰　孙　富　王宇阳
　　　　张雪琼　郝保安　相龙胜　叶社保　郭瑞蛟　赵小朋
　　　　万　超

前　言

　　地铁作为一种舒适快捷的大众地下交通工具，在改善城市环境、优化城市结构、促进城市发展方面发挥着重要作用。因此，近年来地铁成为我国各大一、二线城市基础设施建设的主流，可以说当前全国地铁建设已进入高峰期。通常地铁使用寿命为100年，地铁建设施工质量是实现预期使用目标的重要前提，其中土建施工技术和质量是重中之重。

　　近年来，中国的地铁建设正在快速增长，截至2019年，中国共有40个城市开通城市轨道交通运营线路208条，运营线路总长度为6 730.27 km。地铁建设施工复杂、工艺要求高、投入多，导致地铁工程的施工风险大、返工成本高。这就要求针对土建工程项目实际情况，制定研究内容、研究方法和施工技术路线保证措施对项目重点部位、环节进行全面、全过程、全员质量管理，促使土建工程质量一次成优。

　　本书属于地铁土建工程施工技术及应用方面的著作，由轨道交通的基本认知、地铁车站土建工程施工技术、地铁区间土建工程施工技术、地铁监控量测与质量检测技术、地铁土建工程新技术的应用和地铁土建工程施工案例分析等部分组成。全书以地铁土建工程施工技术及应用为研究对象，分析地铁土建工程施工工法的技术要点及常见问题，阐述施工流程、技术创新应用以及施工案例，实现对地铁土建工程施工技术的全面认识。

　　本书对地铁建设、施工、设计等方面的研究者和从业人员有学习和参考价值。由于编者水平经验不足，疏漏不足之处在所难免，敬请读者予以指正。

目　录

第一章 轨道交通的基本认知

第一节 城市轨道交通

一、定义

城市中使用车辆在固定导轨上运行并主要用于城市客运的交通系统称为城市轨道交通。

城市轨道交通是指具有固定线路，铺设固定轨道，配备运输车辆及服务设施等的公共交通设施。"城市轨道交通"是一个范围较大的概念，国际上没有统一的定义。一般而言，广义的城市轨道交通一般以轨道运输方式为主要技术特征，是城市公共客运交通系统中具有中等以上运量的轨道交通系统（有别于道路交通）。城市轨道交通主要为城市内（有别于城际铁路，但可涵盖郊区及城市圈范围）公共客运服务，是一种在城市公共客运交通中起骨干作用的现代化立体交通系统。

二、城市轨道交通在城市中的重要性

（1）城市轨道交通是城市公共交通的主干线、客流运送的大动脉，是城市的生命线工程。城市轨道交通建成运营后，将直接影响城市居民的出行、工作、购物和生活等方面。

（2）城市轨道交通是世界公认的低能耗、少污染的"绿色交通"，是解决"城市病"的一把金钥匙，对实现城市的可持续发展具有非常重要的意义。

（3）城市轨道交通是城市建设史上最大的公益性基础设施，对城市的全局和发展模式将产生深远影响。为了建设生态城市，应把摊大饼式的城市发展模式转变为伸开的手掌形模式，手掌形模式城市发展的骨架就是城市轨道交通。城市轨道交通的建设可以带动城市沿轨道交通廊道发展，促进城市繁荣，形成郊区卫星城和多个副中心，从而缓解城市中心人口密集、住房紧

张、绿化面积小、空气污染严重等通病。

（4）城市轨道交通的建设与发展有利于提高市民出行的效率，可节省时间，改善生活质量。

三、城市轨道交通的主要技术特性

（一）城市轨道交通有较大的运输能力

城市轨道交通由于高密度运转、列车行车时间间隔短、行车速度高、列车编组辆数多而具有较大的运输能力。城市轨道交通单向高峰每小时的运输能力最大可达到 6 万～8 万人次（市郊铁道）；地铁达到 3 万～6 万人次，甚至达到 8 万人次；轻轨 1 万～3 万人次；有轨电车能达到 1 万人次。城市轨道交通的运输能力远远超过公共汽车。据文献统计，地下铁道每千米线路年客运量可达 100 万人次，最高达到 1 200 万人次，如莫斯科地铁、东京地铁、北京地铁等。城市轨道交通能在短时间内输送较大的客流。据统计，地铁在早高峰时段 1 h 能通过全日客流的 17%～20%，3 h 能通过全日客流的 31%。①

（二）城市轨道交通具有较高的准时性

城市轨道交通在专用行车道上运行，不受其他交通工具干扰，不产生线路堵塞现象，并且不受气候影响，是全天候的交通工具，列车能按运行图运行，因此具有可信赖的准时性。

（三）城市轨道交通具有较高的速达性

与常规公共交通相比，城市轨道交通具有较高的运行速度，有较高的启、制动加速度，多数采用高站台，列车停站时间短，上下车迅速方便，因此可以使乘客较快地到达目的地，缩短出行时间。

（四）城市轨道交通具有较高的舒适性

与常规公共交通相比，城市轨道车辆具有较好的运行特性，车辆、车站等装有空调、引导装置、自动售票等直接为乘客服务的设备，具有较好的乘车条件。

---

① 任远，田建兆．城市轨道交通车载信号系统 [M]．北京：北京交通大学出版社，2019：45.

（五）城市轨道交通具有较高的安全性

城市轨道交通没有平交道口，不受其他交通工具干扰，有先进的通信信号设备。

（六）城市轨道交通能充分利用地下和地上空间

大城市地面拥挤、土地费用昂贵。城市轨道交通充分利用了地下和地上空间的开发，不占用地面街道，能有效缓解由于汽车数量过大而造成的道路拥挤、堵塞，有利于城市空间合理利用，特别有利于缓解大城市中心区交通过于拥挤的状况，因此提高了土地利用价值，能改善城市景观。

（七）城市轨道交通的系统运营费用较低

城市轨道交通主要采用电气牵引，轮轨摩擦阻力较小，与公共电车、公共汽车相比，可进一步节省能源，运营费用较低。

（八）城市轨道交通对环境的污染较低

城市轨道交通的发展，可以减少公共汽车的数量，因此进一步减少了汽车的废气污染。由于在线路和车辆上采取了各种降噪措施，城市轨道交通一般不会对城市环境产生严重的噪声污染。

城市轨道交通具有运量大、速度快、安全、准时、保护环境、节约能源和用地等特点。世界各国普遍认为，解决城市交通问题的根本出路在于优先发展以轨道交通为骨干的城市公共交通系统。

四、城市轨道交通的基本类型

城市轨道交通属绿色环保交通体系，符合可持续发展的原则，特别适用于大、中城市，是大、中城市公共交通的骨干。城市轨道交通种类繁多，技术指标差异较大，世界各国评价标准不一，并无严格的分类。

城市轨道交通按运能范围、车辆类型及主要技术特征可分为地下铁道、轻轨交通、有轨电车、城市铁路、独轨交通、磁悬浮交通和自动旅客捷运系统（APM）七类。

截至 2019 年，中国共有 40 个城市开通城市轨道交通运营线路 208 条，运营线路总长度为 6 730.27 km。其中，地铁 5 187.02 km，占比 77.07%；轻轨 255.40 km，占比 3.80%；单轨 98.50 km，占比 1.46%；市域快轨 715.61 km，占比 10.63%；现代有轨电车 405.64 km，占比 6.03%；磁浮交通 57.90 km，占比 0.86%；自动旅客捷运系统（APM）10.20 km，占比 0.15%。[①]

（一）地下铁道

地下铁道简称地铁，是快速轨道交通的先驱。地铁不仅具有运量大、建设快、安全、准时、节省能源、不污染环境、节省城市用地等优点，还可以修建在建筑物密集且不便于发展地面交通和高架轻轨的地区。因此，地铁在城市公共交通中发挥着巨大作用，是城市居民出行的便捷交通工具。

严格地讲，地下铁道是一个历史名词，如今其内涵与外延均已有相当大的扩展，并不局限于运行线在地下隧道中这一种形式，而是泛指车辆的轴重大于 15 t，高峰小时单向运输能力一般在 40 000 ～ 60 000 人次的大容量轨道交通系统。地铁运行线路多样化，其形式包括地下、地面和高架三种。地铁的最高速度可达 120 km/h，旅行速度可达 40 km/h，可采取 4 ～ 10 辆编组，车辆运行最小间隔可低于 1.5 min，驱动方式有直流电机、交流电机、直线电机等。地铁适用于出行距离较长、客运量需求大的城市中心区域。

（二）轻轨交通

轻轨交通是在有轨电车的基础上改造发展起来的城市轨道交通系统，是反映在轨道上的荷载相对于铁路和地铁的荷载较轻的一种交通系统。轻轨是个比较广泛的概念，公共交通国际联会（UITP）在关于轻轨运营系统的解释文件中提到：轻轨是一种使用电力牵引、介于标准有轨电车和快运交通系统（包括地铁和城市铁路），用于城市旅客运输的轨道交通系统。由于轻轨车体的轴重比地铁车体的轴重轻，一般约 10 t，通常称为轻轨交通。

轻轨交通是中等运量客运交通系统。以现代有轨电车为例，其单向高峰小时客运量为 10 000 ～ 40 000 人次，是地铁的 1/3 ～ 1/2，比公共汽电车的 8 000 人次 /h 高出数倍，而轻轨交通的工程造价却要比地铁减少 2/3 还多，为广大经济实力并不太强的城市所接受。轻轨一般采用地面和高架相结合的方法建设，路线可以从市区通往近郊。轻轨采用线路隔离、自动化信号、调度指挥系统和高新技术车辆等措施，最高速度可达 60 km/h，克服了有轨电车运能低、噪声大等问题。因此，这种中等运量的"客运走廊"受到了人们的普遍欢迎。

---

① 王亮 . 城市轨道交通新线筹备应用指南 [M]. 北京：中国建筑工业出版社，2021：67-68.

（三）有轨电车

有轨电车是使用电车牵引、轻轨导向、1～3辆编组运行在城市路面线路上的低运量轨道交通系统。

有轨电车的历史比较久远，其前身是19世纪初期的有轨马车。世界上第一条有轨电车线于1888年5月在美国弗吉尼亚州里士满市开通。中国第一条有轨电车线于1906年由天津北大关至老龙头车站（今天津站）建成通车。但旧式有轨电车运能低、挤占道路、噪声大、舒适性差，因此许多国家都对其进行了拆除和改造。

现代有轨电车是一种地面公共交通，采用电力牵引及轮轨行走模式。车辆站立按6人/m²计算，以2 min行车间隔考虑，单向的运能最多可以达到12 000人次/h，如果线路的限界能够实现与道路交通良好隔离，且平均站间距保持在800 m左右，则其行驶速度可以达到20～25 km/h。现代有轨电车适用于人口在50万～100万的中等规模的城市中，目前我国沈阳、威海、佛山等建有现代有轨电车。

（四）城市铁路

城市铁路通常分为城市快速铁路和市郊铁路两部分。城市快速铁路是指运营在城市中心，包括近郊城市化地区的轨道系统，其线路采用电气化形式，与地面交通大多采用立体交叉。市郊铁路是指建在城市郊区，把市区与郊区，尤其是与远郊联系起来的铁路。市郊铁路一般和干线铁路没有联络线，设备与干线铁路相同，线路大多建在地面，部分建在地下或高架上。其运行特点接近于干线铁路，只是服务对象不同。

市郊铁路属于特大交通容量系统（60 000～80 000人次/h）。市郊铁路是伴随着城市规模的扩大、卫星城的建设而发展起来的，使用电力牵引，列车编组多为4～10辆，最高速度可达100～120 km/h。市郊铁路运能与地铁相同，但由于站间距较地铁长，运行速度超过地铁。

相关研究资料表明，市郊铁路的运营效率、能源消耗、投资费用以及土地利用等指标明显优于其他交通方式。市郊铁路的投资额一般是地铁的1/10～1/5，是一种经济可行的交通方式。

（五）独轨交通

独轨交通指通过单一轨道梁支撑车厢并提供导引作用而运行的轨道交

通系统，其最大特点是车体比承载轨道宽。依据支撑方式的不同，独轨交通通常分为跨座式和悬挂式两种。

独轨交通是一种中等运量的轨道交通，车辆采用橡胶轮胎，电力牵引，最高速度可达 80 km/h，旅行速度为 30～35 km/h，列车可采用 4～6 辆编组，单向运送能力为 10 000～25 000 人次 /h。独轨车辆的走行轮采用特制的橡胶车轮，所以振动和噪声大为减少；它两侧装有导向轮和稳定轮，可控制列车转弯，运行稳定可靠。高架独轨因轨道梁宽仅为 85 cm，不需要很大空间，可适应复杂地形，同时对日照和城市景观的影响较小。另外，独轨交通占地少、造价低、建设工期短，工程建造费用仅为地铁的 1/3。

（六）磁悬浮交通

磁悬浮交通是一种非轮轨黏着传动、悬浮于地面的轨道交通运输系统。它是介于高速铁路和航空运输之间的一种独特的运输方式。磁浮列车利用常导磁铁和超导磁铁产生的吸力或斥力使车辆悬浮在运行轨道上方一定的空中，用以上的复合技术产生导向力，并用直线电机产生牵引动力而行驶，已成为高速、安全、舒适、节能、无污染、噪声小、维护简单、占地小的新一代交通运输工具。2006 年 4 月 27 日，中国首条磁浮列车示范运营线开通运营；2016 年 5 月 6 日，中国首条具有完全自主知识产权的中低速磁悬浮商业运营示范线——长沙磁浮快线开通试运营。该线路也是世界上最长的中低速磁浮运营线。

（七）自动旅客捷运系统

自动旅客捷运系统又称为自动导轨快捷运输系统（AGTS），是一种无人自动驾驶、立体交叉的大众运输系统，是城市轨道交通线路制式的一种，集合了多种传统城市轨道交通工具的特点，其主要特征是列车的微型化。

第二节　地铁工程基本知识

一、地铁路网规划与线路

（一）地铁路网规划

1. 城市轨道交通的基本概念

在进行城市轨道交通系统路网规划之前，必须了解城市轨道交通系统相关的基本概念：

（1）客运量。客运量是指城市一条或多条线路上，各个区段在单位时间内单程或往返运送的实际或预测旅客量。

（2）客流。客流也称为客流量，指某一区段上，在单位时间内单方向或往返的实际旅客量或预测旅客量。

（3）居民流动度。居民流动度是在一年内城市的客运量除以居民总数，即一年内每个居民的平均乘行次数，表示居民流动的频繁程度。

（4）运程。运程为每个旅客一次乘行的平均距离，取决于城市大小、形状和现有各种运输方式的运输网总长度、结构形态、运输组织方式等因素。一般大城市的平均运程为 6 ～ 10 km。

（5）客流密度。客流密度指每年经由每千米双线线路的旅客总数。

（6）车辆容量。车辆容量用 V 表示，指车辆容纳乘客的数目，取决于车辆的长度、宽度、站位与座位的比例、旅客舒适度标准等。通常地铁系统车辆的宽度约 3 m，长度为 23 m 左右。每节地铁车辆的定员标准与舒适度标准有关。目前，我国城市交通普遍紧张，虽然每节车辆的定员只有 150 ～ 310 人，但在实际运营中，尤其在高峰期拥挤时段往往会超员运行，每节车辆乘客人数可达 225 ～ 410 人。

（7）列车编组数。列车编组数一般用 n 表示，它指一列列车包含的车辆（如动车和拖车）数量。编组数越大，输送能力越大。在市区内的地铁，现在通常为 6 ～ 8 节；轻轨更少，限制在 3 ～ 4 节甚至 2 节。我国香港及上海的地铁多采用 6 ～ 8 节编组。

（8）列车容量。列车容量用 Y 来表示，它指一列列车能够运送的乘客数量，是车辆容量 V 与列车编组数 n 的乘积，即 $Y=V \times n$（人）。

（9）列车行车间隔。列车行车间距用 I 表示，它指 2 列列车发车的时间间隔，通常用 t 表示。允许的最小行车间隔受信号设备限制，目前地铁最短可达到 75 ～ 90 s，轻轨可以短至 45 s。通常地铁采用的最小行车间隔为 90 ～ 120 s。

（10）通过能力。通过能力也称为通行能力，一般用 N 表示，以 1 h 单方向通过的列车数来衡量，与列车行车间隔成反比，即 $N=\dfrac{3\,600}{I}$（对 /h）

当行车间隔时间 I 为 90 ～ 120 s 时，相应的通过能力 N 为 40 ～ 30 对 /h。

（11）输送能力。输送能力用 C 表示，指 1 h 单方向所能运送的旅客数，有时也称为运输能力或运能，由一列列车的容量 V 与线路通过能力 N 的乘积确定，即 $C=V \times N$（人 /h）。

通过车辆容量、列车编组数及通过能力可以估算线路的输送能力。如果每节车辆载客 150 人，8 节编组，通过能力为 30 对 /h，则输送能力为 36 000 人 /h。

2. 地铁路网规划的基本原则

路网规划是地铁工程设计、建设的依据，直接影响城市功能、工程建设投资等社会经济效益，路网规划的主要依据是交通客流量及交通方式的选择。路网规划的基本原则如下：

（1）路网的规划要与城市客流预测相适应。

（2）路网规划必须符合城市的总体规划。

（3）规划线路要尽量沿城市主干道布置，要贯穿连接城市交通枢纽（如火车站等）、商业中心、文化娱乐中心、大型生活居住区等客流集散数量大的场所，以减少线路的非直线系数和缩短居民出行时间。

（4）路网中线路布置要均匀，线路密度要适量。

（5）路网中各条规划线路上的客运负荷量要尽量均匀，要避免个别线路负荷过大或过小的现象。

（6）在考虑线路走向时，应考虑沿线地面建筑的情况，保护重点历史文物古迹和环境，考虑地形、地貌和地质条件，并尽量避开不良地质地段和重要地下管线等构筑物。

3. 地铁路网的基本结构形式

根据城市现状与规划情况编制的路网中各条线路组成的几何图形一般

称为路网的结构形式，如图 1-1 所示。它一般要与城市道路网的结构形式相适应，但在选定时，应先考虑客流主方向，并为乘客创造便利条件，以便吸引更多的乘客。[①]

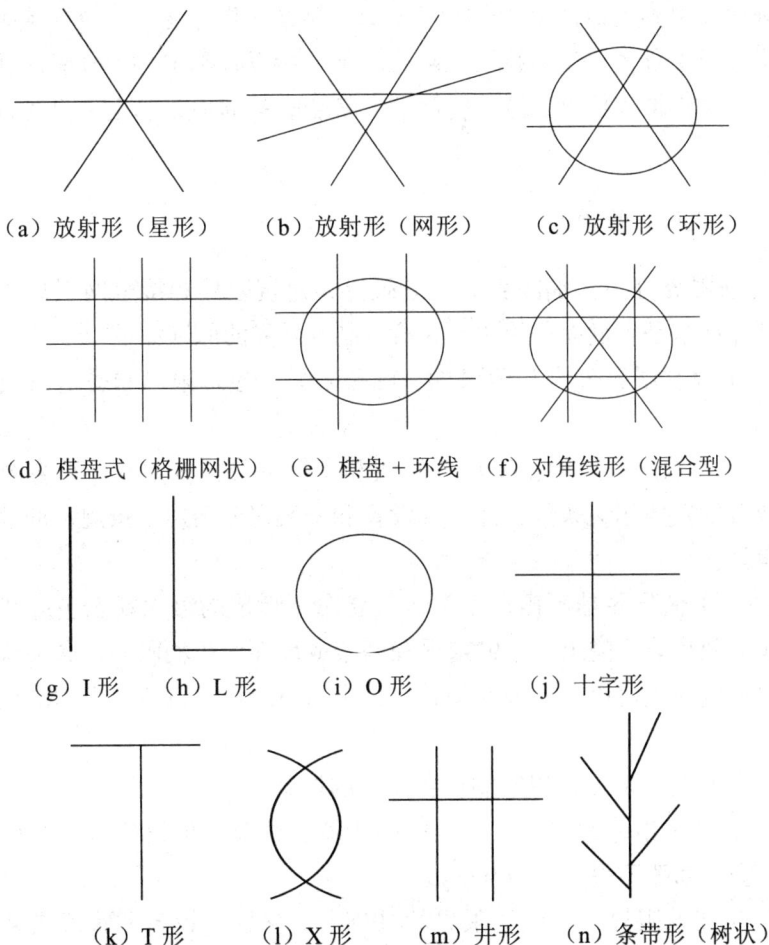

（a）放射形（星形）　（b）放射形（网形）　（c）放射形（环形）

（d）棋盘式（格栅网状）　（e）棋盘＋环线　（f）对角线形（混合型）

（g）I 形　　（h）L 形　　（i）O 形　　（j）十字形

（k）T 形　　（l）X 形　　（m）井形　　（n）条带形（树状）

图 1-1　地铁路网图

路网结构形式布置适当与否，直接关系到路网建成后的经济效益、社会效益和交通服务质量。为此，在设计路网时，不仅要考虑各线的具体情况，还要考虑路网的整体布局，也就是要考虑路网总的结构形式是否合理。

（二）地铁限界

限界是确定地铁与行车有关的构筑物净空大小和各种设备相互位置的

---

① 陈克济. 地铁工程施工技术 [M]. 北京：中国铁道出版社，2014：6.

依据。限界应根据车辆的轮廓尺寸和性能、线路特性、设备安装以及施工方法等因素，经技术经济比较综合分析确定。在线路上运行的车辆，必须与隧道边缘、各种建筑物及设备之间保持一定的安全距离，以确保列车的安全运行。因此，限界是地铁设计所需考虑的重要技术指标之一。限界越大，安全度越高，但工程量和工程投资也随之增加。所以，确定一个既能保证列车运行安全，又不增大桥梁、隧道空间的经济合理的断面是制定限界的首要任务和目的。

1. 制定限界的原则

地铁限界分为车辆限界、设备限界、建筑限界和接触网限界等，一般隧道断面面积是车辆面积的 2 ～ 3 倍。制定限界的原则如下：

（1）地铁限界分为车辆限界、设备限界、建筑限界和受电弓或受流器限界。

（2）地铁限界应根据车辆轮廓线和车辆有关技术参数，结合轨道和接触网或接触轨的相关条件，并计及设备和安装误差而定，按规定的计算方法进行设计。

（3）车辆限界是车辆在正常运行状态下形成的最大动态包络线。直线地段车辆限界分为隧道内车辆限界和高架或地面线车辆限界，高架或地面线车辆限界应在隧道内车辆限界基础上，另加当地最大风荷载引起的横向和竖向偏移量等。

（4）设备限界是用以限制设备安装的控制线。

（5）对于相邻的双线，当两线间无墙、柱及其他设备时，两设备限界之间的安全间隙不得小于 100 mm。

（6）建筑限界是在设备限界的基础上，考虑了设备和管线安装尺寸后的最小有效断面。在宽度方向上，设备和设备限界之间应留出 50 mm 以上安全间隙。当建筑限界侧面和顶面没有设备或管线时，建筑限界和设备限界之间的间隙不宜小于 200 mm；困难条件下不得小于 100 mm。

（7）曲线地段建筑限界应在直线地段建筑限界的基础上，按确定的曲线半径、轨道特征、超高值、线间距和隧道断面形式等进行相应的加宽和加高。

（8）道岔区建筑限界应在直线地段建筑限界的基础上，按道岔类型、转辙机布置和轨道参数等进行相应的加宽和加高。

（9）防淹门和人防隔断门建筑限界与设备限界之间的横向间隙应不小

于 100 mm；建筑限界高度和区间矩形隧道相同。

（10）车站设置屏蔽门 / 安全门时，站台屏蔽门不应侵入车辆限界，直线车站，站台屏蔽门与车体最宽处的间隙不应大于 130 mm。

（11）建筑限界中不包括测量误差、施工误差、结构沉降、位移变形等因素。结构等相关专业在设计隧道及高架桥结构断面时，应考虑施工误差、测量误差、结构变形等因素，以确保竣工后的有效净空能满足建筑限界的要求。

2. 制定界限的基本参数

（1）车辆的基本参数。地铁采用的车辆类型有 A 型、B_1 型和 B_2 型，各型车辆基本参数如表 1-1 所示。

表 1-1　各型车辆基本参数

单位：mm

参　数		A 型	B 型		
		B_1 型		B_2 型	
		上部受流	下部受流		
计算车体长度		22 100	19 000		
计算车体宽度		3 000	2 800		
计算车辆高度		3 800	3 800		
计算车辆定距		15 700	12 600		
计算转向架固定轴距		2 500	2 200/2 300		
地板面距走行轨面高度		1 130	1 100		
受流器工作点至转向架中心线水平距离	750 V～	—	1 418	1 401	—
	1 500 V		—	1 470	
受流器工作面距走行轨面高度	750 V～	—	140	160	—
	1 500 V			200	
接触轨防护罩内侧至接触轨中心线距离	750 V～	—	≤ 74	≤ 86	—
	1 500 V			≤ 86	

（2）制定限界的基本参数。

①接触导线距轨顶面安装高度：地上线路接触线距轨面的高度宜为 4 600 mm，困难地段不应低于 4 400 mm；车辆基地的地上线路接触线距轨面的高度宜为 5 000 mm；隧道内接触线距轨面的高度应不小于 4 040 mm。

②轨道结构高度应符合表 1-2 中的规定。

表 1-2　下轨道结构高度

单位：mm

结构形式	轨道结构高度	
	正线、配线	车场线
矩形隧道	560	—
单线马蹄形隧道	650	—
单线圆形隧道	740	—
高架桥无砟道床	500～520	—
有砟道床（木枕／混凝土枕）	700～950	580～625
车场库内	—	500～600

注：单线圆形隧道采用两侧排水沟时，轨道结构高度可适当加大。

③高架线或地面线风荷载应为 400 N/m²。

④车站限界列车计算速度应为 60 km/h，区间限界列车计算速度应为 100 km/h。

⑤当区间设置疏散平台时，疏散平台最小宽度应符合表 1-3 的规定，且疏散平台高度（距轨顶面）应不大于 900 mm。

表 1-3　疏散平台最小宽度

单位：mm

区域条件一般情况		隧道内		隧道外	
		困难情况	一般情况	困难情况	一般情况
设置位置	单线（设于一侧）	700	550	700	550
	双线（设于中央）	1 000	800	1 000	800

（三）线路选线

线路设计一般分为四个阶段，即可行性研究阶段、总体设计阶段、初步设计阶段和施工设计阶段。地铁线路按其在运输中的作用，可分为正线、辅助线、车场线。在城市中心区，地铁线路宜设在地下；在其他地区，如市郊、市区与卫星城之间，条件允许时可采用高架桥和地面线。线路设计的基本原则为地铁线路与城市发展规划相适应、双线右侧行车制（最小列车间隔 $75 \sim 120$ s）、线路最高运行速度 $80 \sim 100$ km/h。

选线包括设计线路走向、线形、车站分布、辅助线分布、线路交叉形式、路线敷设方式等的选择，选线分为经济选线和技术选线。

经济选线时，线路起始点多选择在换乘量大的处所，如火车站、码头、飞机场、城郊接合部长途汽车站等。地铁线路应尽量多地经过一些较大的客流集散点，如闹市区、商业区、政治文化经济中心、居民生活集中区、工矿区、地面交通枢纽等。

技术选线按照行车线路，结合有关设计规范平面和纵剖面设计要求，确定不同坐标处的线路位置。一般遵循先定点、后连续、点线结合的原则。理想的线路平面上应由直线和很少数量的曲线组成，曲线尽可能采用大的半径，在曲线和直线之间设缓和曲线。地铁最小曲线半径如表1-4所示。最大纵坡为 40‰～ 50‰，最小坡度为 3‰。

表1-4 地铁最小曲线半径

单位：m

线路 A 型车		一般情况		困难情况	
		B 型车	A 型车	B 型车	A 型车
正线	$v \leqslant 80$ km/h	350	300	300	250
	80 km/h $\leqslant v \leqslant 100$ km/h	550	500	450	400
联络线、出入线		250	200	150	
车场线		150	110	110	

线路方向选择要考虑的主要因素有线路的作用、客流分布与客流方向、城市道路路网分布、隧道主体结构施工方法、城市经济实力、城市发展与改造计划、城市地理环境条件、线路敷设方式等。

地下线路平面位置分为位于城市道路规划红线范围内外两种。当位于红线内时，地铁线路可以敷设在行车道下、人行道或绿化带下、两侧建筑基础下；当位于红线外时，多设在无建筑区域下，如广场、公园、绿地等。高架线路多顺着城市主干路平行设置于道路中心线或快慢车道分隔带上，地面线也多平行设置于道路中心线或快车道一侧。

在进行线路方案比选时，应结合线路技术参数，房屋拆迁量，管线拆迁费用，城市道路占用与改道面积，吸引的交通量，经过的主要政治、文化和经济中心以及居民区，施工方法等进行综合评价。

二、地铁工程的建筑物组成

（一）地铁车站的基本组成

地下铁道车站是地下铁道的交通枢纽，主要承担乘客上下车、候车和集散的作用，同时是布置运营管理和技术设备的场所，是地下铁道设计中技术要求最复杂的部位，不但结构功能复杂，而且技术要求难度较大，造价通常为同长度区间隧道的 3 ～ 10 倍。因此，地铁车站设计是一项十分重要的技术环节。

地下铁道车站由车站主体（站台、站厅、生产、生活用房）、出入口及通道、通风道及地面通风亭等三大部分组成。地下铁道车站的总体功能布置如图 1-2 所示。

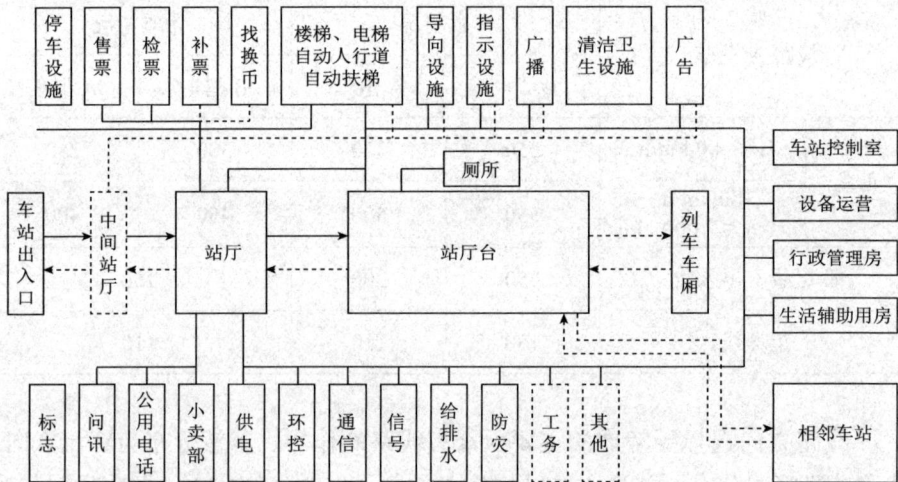

注：┈┈ 根据需要设置。

图 1-2　地铁车站功能分析

车站建筑一般包括供乘客使用、运营管理、技术管理和生活辅助四大部分。

1. 乘客使用空间

在车站建筑组成中占有很重要的位置，是车站中的主体部分，此部分的面积占车站总面积 50% 左右。主要包括站厅、站台、出入口、通道、售票处、检票口、问讯、公用电话、小卖部、楼梯及自动扶梯等。

2. 运营管理用房

为了保证车站具有正常运营条件和营业秩序而设置的办公用房，主要包括站长室、行车值班室、业务室、广播室、会议室、公安保卫、清扫员室。

3. 技术设备用房

为了保证列车正常运行、保证车站内具有良好环境条件及在事故灾害情况下能够及时排除灾害的不可或缺的设备用房，主要包括环控房室、变电所、综合控制室、防灾中心、通信机械室、信号机械室、自动售检票室、泵房、冷冻站、机房、配电以及上述设备用房所属的值班室、FAS 室、BAS 室、AFC 室、工区用房、附属用房及设施等。

4. 辅助用房

为了保证车站内部工作人员正常工作生活所设置的用房，主要包括厕所、更衣室、休息室、茶水间、盥洗室、储藏室等。

（二）区间

区间是连接两个相邻车站的行车通道，直接关系到列车的安全运行。区间设计的合理性、经济性对地铁总投资的影响很大，对乘客乘车的舒适感和列车运行速度的提高也有影响。通常，线路标高在车站站台处是最高的，到区间中部是最低的，这有利于列车在出站时的加速和进站时的减速，从而节约能源。

区间长度在中心商业区多为 400～600 m，而在普通市区则长达 800～1 000 m，在市郊区多为 1 000～2 000 m。通常，区间长度超过 600 m 后，需要在区间左右线之间设置联络横通道，以满足防灾的要求。同时，由于区间中间部分位置比较低，需要设置泵房汇集区间中的水，一般多将泵房和联络横通道合建。当区间长度超过 1 km 时，考虑区间通风问题，根据风机配置进行计算，可以设区间风井。

区间通常采用盾构法施工，地质条件较好时可以采用矿山法施工。局部地段岩石强度高，采用盾构法施工效率低时，可以采用竖井加横通道矿山法开挖、初支后进行盾构空推。对于盾构法施工区间，泵房和联络横通道一般采用矿山法进行施工。当地质条件比较差时，多采用冻结法施工联络横通道，也可以经地表预加固处理后采用矿山法施工。对于其他地质条件而言，也可以采用先期地表竖井施工泵房和联络横通道，然后再回填盾构施工。

（三）停车场、车辆段与控制中心

车辆段是车辆停放、检查、整备、运用和修理的管理中心所在地，若运行线路较长，为了有利于运营和分担车辆的检查清洗工作量，可在线路的另一端设停车场，负责部分车辆的停放、运用、检查和整备工作。若技术经济合理，也可以两条或两条以上线路共设一个车辆段。城市轨道交通除车辆保养基地以外，还有综合维修中心、材料总库和职工技术培训中心等基地，有条件时，应尽量将它们与车辆段规划在一起。

车辆段的主要业务包括以下几点：

（1）列车在段内调车、停放、日常检查、一般故障处理和清扫洗刷。

（2）车辆的技术检查、月修、定修、架修和临修试车等作业。

（3）列车回段折返乘务司机换班。

（4）车辆段内设备和机具的维修及调车机车的日常维修工作。

（5）紧急救援和抢修设备。

随着地铁现代化和自动化技术的发展，对运营安全和管理水平的要求不断提高，运营过程中被监控对象之间的关系越来越复杂，监视、控制、操作和管理渐趋集中，安全性、可靠性越来越受到重视，对信息共享提出了更高的要求。为了确保运营和各系统安全可靠运行，方便操作人员对运营过程实施全面的集中监控和管理，需要建立地铁网络运营控制中心（NOCC）。

控制中心的调度人员通过使用信号、电力监控、防灾自动报警、环境与设备监控、自动售检票、通信等中央级系统设备对地铁全线的所有运行车辆、区间和车站系统设备运行及乘客的情况进行监视、控制、调度并对地铁运行的全过程进行管理。

地铁控制中心的形式主要有单线路控制中心、多线路控制中心、总控制中心、总应急指挥中心、后备控制中心及各种形式混合的控制中心等。其组织架构及管理层次也不相同，这样就派生出操作权限、职责、接口界面的划分等不同的模式。随着网络技术的发展，各系统中央级核心设备与控制中心分离的系统构成模式已经成为一种发展趋势，多条线路的中央级核心系统设备集中布置在控制中心的方式已经不符合安全性的原则。

（四）地铁辅助线

地铁辅助线路按其使用性质可以分为折返线、存车线、渡线、联络线、车辆段、停车场出入线。辅助线是为保证正常运营、合理调度列车而设置的线路，最高运行速度限制在 35 km/h。

（1）折返线：供地铁列车往返运行时掉头转线。

（2）存车线：供地铁列车故障时临时停放及夜间存车。

（3）渡线：用道岔将上下行线及折返线连接起来的线路，有单渡线和交叉渡线两种。

（4）联络线：为连接两条独立运营线而设置的车辆过线通道。

（5）车辆段、停车场出入线：正线区间与车辆段、停车场间的连接通道。

在线路的起点、终点必须设置折返线供车辆折返，在车辆段、停车场可以设置渡线供车辆折返。当一条线运营的列车对数有变化时，需要在变化站点设置区段折返线。例如，上海地铁二号线连接虹桥、浦东两大机场，全程约 60 km，在广兰路站设置了区段折返线，广兰路以西（虹桥机场、市区方向）为 8 节编组，以东（浦东机场方向）为 4 节编组。

为了故障列车能尽快退出正线运营，每隔 3～5 个车站应设置存车线一处，供故障列车临时停放或检修。一般要求起点站、重点站和区段折返线上应有故障列车停放功能。两个区段折返线之间相距 5 个以上站时，宜在中间设一单渡线。

（五）轨道工程

地铁正线及辅助线钢轨均采用 60 kg/m 的 U75V 热轧轨，正线全线铺设区间无缝线路，并采用 DTVI2 型扣件，轨下采用高弹垫板。采用钢筋混凝土短枕式整体道床结构。道床混凝土强度等级采用 C30，短轨枕混凝土强度等级采用 C50。正线整体道床铺设短轨枕 1 680 对 /km；辅助线整体道床地段铺设短轨枕 1 600 对 /km。隧道内整体道床每隔 6 m 左右设置伸缩缝一处，隧道结构沉降缝处亦应设置道床伸缩缝。伸缩缝应避开短轨枕位置。伸缩缝可用 20 mm 厚沥青木板填塞。

①地下线矩形隧道含车站轨道结构高度：一般和中等减振地段为560 mm，曲线地段加超高值的一半；高等减振地段为750 mm；特殊减振地段为850 mm。②马蹄形隧道轨道结构高度：一般和中等减振地段为650 mm，线路中心线两侧各1 200 mm范围不小于560 mm；高等减振地段为750 mm，线路中心线两侧各1 400 mm范围不小于700 mm；特殊减振地段为850 mm，线路中心线两侧各1 400 mm范围不小于800 mm。③圆形隧道轨道结构高度：一般和中等减振地段为740 mm；高等及特殊减振地段为840 mm。

正线和辅助线采用60 kg/m，直线尖轨，9号单开道岔。道岔直向允许通过速度为80 km/h、侧向允许通过速度为30 km/h。铺设道岔的地段采用短轨枕式整体道床，整体道床伸缩缝应尽量避开转辙器、辙叉和护轨部分。道岔整体道床范围（岔心前15 m，岔心后19 m范围内）应尽量避开结构沉降缝。若确实无法避开时，应保证道岔转辙器、辙叉部位没有沉降缝。短岔枕位于沉降缝时应调整避开，以避免岔枕与沉降缝发生干扰。

正线、辅助线的末端采用液压缓冲滑动式车挡。在曲线半径 $R \leqslant 400$ m 的地段设置钢轨涂油设备。涂油设备为电力驱动，需设置220 V电源。

将沿线减振地段划分为三个级别，一般减振地段采用普通短枕式整体道床；中等减振地段采用压缩型减振扣件；高等减振地段采用道床垫整体道床；特殊减振地段采用钢弹簧浮置板道床。

采用温度应力式无缝线路结构，一次铺设无缝线路工艺。单元轨节长度设置为1 000～1 200 m。

地下线路设计锁定轨温确定为（25±5）℃。相邻单元轨节间的锁定轨温差不应大于5℃，同一区间内单元轨节的最高与最低锁定轨温差不应大于10℃。整体道床宜采用轨排法施工，钢弹簧浮置板轨道应严格按照正确的施工工艺施工。

将整体道床底层结构钢筋均匀分布兼做收集网。整体道床纵向钢筋搭接时，必须进行搭接焊。整体道床横向钢筋应电气连续，若有搭接，也应进行搭接焊。浮置板道床采用专用的排杂散电流钢筋（非结构钢筋）作为收集网。

轨距为1 435 mm，区间正线最大坡度为30‰，辅助线为35‰，正线最小平面曲线半径为350 m、联络线和出入线为250 m、车场线为150 m，正线最小竖曲线半径为3 000 m、辅助线为2 000 m，曲线外轨最大超高为120 mm。

第三节　地铁施工技术概述

一、地铁施工技术现状

地铁在修建过程中，主要涉及以下三种类型的土建工程：深基坑工程，主要用于车站、地下停车场和地下仓库；隧道工程，主要用于地铁区间线路修建；高架桥梁结构工程。其中，较为典型的地铁则是前两者。

众所周知，地下工程是埋设在土体或岩体中的以土体或岩体为介质和环境的工程结构物，其设计和施工受到工程地质条件和周围环境条件等因素的控制，施工难度大，需要考虑但不可预见的因素众多，其中的关键问题是施工方法和技术。选择的施工技术和方法合理与否是决定地下工程成败的关键因素。

地铁施工通常需要考虑的主要因素有以下几点：

（1）工程的重要性，主要是工程投资规模和运营后的社会、经济和环境效益。

（2）工程的断面尺寸、埋深等。

（3）工程所处的工程地质和水文地质条件。

（4）施工条件包括技术条件、装备情况、安全状况、施工中动力和原材料供应情况等。

（5）有关地面沉降、环境污染等环境方面的要求和限制等。

其中，对地铁施工方法有决定影响的是地质水文条件和埋置深度。我国城市的地质条件按其地质特性可分为四大类：一是以软土为主，如上海市，隧道和地下车站修筑在软土层中；二是软弱地层与岩层（风化岩层）交变，如南京、广州等地；三是以岩层为主，如重庆、青岛等地；四是以砂卵层为主，如成都、北京等地。由于地质条件不同，所采用的施工方法也不尽相同。同时，隧道施工方法的选择是一项"模糊"的决策过程，它依赖有关人员的学识、经验、毅力和创新精神。通过对上述影响因素进行分析可以看出，地下工程施工及施工技术的选择应当牢固树立和坚持技术可行、安全可靠、经济合理、环境友好的理念和原则。

目前，在地铁工程施工中，明挖法、盾构法和浅埋暗挖法等的应用较为广泛。目前，地铁车站施工主要采用明挖法、盖挖法和浅埋暗挖法，地铁区间隧道主要采用盾构法和浅埋暗挖法。此外，还有其他的一些方法，如顶管法、沉管法等技术。从地下工程相对于地面工程的特点出发，可将其施工方法和技术归纳为"一个中心，两个基本点"，一个中心就是岩体和工程结构的稳定与和谐，两个基本点就是开挖和支护，这三者之间联系密切、息息相关。因此，无论何种特定的施工方法，除了必须具有最基本的开挖技术和支护技术外，还必须具有相应的辅助技术。

二、城市地下工程施工技术分类

地下工程施工技术指地下工程在各种地质条件下的施工方法、手段、工艺，以及在工程实施中的计划、质量、经济和安全管理措施。地下工程施工技术所包含的内容主要有地下工程的基本作业、辅助作业、环境控制和施工管理等，如图 1-3 所示。

隧道及地下工程的类型很多，工程特点各异，相应的施工方法和技术众多。隧道及地下工程施工技术的简要分类如图 1-4 所示。

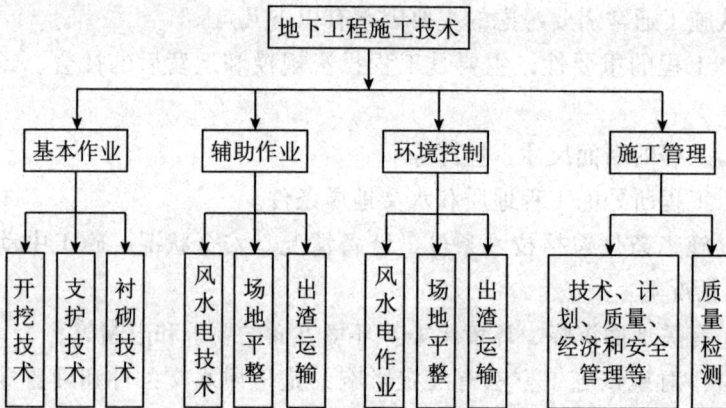

图 1-3 地下工程施工技术

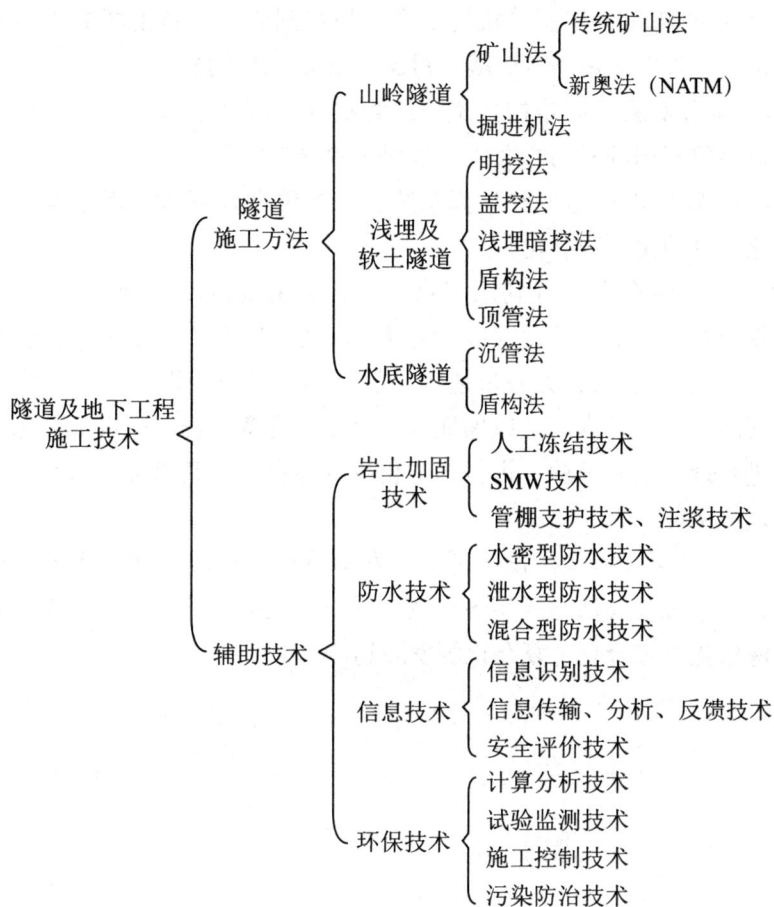

图1-4　城市地下工程施工技术分类

三、地铁施工技术的发展趋势

目前，城市地下工程施工技术发展迅速，各种方法和技术屡有创新和突破。从我国的实际情况出发，地铁施工技术的主要发展趋势有以下几点：

（1）重视TBM和盾构机的引进、消化、应用和开发。开发的方向应当是降低成本、提高质量、加快施工速度、延长使用寿命等。此外，要保证盾构技术产品化、系列化，盾构管片设计和施工符合自动化、省力化、高速化以及经济化的需求。

（2）隧道掘进机和混合型盾构掘进机的研制和应用。通过研发，使其更好地适应复杂地质条件，使掘进机向着机械、电气、液压和自动控制一体化与智能化方向发展。

（3）异型断面盾构掘进机的研究，如双圆盾构、自由断面盾构、局部扩大盾构等，推广应用挤压混凝土衬砌（ECL）施工技术。

（4）大力发展浅埋暗挖技术、沉管技术、沉井技术、非开挖技术，促进中小口径顶管掘进机的标准化、系列化和推广应用。

（5）开发多媒体监控和仿真系统、三维仿真计算机管理系统，实现管理信息化、自动化、智能化。

（6）深入研究和充分利用信息技术，重视隧道动态设计与动态施工，不断积累和总结经验，及时修订相关规范和技术标准，提高施工技术水平。

（7）制定相应的有关城市地下工程规划、勘查、设计、施工等技术和经济方面的法规、标准等，以保证有法可依、有章可循，引进、消化、吸收国外先进管理方法和经验，进行本土化改造和自主创新研发，从制度上给予科学合理的保证。

（8）牢固树立和坚持技术可行、安全可靠、经济合理、环境友好的理念和原则，系统、灵活地运用各种技术手段，适应隧道及地下工程未来的大型化、深层化、综合化、复杂化等发展趋势。

第二章　地铁车站土建工程施工技术

第一节　明（盖）挖法地铁施工技术

一、明（盖）挖法地铁施工概述

明挖法是从地表面向下开挖，在预定位置修筑结构物方法的总称，即指挖开地面，由上向下开挖土石方至设计标高后，自基底由下向上顺作施工，完成主体结构，最后回填基坑或恢复地面的施工方法。明挖法是各国地下铁道施工的首选方法，在地面交通和环境允许的地方通常采用明挖法施工。明挖法的优点是施工技术简单、快速、经济，但其缺点也很明显，如阻断交通时间较长、噪声与震动等对环境影响较大等。

近年来，基坑开挖和支护技术伴随着地下空间的利用有了很大的发展。早期基坑开挖较浅，基坑支护多以放坡开挖或悬臂式支护为主；随着基坑开挖的逐渐加深，基坑的支护再以放坡开挖或悬臂式支护已经难以满足要求，所以多以地下连续墙支护为主，后来出现了土钉和土钉墙加预应力锚索综合技术。随着深基坑开挖工程的逐渐增多，明挖法的工程费用、工期都将增大。同时，明挖法对周围环境的影响较大，对地面交通、商业活动、居民生活的影响以及地下管线的拆迁量比暗挖法大；当地下水位较高时，降水和地层加固费用较高。因此，在采用明挖法时，应充分考虑各种施工方法的特征，选择最能发挥其特长的施工方法。

（一）明（盖）挖法的特点

明挖法施工适用于各种地质条件，具有施工作业面多、速度快、施工方法简单、易保证施工质量以及工程造价低等优点，在地铁施工中应用广泛，但施工期间对城市交通、居民生活和周围环境的影响较大，一般情况下需要对施工工地范围内的道路进行较长时间的封闭。

盖挖法同样适用于各种地质条件，以围护结构和主体结构（临时结构）

的桩柱作为支护结构，然后施工顶（盖）板，形成具有承载能力的永久或临时结构后恢复交通。其主要优点是快速、经济、对道路交通的干扰少。

（二）明（盖）挖法

明（盖）挖法施工主要是指明挖顺作法、盖挖顺作法和盖挖逆作法，以及这三种基本工法的不同组合。

1. 明挖顺作法

明挖顺作法指先施工围护结构，从地面向下开挖土石方并对围护结构进行支撑，直至开挖基坑至设计高程，然后由下而上施工结构的防水和结构主体，完成主体结构施工后，回填土并恢复路面。其施工工序如图 2-1 所示。

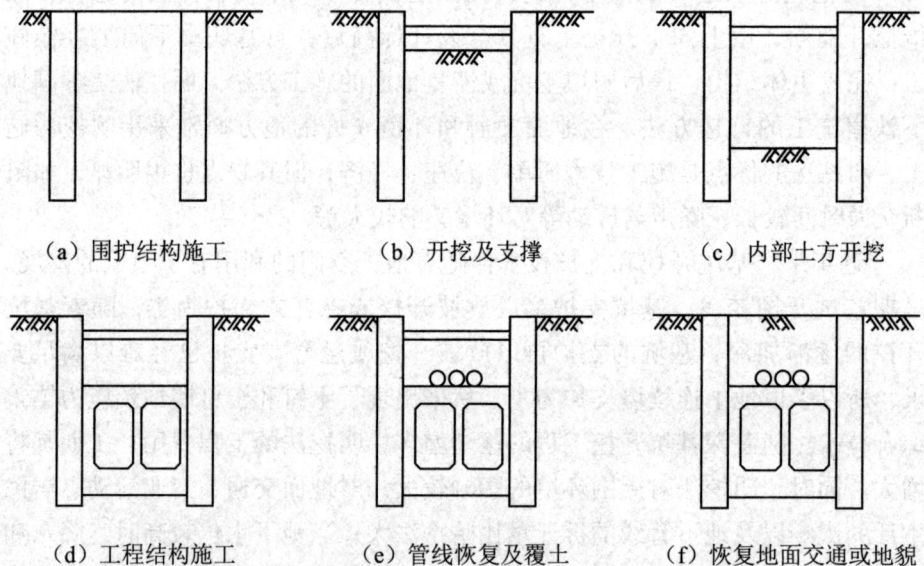

（a）围护结构施工　　　（b）开挖及支撑　　　（c）内部土方开挖

（d）工程结构施工　　　（e）管线恢复及覆土　　　（f）恢复地面交通或地貌

图 2-1　明挖顺作法施工工序图

2. 盖挖顺作法

盖挖顺作法指在地面修筑维持交通的临时路面及其支撑后，自上而下开挖土方至基坑底部设计高程，再自下而上修筑主体结构的方法。盖挖顺作法的路面系统由钢梁（或钢筋混凝土梁）及路面盖板、围护结构组成，其中钢梁及路面盖板为临时结构，车站施工完成后需要拆除。其作业程序是先局部进行交通疏解或围挡，做好围护结构和主体结构（或临时）立柱系统，然后用钢梁及路面盖板组成的盖挖系统覆盖路面，恢复交通。在顶盖的保护下，按顺序进行车站主体结构的作业，最后拆除顶盖系统，恢复永久路面。其施工工序如图 2-2 所示。

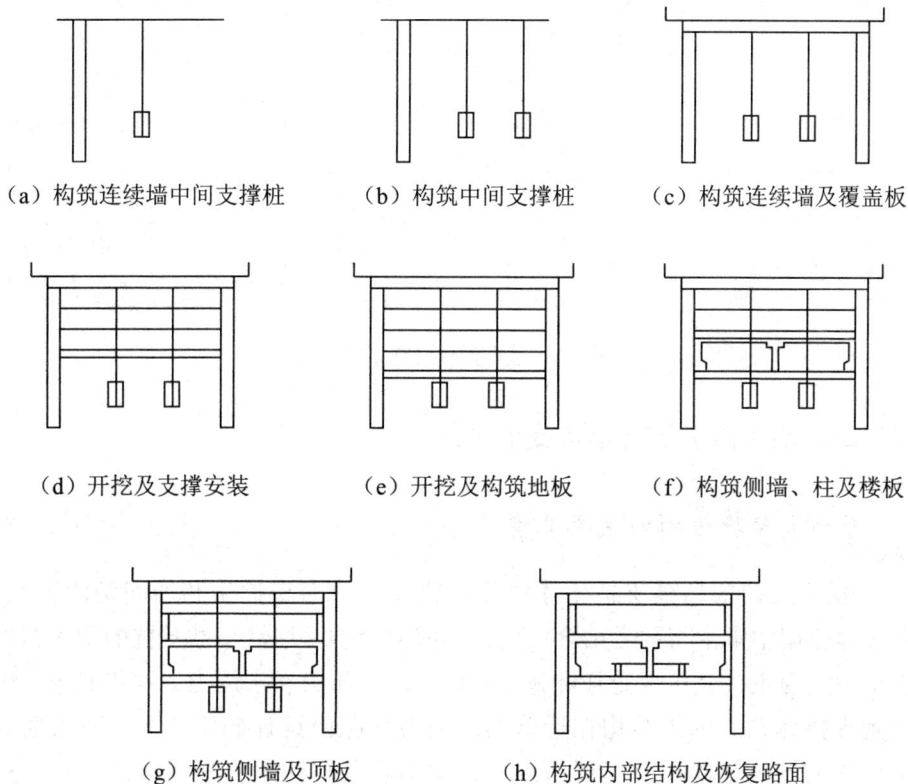

（a）构筑连续墙中间支撑桩　　（b）构筑中间支撑桩　　（c）构筑连续墙及覆盖板

（d）开挖及支撑安装　　（e）开挖及构筑地板　　（f）构筑侧墙、柱及楼板

（g）构筑侧墙及顶板　　（h）构筑内部结构及恢复路面

图 2-2　盖挖顺作法施工工序图

3. 盖挖逆作法

盖挖逆作法是在修筑竖向支撑结构和主体结构顶板后，在顶板的下面自上而下分层开挖土方、分层修筑结构，最后施工最下一层主体结构。盖挖逆作法的路面系统由车站顶板、中间支承、围护结构组成，一般情况下，上述结构大部分为永久结构。其施工顺序为部分或全部封闭道路交通，做好中间支承柱及边墙围护结构，明挖至顶板底面标高处，浇注顶板，回填覆土并恢复交通。在顶板结构的保护下，继续向下开挖基坑，依次向下施作中板，直至最后一层的底板和侧墙，完成车站主体结构施工。在软弱地层施工中，除以顶板、中板等作为支撑外，还需要设置一定数量的临时支撑或采取一些

锚固措施。盖挖逆作法的主要特点是对周围环境的干扰时间较短，控制地表和周边建筑物的沉降效果好，临时结构少。其施工工序如图 2-3 所示。

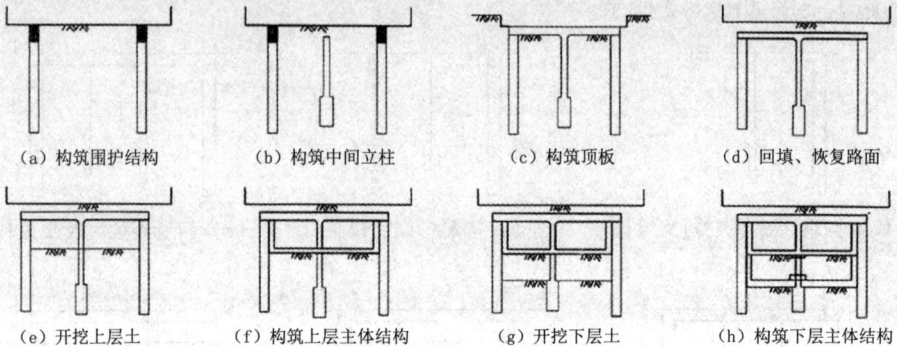

（a）构筑围护结构　（b）构筑中间立柱　（c）构筑顶板　（d）回填、恢复路面

（e）开挖上层土　（f）构筑上层主体结构　（g）开挖下层土　（h）构筑下层主体结构

图 2-3　盖挖逆作法施工工序图

二、明（盖）挖法基坑支护系统

（一）围护结构的主要类型

基坑支护根据被支护土体的作用机理，分为支护型和加固型两大类，在实际应用中常常将两者结合使用，形成混合型。地铁车站基坑的围护结构以支护型为主，直接承受基坑施工阶段侧向土压力和水压力，并将此压力传递到支撑体系。围护结构在运营期的受力情况由设计确定。在需要采取隔水措施的基坑工程中，当周边围护结构不具备自防水作用时，需要在支护结构外侧另行设置隔水帷幕，基坑的围护结构和隔水帷幕共同形成基坑支护体系。

围护结构的类型需要根据场地条件、水文及地质条件、基坑的规模和深度、施工工期以及当地的施工经验等因素确定[1]，常用围护结构的类型如表 2-1 所示。

---

① 胡鹰.地铁土建工程技术与管理实务（第 2 版）[M].北京：人民交通出版社，2019：7.

表 2-1　常用围护结构的类型

类　型	示意图	主要特点
土钉墙	配筋混凝土面板　固定钢筋　土钉　混凝土喷射面层	（1）施工设备及工艺简单，对基坑形状适应性强，经济性较好 （2）坑内无支撑体系，可实现敞开式开挖 （3）柔性大，有良好的抗震性和延性，破坏前有变形发展过程 （4）密封性好，完全将土坡表面覆盖，可阻止或限制地下水从边坡表面渗出，防止水土流失及雨水、地下水对坑壁的侵蚀
钢板桩围护墙		（1）成品制作，可反复使用 （2）施工简便，但施工有噪声 （3）刚度小，变形大，与多道支撑结合，在软弱土层中也可采用 （4）止水性较好，如有漏水现象，需要增加防水措施
预制钢筋混凝土板桩围护墙	硬木块　地坪　打桩帽　基底	（1）施工简便，但施工有噪声 （2）需要辅以止水措施 （3）自重大，受起吊设备限制，不适合大深度基坑
灌注桩排桩围护墙	隔水帷幕　排桩	（1）刚度大，可用在深大基坑 （2）适用范围广，各种地层均可使用 （3）需要和止水措施配合使用，如搅拌桩、旋喷桩等
地下连续墙	Π形槽段　II形槽段　T形槽段　一字形槽段　转角槽段	（1）刚度大，开挖深度大，适用于所有地层 （2）强度大，变位小，隔水性好，同时可兼作主体结构的一部分 （3）可临近建（构）筑物使用，环境影响小 （4）造价高

类 型	示意图	主要特点
型钢水泥土搅拌墙（SMW）工法桩	（a）型钢密插型 （b）型钢插二跳一	（1）强度大，止水性好 （2）内插的型钢可拔出反复使用，经济性好 （3）具有较好的发展前景

（二）围护结构施工

1. 地质补勘

（1）目的。通过对地层的补充勘查，进一步探明地质情况，验证初勘和详勘的准确性，提供地质方面的技术依据，解决施工中可能遇到的工程地质及水文地质问题。

（2）方法。地质补勘一般以钻探取芯揭露为主，辅以室内试验、原位测试、水文地质试验等综合勘查手段及方法。随着技术的进步，地质雷达、地层 CT 成像等技术也逐步应用于地质勘查领域。

（3）内容。通过地质补勘探明下列工程地质和水文地质特征：①岩土特征、岩土分布、岩土界面，划分并描述岩土层特征，提出土石可挖性分级；②特殊性土和不良工程地质单元（淤泥、液化砂层、断裂、风化深槽）的特征和分布，评价土的固结状态以及砂层的富水性、液化等级；③地下水的类型、埋藏情况、渗透性、腐蚀性、涌水量、补给来源、变化幅度；④岩土物理力学性质。

（4）钻孔布置。根据设计单位在详勘阶段的钻孔布置情况，确定补勘阶段的孔位布设。勘探钻孔间距按场地类别不同分别确定，简单场地按 40～80 m、中等复杂场地按 25～40 m、复杂场地按小于 25 m 布设补勘探孔。在详勘两个钻孔之间的中间位置，左、右线错开布置。对于地铁车站的地质补勘，一般在围护结构的轴线位置布孔。第四纪松散地层中控制性钻孔深度根据各个孔位所处的车站围护结构深度、施工方法及降水工程的需要确定，其他钻孔可钻至其基础上 6～10 m；基岩地层的控制性钻孔在微风化带应钻入 3～5 m，在中等风化带应进入基底下 3～5 m。

钻孔的布置采用逐级加密的方法，在实施过程中根据现场实际情况实行动态管理，对钻孔的布置和数量进行适当调整，在岩面起伏变化剧烈处可加密钻孔，遇障碍物时也要随时调整钻孔的位置。

（5）钻孔类别。一般情况下，控制性勘探孔为取土试样孔、标准贯入试验孔，不少于钻孔总数的 1/3；其余为一般性勘探孔，约占钻孔总数的2/3。

（6）工作流程。地质补勘采用钻探、标准贯入试验、室内试验等综合方法，在详勘的基础上，进一步摸清地质情况。其流程图如图 2-4 所示。

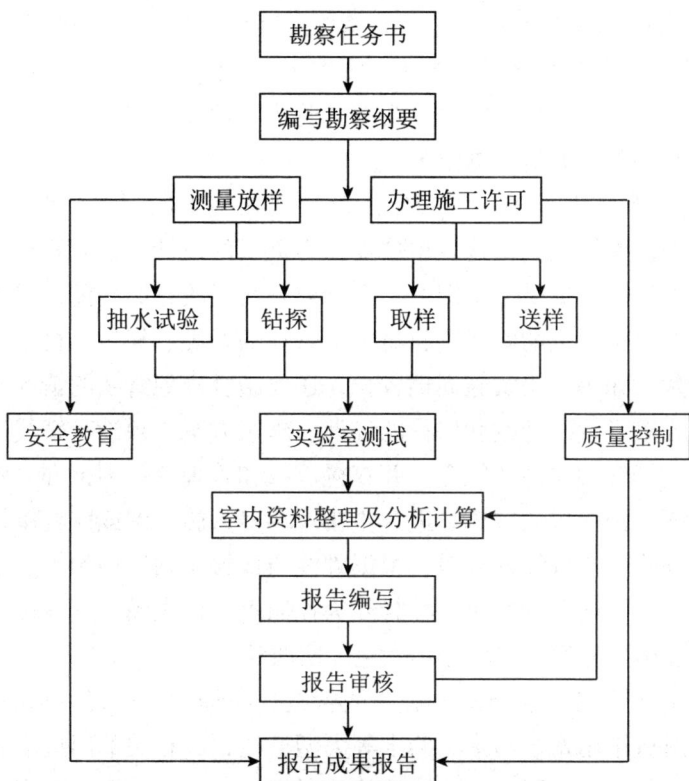

图 2-4　地质补勘作业流程图

（7）封孔。每个钻孔完成后必须马上进行彻底封孔，避免封孔不及时发生意外事件，尤其是位于车站附近隧道上方的钻孔。封孔采用水灰比不大于 0.5 的水泥浆，使用钻杆从钻孔底部自下而上进行注浆，直到钻孔溢浆为止。封孔过程中应观察水泥浆的流失情况，若水泥浆流失严重，可改用水泥砂浆进行封孔。封孔质量必须经现场管理人员验收。

2. 管线迁改与交通疏解

（1）管线迁改。

①城市管线分类。地铁施工经常遇到的市政管线有给水管道、排水管道、燃气管道、电力电缆、通信管线、热力管道等。地下管道按照用途分为水类（雨水、污水、中水、给水）、通信类（移动、联通、电信、公安、电力、党政专用线、军用专用线、交通等）、其他类（热力、燃气、电力），按照重力流分为重力流管道（雨水、污水）、非重力流管道（给水、燃气、热力、通信、电力），按照压力分为有压管道（给水、燃气、热力）、无压管道（雨水、污水、通信、电力）。

②管线迁改和保护的一般规定。影响地铁施工的管线一般采取悬吊、迁移、特殊保护等措施，由建设单位委托有资质的设计单位对管线迁改或保护进行专项设计，并提供施工图纸。在制定管线迁改方案之前，根据勘查单位、管线产权单位提供的管线资料将地下管线的种类、规格、材质、埋深等情况调查清楚，如果工程实施周期较长，还要结合规划管线的情况不断完善设计和施工方案。管线迁改和保护的设计、施工方案必须满足管线产权单位的相关要求，符合相关规范规定，并获得产权和管理单位的批准。管线迁改前，采取物探和挖探坑的方式，进一步核对和确认施工图或产权单位提供的管线分布的准确性。管线迁改时，根据管线与地铁车站结构的平、剖面位置关系，以重力流、电缆管沟等大型管线为控制点，优先满足其线位要求，不断优化设计和施工方案，尽可能不发生二次改移。

③管线迁改方法。影响地铁施工的管线迁改分为永迁管线和临迁管线。永迁管线是对城市雨水、污水、给水等大型管道，经相关部门批准后一次性将管线迁移到位，不再回迁。临迁管线是对燃气、电力、电信、军用线缆等小型管线，在地铁施工围挡后，根据施工图纸经过产权单位批准临时迁出，待地铁施工完成后迁回原线位。

关于确定管线迁改的实施主体，不同地区的做法也不尽相同，大致分为以下几种情况：一是由建设单位招标确定；二是委托产权单位；三是交由地铁车站的土建施工单位。无论通过何种方式确定管线迁改的实施主体，其程序必须符合法律法规的要求。土建施工单位需要配合管线迁改单位实施管线迁改，并且有义务对施工场地内的管线进行保护。

④管线迁改注意事项。一是要保证管线的使用功能少受影响；二是管线迁改与施工场地布置和交通疏解紧密结合起来，避免重复迁改；三是要加

强管线保护，建立保护管线责任制，明确各级人员责任，签订责任书。

（2）交通疏解。

①交通疏解方式。地铁施工通常需要临时占用城市道路、绿地或其他公用设施，交通疏解按疏解方式分为进行交通大疏导、优化完善道路网络及地铁站点周边道路改造等。

一是进行交通大疏导。设立大量的交通导示牌，利用已建成的较大的路网格局，合理分配交通流；通过限制车辆通行、公交改线等方法，科学组织交通。

二是优化完善道路网络。道路改造可以有效地分流交通，增加区域道路网络流量，从而减轻地铁建设区域沿线的交通压力。

三是通过地铁站点周边的建筑物拆迁、道路改造、取消局部绿化带、压缩部分人行道等方法，改造站点周边道路，增加站点的通行能力。

四是加强道路交通管理。任何交通疏解方案的实施都需要交通管理措施作为保障，地铁在建设过程中加大执法力度，维护道路有效运行秩序，特别是调整主要交叉路口交通组织，可提高通行效率。

五是优化施工围挡，保证道路畅通。调整车站施工工法，保证道路十字形和弯道处的通行能力，避免重复围挡对交通造成影响；在满足基本施工条件的前提下减小围挡面积，尽量少占用行车道，在行车范围内将直角围挡改为斜角围挡，确保行车视线。

②交通疏解实施的具体步骤。一是进行交通现状调查。交通现状调查是制定科学合理的交通疏解方案的前提，根据地铁车站施工图纸及施工部署，调查现场及周围的交通车行量及高峰期，预测高峰流量，研究设计占路范围、期限，然后由具有资质的设计单位出具交通疏解设计方案及施工图纸。二是按当地的规定进行行政审批。需要临时占用城市道路的，必须经城市道路行政主管部门和公安交通管理部门批准。因工程建设需要挖掘城市道路的，应当持城市规划部门批准签发的文件和有关设计文件，到城市道路行政主管部门和公安交通管理部门办理审批手续。施工单位必须按照审批的位置、面积、期限占用或挖掘城市道路，需要移动位置、扩大面积、延长时间的，要提前办理变更审批手续。因建设或者其他特殊需要临时占用城市绿化用地时，必须经当地绿化行政主管部门同意，并按照有关规定办理临时用地手续，还应当限期归还和恢复绿化。

③交通疏解的实施。施工单位按照获批的交通疏解方案设置围挡、临时交通导行标志、路障、隔离设施。临时疏解道路必须严格划分警告区、上

游过渡区、缓冲区、作业区、下游过渡区、终止区范围。为保证行车安全，临时占道影响交通范围内，按规定设置各种交通标志、隔离设施、夜间警示信号等。严格控制临时占路的时间和范围，特别是分段导行时必须严格执行获批方案。根据现场变化，及时引导交通车辆，并为行人提供方便。在主要交通道口设专职交通疏导员，积极协助交通民警搞好施工和社会交通的疏导工作，减少由于施工造成的交通堵塞现象。

3.地下连续墙施工

（1）成槽设备选型。

①成槽设备。目前，常用的成槽设备分为挖斗式、冲击式、回旋式，如图 2-5 所示。

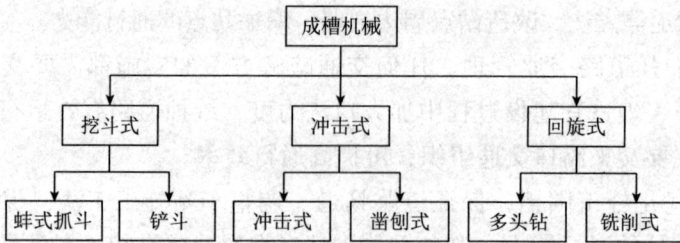

图 2-5　地下连续墙成槽机械

挖斗式成槽机的特点是结构简单，易于操作维修，运转费用低，广泛应用在较软弱的冲积地层，但在大块石、漂石、基岩等地层不能使用。当地层的标准贯入度值大于 40 时，效率很低。

冲击式成槽机对地层适应性强，适用于软土、硬土地层，也适用于砂砾石、卵石、基岩。其优点是设备价格低廉，适用地层广；缺点是施工效率低。

目前，回旋式成槽机中使用最多的是双轮铣槽机，其优点是工艺先进、工效快，适用于不同地质条件，包括基岩；缺点是设备昂贵，成本高，不适用于漂石、大孤石地层。

多头钻成槽机的优点为挖掘速度快，机械化程度高，但设备体积自重大，不适用于卵石、漂石和硬岩地层。

②其他设备。其他设备主要用于吊装地下连续墙钢筋笼的设备，目前大部分现场使用的是履带式起重机，其优点是起吊重量大，且可以将钢筋笼从加工平台上起吊后自行至指定槽段，并吊放入槽。

（2）场地规划。根据地质勘查的结果，确定地下连续墙成槽机械的类型，然后根据工期目标确定机械数量，并由此确定作业场地的面积。在场地内布置环场道路、泥浆池、钢筋笼加工平台和材料堆放场地以及其他用地。

①场地硬化、地基加固。在地下连续墙施工中，挖槽、吊放钢筋笼和浇筑混凝土等都要使用成槽机和履带式起重机等大型设备，施工场地、道路对地基承载能力都有一定的要求，同时场地地基稳定性对地下连续墙沟槽的施工安全和成墙质量也有很大影响。根据现场实际情况，占用城市道路的车站围护结构施工，仅破除导墙竖向位置的路面面层和基层，保持原有路面。地下连续墙施工可直接利用原有城市道路的路面，施工场地不需要进行地基加固。如果施工场地位于软土地区，其天然地基不能满足机械设备的吊装和变行的承载力要求，就必须进行地基处理。一般情况下，可采用水泥搅拌桩对软土地层进行加固处理。如果工期允许，也可采用堆载预压的方式提前处理场地地基，然后再进场施工。

②供电和给排水设备配置。根据施工组织设计的设备配置情况，并考虑照明及其他生活用电等负荷，计算工地所需的供电量，根据用电总量，配置变压器及配电系统。地铁车站大部分位于市区或市郊，施工用水从市政管网接引，办理相关手续后，接驳使用。排水设备中最主要的是泥浆的处理设备，按目前的施工工法，地下连续墙的废弃泥浆量很大，需要采取振动筛分、多级沉淀等措施处理泥浆。膨润土的黏土颗粒细小（优质膨润土小于 2 nm 的颗粒含量可达 60% 以上），处理难度很大，有条件时可利用旋流器分离和处理黏土中的微小颗粒物，在达到废水排放标准后，排入市政管网。

（3）施工工艺。地下连续墙的施工流程如图 2-6 所示。

```
                          ┌──────────┐
                          │ 设备进场  │
                          └────┬─────┘
                          ┌────▼─────┐
                          │ 定位放样  │
                          └────┬─────┘
                          ┌────▼─────┐      ┌──────────┐
                          │ 导墙施工  │      │ 泥浆系统准备 │
                          └────┬─────┘      └────┬─────┘
                          ┌────▼─────┐      ┌────▼─────┐
                          │ 槽段划分  │      │ 制作泥浆  │
                          └────┬─────┘      └────┬─────┘
          ┌──────────┐    ┌────▼─────┐      ┌────▼─────┐
          │ 渣土外运  │◄───│ 槽壁机成槽 │◄────│泥浆供应及循环│
          └──────────┘    └────┬─────┘      └──────────┘
                          ┌────▼─────┐
                          │ 接头刷壁  │
                          └────┬─────┘
  ┌──────────┐            ┌────▼─────┐      ┌──────────┐
  │ 再生处理  │◄──┐        │ 清底换浆  │      │ 搭设加工平台 │
  └──────────┘   │  ┌─────┐└────┬─────┘      └────┬─────┘
  ┌──────────┐   └──│泥浆回收│    │                 │
  │ 废浆外运  │◄─────└─────┘    │                 │
  └──────────┘                │                 │
┌───────────────────┐    ┌────▼─────┐      ┌────▼─────┐
│安放接头装置（非工字钢接头）│───►│ 钢筋笼吊放 │◄────│ 钢筋笼制作 │
└───────────────────┘    └────┬─────┘      └──────────┘
  ┌──────────┐            ┌────▼─────┐
  │ 商品混凝土供应 │───────►│灌注水下混凝土│
  └──────────┘            └────┬─────┘
                          ┌────▼─────┐
                          │接头管（箱）起拔│
                          └──────────┘
```

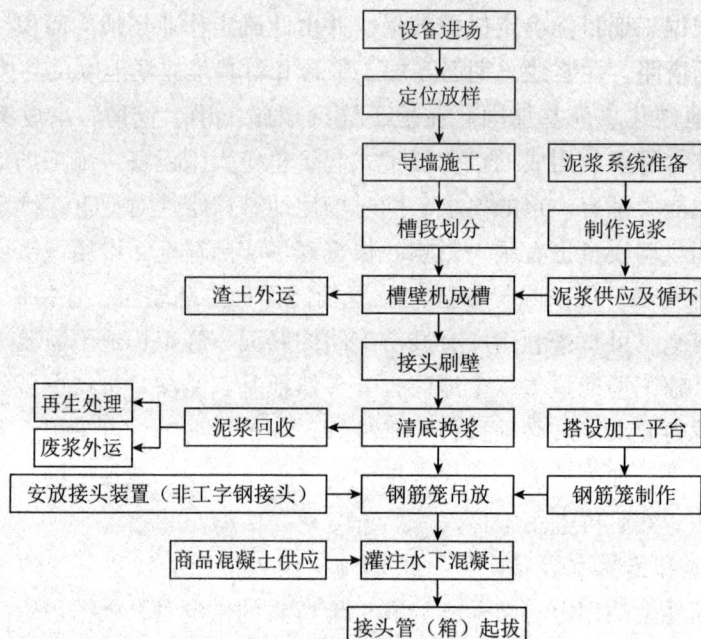

图 2-6　地下连续墙施工工艺流程图

①导墙施工。导墙施工是地下连续墙挖槽之前修筑的临时结构物，是为了控制施工平面位置、成槽垂直度、防止塌壁的重要施工措施。它的作用是挡土、地下连续墙施工测量的基准、储存泥浆。导墙的断面形状根据其施工环境与土层地质条件，常采用"┗"和"┓"两种形式，用钢筋混凝土浇筑而成。为了保持地表土体稳定，在导墙之间每隔 1～3 m 加设横撑，导墙的水平钢筋必须连接起来，使导墙成为一个整体。为保证地下连续墙的施工精度，导墙净距应大于地下连续墙设计尺寸 40～60 mm，导墙的高度一般为 1.5～2 m，导墙顶部高出地面不小于 100 mm，外侧墙土应夯实，导墙不得发生位移和变形。

导墙施工允许偏差应符合表 2-2 的规定。

表 2-2 导墙施工允许偏差表

		允许偏差	检验方法
内墙面	与地下连续墙中轴线平行度	±10 mm	尺量
	垂直度	5‰	测锤
	平整度	3 mm	直尺
导墙顶面平整度		5 mm	直尺
内外导墙净距		±10 mm	钢尺

②泥浆制作、使用和处理。泥浆用来支护槽壁，一般采用膨润土、CMC、纯碱等原料，按一定比例配制而成。在地下连续墙成槽中，依靠槽壁内充满触变泥浆，并使泥浆液面保持高出地下水位 0.5～1.0 m，以保证孔内的泥水压力高于孔外的地下水压力。泥浆压力作用在开挖槽段土壁上，除平衡土压力、水压力外，由于泥浆在槽壁内的压差作用，部分水渗入土层，从而在槽壁表面形成一层固体颗粒状的胶结物——泥皮。性能良好的泥浆失水量少，泥皮薄而密，具有较高的黏结力，这对于维护槽壁稳定、防止塌方起到很大的作用。泥浆的主要指标有黏度、pH、含砂量、相对密度、泥皮厚度、失水量等，如表 2-3 所示。

表 2-3 新拌制泥浆性能指标

项 目		性能指标	检验方法
相对密度		1.04～1.08	泥浆比重秤
黏度	黏性土	20～24 s	500 mL/700 mL 漏斗法
	砂性土	25～30 s	
含砂率 /%		<3（黏性土）；<4（砂性土）	量杯法
失水量		<30 mL/30 min	失水量仪
pH		8～9	pH 试纸

在施工前，要通过试验配制合格的泥浆，在使用中根据泥浆的使用状态及时进行泥浆指标的检验，更换不合格泥浆。为保证泥浆的质量，地下连续墙挖槽和清槽时均采用泥浆反循环，即将泥浆和挖槽时悬浮的颗粒物从槽内抽到泥浆池，经过处理后再流入槽内。泥浆采用机械分离和自然重力沉淀相结合的方法进行处理，槽内置换出来的泥浆采用振动筛处理，通过除砂器，除去土颗粒和碎石块，然后把干净的泥浆重新输送回槽中。

循环泥浆经过分离处理之后，滤除了大部分泥浆中的渣土，经过分离净化之后，加入膨润土、纯碱、CMC 等材料拌制成再生泥浆回收使用。虽然再生泥浆基本恢复了原有的护壁性能，但其性能和指标要比新鲜泥浆差，因此将再生泥浆和新鲜泥浆混合使用。严重被水泥浸污及相对密度严重超标的泥浆作为废浆处理，废浆处理方法是采用全封闭式的车辆将废浆外运到指定地点，再由当地的专业人员处理。

③成槽施工。根据地铁车站场地的地质条件，选用液压抓斗、铣槽机或冲孔成槽，膨润土泥浆护壁。成槽机施工前，必须对导墙顶高程、垂直度、间距、轴线等进行复核。在导墙上用油漆标出开挖槽段位置、每抓宽度位置、首开幅成槽宽度位置、钢筋笼下放位置、泥浆液面高度，并标出槽段编号。地下连续墙的标准槽段一般为 6 m，按照 I、II 期跳槽施工，先施工 I 期，再施工 II 期。当采用液压抓斗或双轮铣槽机成槽时，每个槽孔分三个单元施工，每个单元长度一般为 2.6 ~ 2.8 m。其施工顺序为 I 期槽段先施工两边单元，后施工中间单元；II 期槽段先施工中间单元，后施工两边单元。

a. 软土成槽施工。采用液压抓斗式成槽机直接进行开挖，开挖的土方直接卸于渣土车内，存放于临时堆土场内，然后再运至弃土场。标准槽段采用"三抓成槽法"开挖成槽，即每幅连续墙施工时，先抓两侧土体，后抓中心土体，反复开挖直至设计槽底高程为止。异型槽段如"T"字形或"L"形槽段，采用对称分次直挖成槽，按先短边后长边的原则，先行开挖一短幅，开挖到一定深度后，再挖另一短幅，相互交替。不足两抓的槽段，则用交替开挖、相互搭接的工艺直挖成型。成槽时泥浆应随着出土补入，以保证泥浆液面在规定的高度。当挖至槽底时，应用测绳测量深度，防止超挖和欠挖。挖槽过程中要严格控制成槽垂直度，利用成槽机的垂直度显示仪和自动纠偏装置控制成槽过程中的槽壁垂直度。施工中必须做好成槽记录，对地层分层进行详细记录。开挖至设计高程后，应及时检查槽位、槽深、槽宽和垂直度，合格后方可进行清底。

b. 岩层施工。根据地下连续墙入岩情况，为提高工效，上部软土采用液压抓斗式成槽机开挖，挖至岩面时停止挖槽，使槽底面基本持平，将成槽机械换为冲击式钻机。如果采用双轮铣槽机，则不用更换机械，从上到下一次成槽。冲击式钻机钻头大小和主孔中心距根据墙厚进行调整，主孔间距一般为 1.5 倍墙厚。先用冲击式钻机冲击主孔，泵吸反循环出渣。主孔完成后再冲副孔（主孔间剩余的岩墙），最后用方锤修整槽壁，连孔成槽。其施工工序如图 2-7 所示。

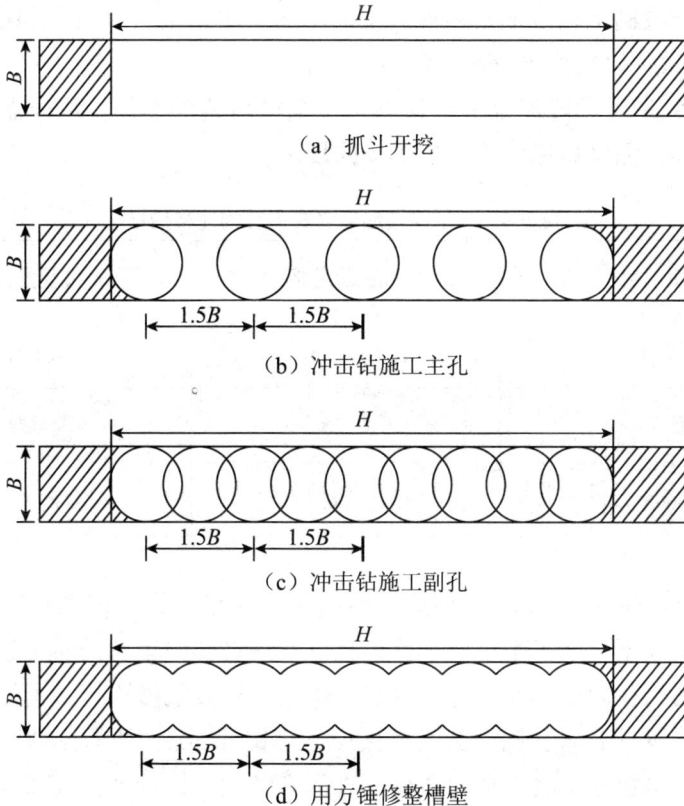

（a）抓斗开挖

（b）冲击钻施工主孔

（c）冲击钻施工副孔

（d）用方锤修整槽壁

图 2-7 地下连续墙岩层冲击成槽施工工序图

在岩石较硬的地下连续墙施工中，可采用抓、铣、冲结合的组合式成孔工艺。当底部硬岩强度大于 80 MPa，采用双轮铣槽机成槽困难时，可用冲击钻机先行冲孔，再由铣槽机修壁和清孔，这样可进一步提高工效，降低成本。当地下连续墙进入的微风化层较厚、岩石强度较高时，还可以采用预裂爆破的方法先对岩层进行处理，再用冲或铣的方式成槽。

④清槽和刷壁。槽孔开挖至设计高程并经验收合格后，即可开始清槽换浆工作。一般采用反循环方法（如气举反循环，也称空气升液法）清孔，

将排渣管下入槽内，距离孔底 50 ～ 100 cm 开始进行吸渣，将沉渣吸出孔外至泥浆净化系统，已净化的泥浆流回槽孔内，同时向槽内补充新鲜泥浆。一个槽孔完成后，移动排渣管，逐孔进行清底，直至一个槽段完成。目前，常用的清孔方法有吸泥泵排泥法、空气升液排泥法、潜水泥浆泵排泥法、水轮冲射排泥法等。

其中，采用吸泥泵排泥法时，槽孔清孔换浆结束前，采用特制钢丝刷自上而下分段刷洗槽段端头的混凝土面（或工字钢接头表面）。刷壁次数不得少于 20 次，以接头钢丝刷无泥屑为标准。

清槽后应对槽段泥浆进行检测，每幅槽段检测 2 处。取样点距离槽底 0.5 ～ 1.0 m，泥浆指标应符合表 2-4 的规定。

表 2-4　地下连续墙清底置换后的泥浆指标

项　　目	清底后泥浆	检验方法
相对密度	≤ 1.25	比重计
黏度 /s	≤ 28	漏斗计
含砂率 /%	≤ 8	含砂率计

⑤钢筋笼制作与吊装。钢筋笼的加工应严格按设计图纸在固定的平台上一次焊接成型，加工平台应平整，且方便钢材的搬运和钢筋笼起吊。分节制作的钢筋笼在同胎制作时应试拼装，采用焊接或机械连接，主筋接头搭接长度应满足设计要求，同一断面搭接位置应错开 50%。所有预埋铁件（主要有接驳器、钢板等）的水平和高程位置都应经过严格计算并准确定位于钢筋笼上，其误差无论是水平方向还是高程方向都必须不大于 10 mm，预埋铁件在安放时应考虑导管位置的上下贯通。所有的钢筋笼均需设置定位垫板，深度方向为 3 ～ 5 m，每层 2 ～ 3 块；定位垫板宜采用 4 ～ 6 mm 厚钢板制作并与主筋焊接。需要注意的是，盾构端头井位置钢筋笼一般采用玻璃纤维筋代替钢筋。

钢筋笼起吊桁架应根据钢筋笼起吊过程中的刚度及整体稳定性的计算结果确定。钢筋笼的起吊与安放所选用的吊车应满足吊装高度及起吊重量的要求。钢筋笼吊点布置根据吊装工艺经计算确定，并应验算钢筋笼整体起吊的刚度，按计算结果配置吊具、吊点加固钢筋和吊筋等，吊筋长度根据实测导墙高程确定。钢筋笼入槽时应对准槽段中心线缓慢沉入，不得强行入槽。入槽后根据测定的导墙高程准确控制笼顶高程。异形槽段钢筋笼起吊前应对转角处进行加强处理，并随入槽过程逐渐割除。钢筋笼分段沉放入槽时，下节钢筋笼平面位置应正确并临时固定于导墙上，上下节主筋对正连接牢固，经检查合格后，方可继续下沉。

⑥接头处理。地下连续墙常采用的接头有接头管（又称锁口管）接头、接头箱接头、工字钢接头等。工字钢接头近年来较多地应用于地铁车站的地下连续墙施工中，它具有整体刚度大、连接效果好、混凝土浇筑时绕流少、不用拔出接头等优点。接头管接头、接头箱接头用于特殊槽段有较好的灵活性，其形式如图2-8所示。

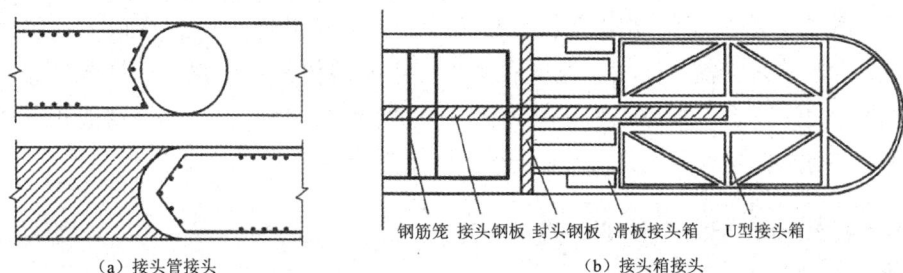

（a）接头管接头　　　　　　　　　　（b）接头箱接头

图2-8　地下连续墙接头管（箱）接头形式

值得注意的是，接头管（箱）接头进场后首次使用前，应在现场进行组装试验，合格后才能吊装入槽。吊装时应垂直缓慢下放，严格控制垂直度，并露出导墙顶1.5～2.0 m以上，接头管（箱）接头的背后应填实。接头管（箱）接头在混凝土灌注2～3 h后第一次起拔，以后每30 min提升一次，应在混凝土终凝前全部拔出。接头管（箱）接头起拔后应及时清洗干净。

工字钢接头直接焊接在钢筋笼上，与钢筋笼形成整体，下一槽段施工前需要对工字钢接头的表壁进行刷壁清洗。其施工工艺与接头管（箱）接头基本相同。

⑦水下混凝土浇筑。混凝土宜采用商品混凝土，并采用导管法灌注，导管选用直径200～250 mm、内表面光滑、接头密封良好的多节钢管。导管的水平布置距离不应大于3 m，距槽段端部不应大于1.5 m，施工前应试拼并进行隔水栓通过试验。灌注前先检查槽深和沉渣厚度是否超限，判断有无坍孔，如沉渣厚度超限或有局部坍孔现象，可采用泵吸或气举反循环法，利用导管直接清孔洗槽。混凝土供应能力须满足地下连续墙浇灌速度要求，钢筋笼入槽后至浇筑混凝土总停时间不能超过4 h，混凝土坍落度保持

为 180～220 mm，每幅墙的坍落度试验不得少于 3 次，并根据运输距离和气温情况添加适量的缓凝减水剂。

开始灌筑时，应先在导管内放置隔水球，导管下端距槽底为 300～500 mm，确保混凝土初灌量埋管深度不小于 500 mm，灌注过程中导管的埋管深度宜为 1.5～3 m，可有效控制钢筋笼的上浮。混凝土面灌注速度不应低于 2 m/h，相邻两导管间混凝土高差应小于 0.5 m，经常测定混凝土面高度，并做好记录。混凝土浇筑应均匀连续，中断时间不得超过 30 min。当混凝土灌注到地下连续墙顶部附近，导管内混凝土由于压差关系流出困难时，要降低灌注速度，同时保证导管的最小埋入深度不小于 1 m。地下连续墙浇筑完成时，混凝土灌注宜高出设计高程 300～500 mm。

⑧地下连续墙的质量控制和检验检测。基坑开挖后应进行地下连续墙验收，其平面位置、深度、宽度和垂直度以及墙体的抗压强度、抗渗等级必须符合设计要求；裸露墙面表面密实、无渗漏，孔洞、露筋、蜂窝面积不得超过单槽段裸露面积的 2%；地下连续墙接头无明显夹泥和渗水。

4. 钻孔咬合桩（桩墙）施工

（1）工艺原理。钻孔咬合桩采用全套管钻机施工，在桩与桩之间形成相互咬合排列的一种基坑支护结构。为了便于切割，桩的排列方式一般为一条素混凝土桩（A 桩）和一条钢筋混凝土桩（B 桩）间隔布置，施工时先施工 A 桩再施工 B 桩，A 桩采用超缓凝混凝土，要求必须在 A 桩混凝土初凝之前完成 B 桩的施工。B 桩施工时采用全套管钻机切割掉相邻 A 桩相交的混凝土，实现咬合，如图 2-9 所示。

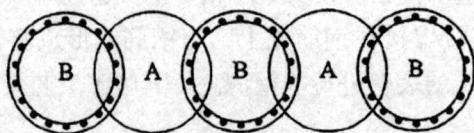

图 2-9　钻孔咬合桩平面示意图

（2）施工流程。钻孔咬合桩的施工流程如图 2-10 所示。

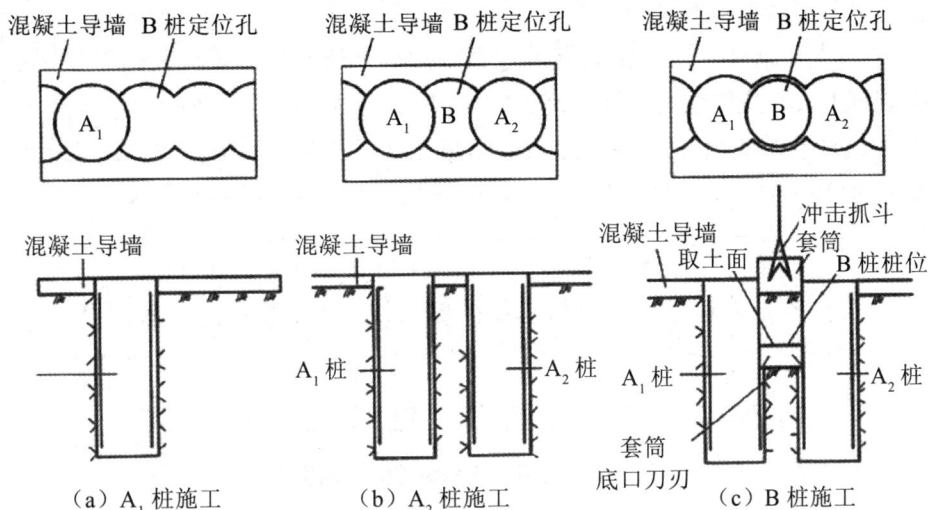

（a）A₁桩施工　　　（b）A₂桩施工　　　（c）B桩施工

图 2-10　钻孔咬合桩的施工流程图

①导墙施工。为了提高钻孔咬合桩孔口的定位精度并提高就位效率，应在桩顶上部施工混凝土导墙，导墙预留定位孔直径比管套直径放大 20 ～ 40 mm。

②钻机就位。待导墙有足够的强度后，移动套管钻机，使套管钻机抱管器中心定位于导墙孔位中心。

③取土成孔。先压入第一节套管（每节套管长 6.0 ～ 8.0 m），压入深 2.5 ～ 3.0 m，然后用抓斗从套管内取土，边取土边下压套管，保持套管底口超前于取土面且深度不小于 2.5 m；第一节套管全部压入土中后检测成孔垂直度，如不合格则进行纠偏调整，如合格则安装第二节套管下压取土，直至孔底设计高程。遇硬岩地层，可采用全回转套管钻机，由于套管安装有硬质合金切削齿，任何土质均能适应，特别是遇到岩层、卵层、孤石地层等效果较好，适用地层广泛。

④吊放钢筋笼。对于钢筋混凝土桩，应在成孔检查合格后安放钢筋笼，采用履带式起重机吊装钢筋笼下放。为保证钢筋笼在运输和吊装时不变形，每隔 2 m 用 ϕ20 mm 钢筋设置一道加强箍。

⑤安放混凝土导管。在钢筋笼吊放完毕后，将直径 250 mm 的导管按节吊入套管内，然后每节拼装后与料斗连接好，确保导管长度足够，保证导管底离孔底不大于 500 mm。

⑥灌注混凝土。混凝土要连续灌注，中断时间不得超过 30 min；导管埋入混凝土的深度宜保持在 1.5 ～ 3 m，最小埋入深度不得小于 1 m，导管

提升时不得碰撞钢筋笼。

⑦拔管成桩。在灌注混凝土过程中边灌注边拔管，要保证灌注量不影响套管上拔，最终混凝土灌注高程宜高出设计高程 300～500 mm。

⑧咬合排桩施工顺序。总的原则是先施工 A 桩，后施工 B 桩，其施工顺序是 A_1—A_2—B_1—A_3—B_2—A_4—B_3……A_n—B_{n-1}，如图 2-11 所示。

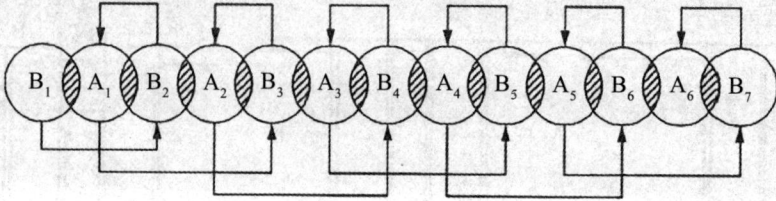

图 2-11　钻孔咬合桩排桩施工顺序图

⑨分段施工接头的处理方法。一台钻机施工无法满足工程进度要求，需要多台钻机分段施工，这就存在与先施工段的接头问题。处理方法是在施工段与段的端头设置一个沙桩（成孔后用沙灌满），待后施工段到此接头时挖出沙子，灌上混凝土，如图 2-12 所示。

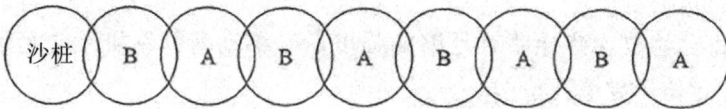

图 2-12　分段接头处理方法示意图

（3）施工设备和场地规划。全套管全回转钻机施工工法具有无噪声、无振动、无泥浆且钻进速度快、安全性高、环保性好的特点，在环保要求高的城市以及对振动要求严格的环境中应用得较为广泛。套管钻机不仅可以施工钻孔咬合桩，还可以用来拔桩。套管钻机是 20 世纪 50 年代由法国贝诺特公司研发的，国外常用的有日本加藤公司 KB 系列和车辆公司的 RT 系列，德国 WIRTH 的 PBA 系列和 KLEMM 的 GH 系列及 BAUER 的 BG 系列，意大利 CASAGRANDE 的 RC8、B 系列和 SOILMEC 的 RT3 系列；国内常用的有盾安 DTR 系列、中车 TRT 系列、泰信 DTR 系列等。由于全套管钻机本身体积和重量都相当大，占用施工场地面积也较大，采用钻孔咬合桩作为车站围护结构时，应合理规划施工场地，安排好机械数量，处理好分段接头。其场地布置形式与地下连续墙施工围护结构基本相似，必须设置环场道路、钢筋笼加工场、材料堆放场等，但不需设置泥浆池。施工道路必须满足重型设备走行要求。

（4）施工要点。

①孔口定位误差的控制。为保证钻孔咬合桩底部有足够的咬合量，应对其孔口的定位误差进行严格的控制，孔口的定位误差的允许值可按表 2-5 进行选择。

表 2-5 咬合桩孔口定位误差允许值

咬合厚度 /mm	桩长 /m		
	< 10	10 ～ 15	> 15
100	10	10	10
150	15	10	10

为保证孔口定位精度，在咬合桩顶设置混凝土或钢筋混凝土导墙，导墙上定位孔的直径应比桩径大 20 ～ 40 mm。桩机就位后，将第一节套管插入定位孔并进行检查调整，使套管周围与定位孔之间的孔隙保持均匀。

②桩的垂直度控制。为保证钻孔咬合桩底部有足够的咬合量，除要对其孔口的定位误差进行严格控制外，还要对其垂直度进行严格控制，桩的垂直度标准为 3‰以内。

③套管的顺直度检查和校正。钻孔咬合桩施工前应在平整地面上进行套管的顺直度检查和校正，首先检查和校正单节套管的顺直度，然后将按照桩长配置的套管全部连接起来，将套管的顺直度偏差控制在 1‰～ 2‰。

④成孔过程中桩的垂直度监测和检查。

a. 地面监测。在地面选择 2 个相互垂直的方向采用线锤监测地面以上部分套管的垂直度，发现偏差随时纠正，这项检测在每根桩的成孔过程中应自始至终坚持，不能中断。

b. 孔内检查。每节套管压完后，安装下一节套管之前，都要停下来用"测环"或"线锤"进行孔内垂直度检查，不合格时要进行纠偏，直至合格后才能进行下一节套管施工。

⑤纠偏。成孔过程中如发现垂直度偏差过大，必须及时进行纠偏调整。

a. 利用钻机液压缸进行纠偏。如果偏差不大于 4.5‰或套管入土不深于 5 m，直接利用钻机的 2 个顶升液压缸和 2 个推拉液压缸调节套管的垂直度，即可达到纠偏的目的。

b.A 桩的纠偏。如果 A 桩在入土 5 m 以下发生较大的偏移，可先利用钻机液压缸直接纠偏，如达不到要求，可向套管内填沙或黏土，一边填土一边拔起套管，直至将套管提升到上一次检查合格的地方，然后调直套管，检查其垂直度合格后再重新下压。

c. B 桩的纠偏。B 桩的纠偏方法和 A 桩基本相同，其不同之处是不能向套管内填沙或黏土，而应填入与 A 桩相同的混凝土，否则有可能在桩间留下土夹层，从而影响排桩的止水效果。

（5）事故桩处理。在钻孔咬合桩施工过程中，因 B 桩超缓凝混凝土的质量不稳定出现早凝现象或因机械设备故障等造成钻孔咬合桩的施工未能按正常要求进行形成事故桩时，可进行以下处理：

①平移桩位单侧咬合。A 桩成孔施工时，其一侧 B_1 桩的混凝土已经凝固，使套管钻机不能按正常要求切割咬合 B_1、B_2 桩。处理方法为向 B_2 桩方向平移 A 桩桩位，使套管钻机单侧切割 B_2 桩，施工 A 桩（凿除原桩位导墙，并严格控制桩位），并在 B_1 桩和 A 桩外侧另增加一根旋喷桩作为防水处理，如图 2-13 所示。

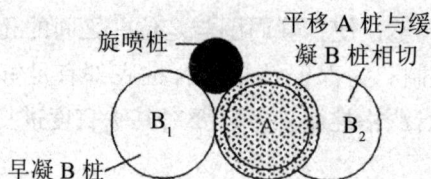

图 2-13　单侧咬合时的事故桩处理方法

②预留咬合企口。在 A_1 桩成孔施工中发现 B_1 桩混凝土已有早凝倾向但还未完全凝固时，可及时在 B_1 桩右侧施工一砂桩以预留出咬合企口，待调整完成后再继续后面桩的施工，如图 2-14 所示。

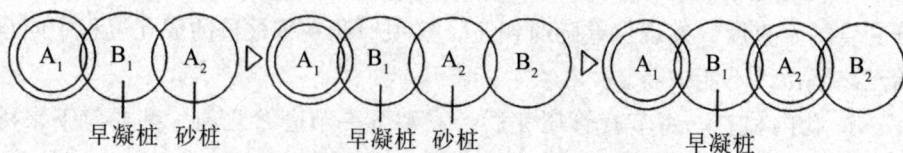

图 2-14　预留咬合企口示意图

5. 钻孔灌注桩加止水帷幕施工

（1）施工工艺。钻孔灌注桩加止水帷幕是早期地铁车站围护结构常用的一种形式，工艺简单，采用密排式或分离式（不咬合）钻孔桩外加止水帷幕形成具有一定刚度且有较好止水性能的基坑围护结构。止水帷幕一般使用高压旋喷桩或水泥搅拌桩，或两者结合使用，如图 2-15 所示。

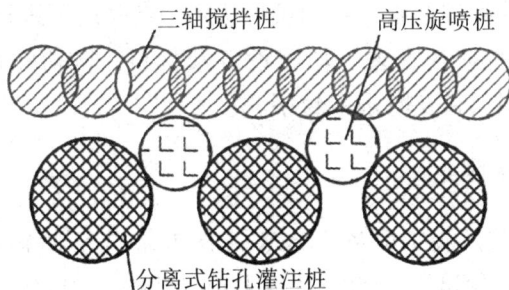

图 2-15　高压旋喷桩和水泥搅拌桩联合形成止水帷幕

其施工顺序为钻孔桩施工→达到设计强度后→高压旋喷桩施工→水泥搅拌桩施工→冠梁施工→基坑开挖。高压旋喷桩应根据地质情况和加固深度选择单管、双管或三管，以保证桩间止水的质量。水泥搅拌桩适用于淤泥或淤泥质土层，加固深度较浅。如果基坑围护结构较深，上部地层较软弱，可在上部软弱地层用水泥搅拌桩、下部稍硬地层用高压旋喷桩进行加固，充分发挥不同工法的地层适应性，以获得良好的止水效果。

（2）施工设备及场地规划。钻孔桩常用的施工设备有冲孔式桩机、回旋式钻机、旋挖钻机及套管钻机等，高压旋喷桩常用的施工设备有地质钻机（引孔）、单管（双管、三管）旋喷桩机、高压柱塞泵、空气压缩机等。水泥搅拌桩机有单轴、双轴、三轴和多轴等不同型号的桩机。钻孔桩加止水帷幕这种施工工艺在施工场地规划布置方面与施工地下连续墙相似。需要说明的是，由于水泥搅拌桩机和三管旋喷桩机体型较大，占用场地较多，应在钻孔桩完成后再进场施工。其他机械，如单管或双管旋喷桩，在满足围护桩强度要求后，可按顺序开工。

（3）施工要点。

①为了避免出现塌孔，钻孔灌注桩施工时必须采用跳打法，如先施工1、3、5……号桩，当这些桩达到强度后，再进行2、4、6……号桩施工。在各钻孔灌注桩间加设旋喷桩，密封各桩之间的缝隙，使搅拌桩与钻孔灌注桩完全连接。

②尽量使用三轴（或多轴）水泥搅拌桩，一是施工速度快，二是加固深度大，三是加固效果好。

③在高压旋喷桩和水泥搅拌桩施工前，必须先进行试桩，通过抽芯检验达到设计效果后，才能按试桩时的最佳施工参数，展开全面施工。

④施工过程中一旦出现冷接缝，则采取在冷接缝处围护桩外侧补作旋喷桩或者搅拌桩等处理措施，在围护桩达到一定强度后进行补桩。

⑤在基坑开挖阶段，备好堵漏设备及材料，密切注视基坑开挖情况，一旦发现墙体有漏点，及时进行封堵。

6. SMW 工法桩施工

（1）施工工艺及施工设备。SMW 工法桩采用三轴深层搅拌机施工，起重设备视围护结构深度采用 50 t 及以上履带式吊车和 300 t 及以上的起拔设备，采用套打施工工艺，其施工流程如图 2-16 所示。

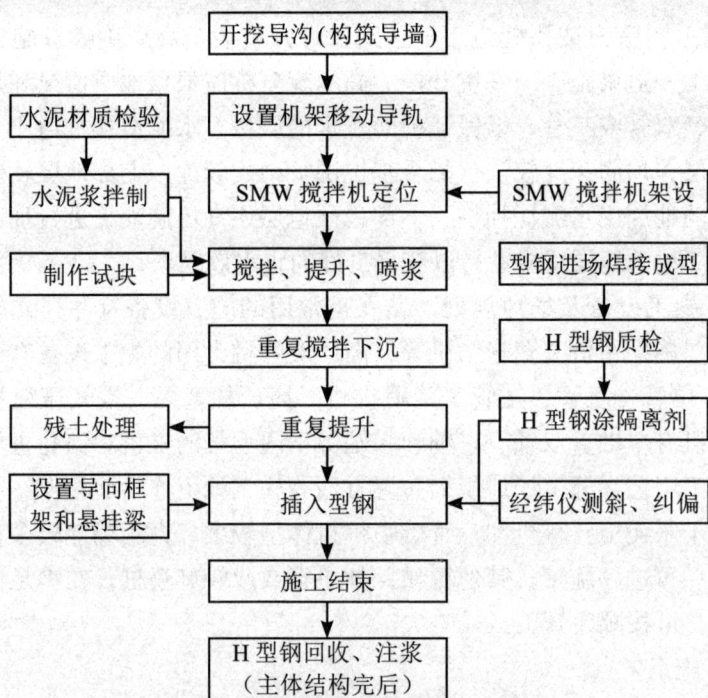

图 2-16 SMW 工法桩施工流程图

（2）施工顺序。

①水泥搅拌桩施工。先施工水泥搅拌桩，SMW 工法按图 2-17 或图 2-18 的顺序进行施工，阴影部分为重复套钻，以保证墙体的连续性和接头的施工质量。水泥搅拌桩的搭接是依靠重复套钻保证的，以确保止水效果。

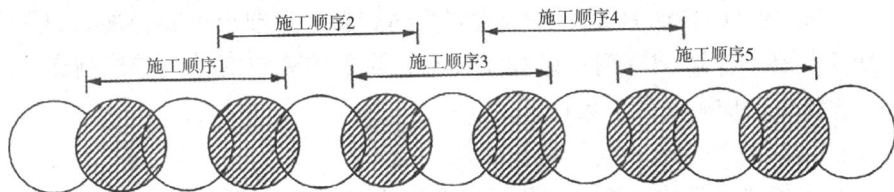

图 2-17 SMW 工法施工顺序之一

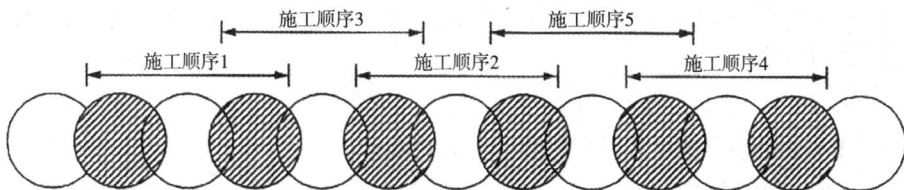

图 2-18 SMW 工法施工顺序之二

②H 型钢吊放。待水泥土搅拌桩施工完毕后，吊机应立即就位，准备吊放 H 型钢,H 型钢在现场接长。采用轮胎式吊机和履带式吊机起吊 H 型钢，H 型钢插入时间必须控制在搅拌桩施工完毕 3 h 内。

③H 型钢拔除。在主体结构完成后拔除 H 型钢。在 H 型钢焊接加强板，用千斤顶反复顶升型钢，配合吊车拔除。

（3）施工要点。

①水泥搅拌桩正式施工前应先进行试桩，现场试桩不少于 3 根，依据设计参数，计算单桩水泥浆用量。试桩时对水泥掺量、浆液水灰比、浆液泵送时间、搅拌下沉及提升时间、桩长及垂直度控制等参数进行记录。

②根据试桩取得的施工参数以及施工中的地层条件，严格控制搅拌钻机下沉速度和提升速度，钻机在钻孔下沉和提升过程中，钻头下沉速度为 0.8 m/min，提升速度为 1.0～1.5 m/min，每根桩均应匀速下钻、匀速提升。

③经常进行现场检查压浆泵的流量、水泥浆配制、浆液配合比，确保桩体的成桩质量；制好的浆液不得离析，一般在 2 h 以内使用。

④搅拌桩之间的搭接，一般情况下采用单排咬合式连接，对围护墙转角处或有施工间断的情况采用复搅式连接。当相邻桩施工间隔超过 12 h 时，采取外侧补桩措施，保证止水帷幕的整体性和防渗性。

⑤H 型钢按设计要求选用，在距 H 型钢顶端 0.2 m 处开一个圆形孔，孔径约 10 cm。若因型钢定尺种类繁多或运输不便而需要进行现场拼焊时，焊缝应均为坡口满焊，焊缝需饱满，且与两边的翼板面一样平，不得高出；若高出，则需用砂轮打磨焊缝至与型钢面持平。

⑥如果设计要求 H 型钢在结构强度达到要求后拔出回收，那么 H 型钢在使用前必须涂刷减摩剂，以利于拔出，涂刷的减摩剂一般应控制在 1 kg/m²，在涂刷前应满足以下条件：

a.清除 H 型钢表面的污垢及铁锈。

b.减摩剂必须用电热棒加热至完全融化，用搅拌棒时感觉厚薄均匀，才能涂敷于 H 型钢上，否则涂层不均匀，易剥落。

c.H 型钢表面涂上涂层后，一旦发现涂层开裂、剥落，必须将其铲除，重新涂刷减摩剂。

d.基坑开挖后，施工混凝土冠梁时，型钢需用发泡纸包裹，避免混凝土与 H 型钢直接接触，否则型钢可能无法拔出。

⑦型钢必须在搅拌桩施工完毕 3 h 内插入，型钢插入左右定位误差不得大于 20 mm，宜插在搅拌桩靠近基坑一侧，垂直度偏差不大于 1/250，底高程误差不大于 200 mm。

⑧设置定位型钢保证 H 型钢插入精度。在平行导槽方向放置两根沟槽定位型钢，规格为 300 mm×300 mm，长 8 ～ 12 m，在沟槽定位型钢上根据设计桩距标出桩中心点定位标记，作为施工时初步确定桩位的依据；在垂直导槽方向放置两根定位型钢，规格为 200 mm×200 mm（可根据不同的情况进行调整），长约 2.5 m。按型钢尺寸做出型钢定位卡，防止型钢插入时偏移或倾斜，如图 2-19 所示；转角处 H 型钢与围护中心线成 45° 插入。

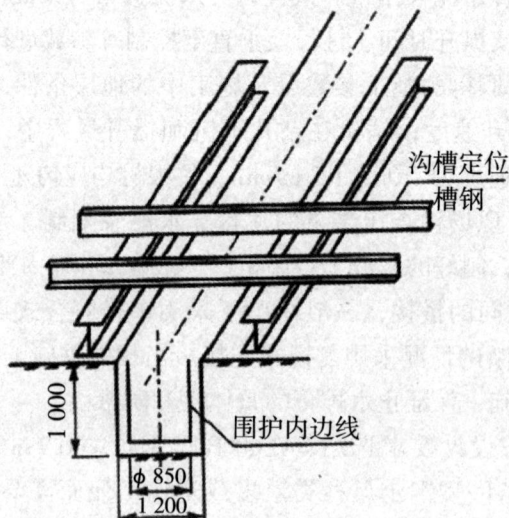

图 2-19　型钢定位示意图（尺寸单位：mm）

⑨放置型钢定位卡后，将 H 型钢沿定位卡缓慢插入水泥土搅拌桩体内，插入 1 ~ 2 m 后，利用线坠调整型钢的垂直度，调整完毕后将 H 型钢插入水泥土。

⑩当 H 型钢插入到设计高程时，若 H 型钢底高程高于水泥土搅拌桩底高程，用 φ20 吊筋固定 H 型钢，使其控制在设计高程位置；若 H 型钢与水泥土搅拌桩底高程一致，可以不用吊筋固定；若 H 型钢插放达不到设计高程，则提升 H 型钢，重复下插使其插入到设计高程。

⑪待水泥土搅拌桩硬化到一定程度后，撤除吊筋与槽沟定位型钢。

（4）施工质量检验。SMW 工法施工的劲性水泥土搅拌桩成墙质量标准如表 2-6 所示。

表 2-6　SMW 工法桩围护墙验收标准

序号	检测项目	允许值或允许偏差	序号	检测项目	允许值或允许偏差
1	水泥及外掺剂质量	设计要求	8	垂直度	< 1.5%
2	水泥用量	按试桩参数	9	搭接	> 20 mm
3	桩体强度	不小于设计	10	型钢长度	±10 mm
4	桩顶高程	±200 mm	11	型钢垂直度	< 1%
5	桩底高程	−50 ~ +100 mm	12	型钢插入高程	±30 mm
6	桩位偏差	< 50 mm	13	型钢插入平面位置	10 mm
7	桩径	< 0.04D	14	渗透系数	满足设计要求

注：D 为桩径设计值。

第二节　浅埋暗挖法地铁施工技术

一、浅埋暗挖法施工原则

浅埋暗挖法（国外多称软土隧道新奥法或浅埋隧道新奥法）是基于岩石隧道新奥法（NATM）的基本原理，针对城市地下工程的特点，于 20 世纪 80 年代在北京地铁第四纪软土中开创出的新方法。近年来，采用浅埋暗挖法施工的地铁工程越来越多，它的优越性也越来越明显，已经成为城市地下铁道施工采用的主要方法之一。

（一）浅埋暗挖法施工概述

1. 浅埋暗挖法施工的特点

浅埋暗挖法是在新奥法的基础上，针对城市地下工程的特点发展起来的。城市浅埋地下工程的特点主要是覆土薄、地质条件差（多数是未固结的土沙、黏性土、粉细沙等）、自稳能力差、承载力小、变形快，特别是初期增长快，稍有不慎就易产生坍塌或过大的下沉，而且在隧道附近往往有重要的地面建筑物或地下管网，会给施工带来严格的要求。浅埋暗挖法是以超前加固、处理软弱地层为前提，采用足够刚性的复合衬砌（由初期支护和二次衬砌及中间防水层组成）为基本支护结构的一种用于软土地层近地表隧道的暗挖施工方法。它以施工监测为手段指导设计与施工，保证施工安全，控制地表沉降。在应用范围上，它不仅可用于区间、大跨度渡线段、通风道、出入口和竖井的修建，还可用于多跨、多层大型车站的修建；在结构形式上，它不仅有圆拱曲墙、大跨度平拱直墙，还有平顶直墙等形式；在与其他施工方法的结合上，有与盖挖法的结合，以及与盾构法的结合。

2. 暗挖法施工的隧道深浅埋分界

隧道根据覆盖岩体厚度不同而分为深埋隧道与浅埋隧道。其中，浅埋隧道埋置深度较浅，覆盖层厚度较薄，一般情况下暗挖法开挖的影响将波及地表。浅埋隧道分为浅埋、超浅埋，采用拱顶覆土厚度 H 与结构跨度 D 之比覆跨比判断。当 $0.6 < H/D \leqslant 1.5$ 时，均称为浅埋；当 $H/D \leqslant 0.6$ 时，均称为超浅埋。

3. 浅埋暗挖法的适用条件

虽然浅埋暗挖法对地层的适应性较广，但也并非适用于任何地层。在选用浅埋暗挖法时，对工程地质和水文地质条件、环境和经济方面进行充分论证和评估是十分必要的。选用浅埋暗挖法应考虑的基本适用条件如下：

（1）浅埋暗挖法不允许带水作业。如果含水地层达不到疏干，带水作业是非常危险的，开挖面的稳定性会时刻受到威胁，甚至发生塌方。将地下水，尤其是上层滞水处理好是非常关键的环节，因为它会直接影响浅埋暗挖法的成败。大范围的淤泥质软土、粉细砂地层，降水有困难或经济上选择此工法不划算的地层，不宜采用此法。

（2）采用浅埋暗挖法要求开挖面具有一定的自立性和稳定性。日本土木学会曾提出开挖工作面土体稳定的定量判别标准：土壤中的细颗粒（小于74 μm）质量分数小于或等于 10%，且均匀系数 U_c 小于或等于 5 的土壤，不具备自立性。[1] 我国还未对土壤的自立性做出定量规定，但从定性上提出了要求：工作面土体的自稳时间应足以进行必要的初期支护作业。对开挖面前方地层的预加固和预处理是采用浅埋暗挖法的必要前提，目的在于加强开挖面的稳定性，增加施工的安全性。

（二）施工的基本原则

浅埋暗挖法是在新奥法的基础上发展而来的，其对新奥法的 12 字方针"少扰动、早喷锚、快封闭、勤测量"的基本原则有了进一步发展。

1. 管超前

采用超前管棚或小导管注浆防护，实际上就是采用超前支护的各种手段，提高掌子面的稳定性，防止围岩松弛和坍塌。

2. 严注浆

在导管超前支护后，立即进行压注水泥浆或其他化学浆液，填充围岩空隙，使隧道周围形成一个具有一定强度的壳体，以增强围岩的自稳能力。

3. 短开挖

一次注浆，多次开挖，即限制一次进尺的长度，减少围岩的松弛。

4. 强支护

在浅埋的松软地层中施工，初期支护必须十分牢固，具有较大的刚度，以控制开挖初期的变形。

5. 快封闭

在台阶法施工中，如上台阶过长时，变形增加较快，为及时控制围岩

---

① 贺丽娟，任莉莉. 地铁施工技术 [M]. 成都：西南交通大学出版社，2020：11.

松弛,必须采用临时仰拱封闭,开挖一环,封闭一环,提高初期支护的承载能力。

6. 勤量测

隧道施工过程中进行经常性的量测、掌握施工动态、及时反馈是浅埋暗挖法施工成功的关键。

二、浅埋暗挖法施工方法及选择

(一)浅埋暗挖法施工方法

浅埋暗挖法的施工方法及施工工艺流程同新奥法一样。如何正确选择,应根据实际情况综合考虑,但必须符合安全、快速、质量和环保的要求,达到规避风险、加快进度和节约投资的目的。

各种施工方法的适用条件与主要开挖方法如表 2-7 所示。

表 2-7 地铁隧道浅埋暗挖法施工方法的适用条件与主要开挖方法

开挖方法	图 例	适用条件	主要开挖方法
全断面法		稳定岩体、单拱单线区间隧道	采用光面或预裂爆破开挖,宜用大型机械化施工
台阶法		稳定岩体、土层及不稳定岩体	(1)稳定岩体:采用光面或预裂爆破开挖,台阶留置长应不宜 $>5B$(B 为隧道开挖宽度)或 50 m,下台阶开挖后适时施工仰拱 (2)土层及不稳定岩体:拱部开挖后及时施作初支,根据地质和隧道跨度采用短台阶($B\sim1.5B$)或超短台阶($3\sim5$ m),下台阶开挖后,适时施工仰拱
中隔壁法		土层及不稳定岩体单拱隧道	(1)以台阶法为基础,隧道分为左右两个导洞 (2)分别施工左右侧导洞,并施工初期支护结构

续　表

开挖方法	图　例	适用条件	主要开挖方法
交叉中隔壁法		土层及不稳定岩体单拱隧道	(1) 以台阶法为基础，隧道分为左右两个导洞 (2) 交叉开挖左右侧导洞，每个导洞均设临时仰拱封闭支护
环形开挖预留核心土法		土层及不稳定岩体单拱隧道	(1) 以台阶法为基础，先分别开挖上台阶的环形拱部，施工完初期支护结构后开挖核心土 (2) 开挖下台阶，施工墙体初期支护结构并做仰拱
双侧壁导坑法		土层及不稳定岩体单拱隧道	(1) 以台阶法为基础，先开挖双侧壁导洞并施工初期支护结构 (2) 开挖拱部并施工初期支护结构 (3) 开挖核心土体并做仰拱
中洞法		土层及不稳定岩体大跨隧道或地铁车站	(1) 以台阶法为基础，开挖中导洞，然后在中导洞内施工梁柱结构 (2) 开挖拱部并施工初期支护结构 (3) 开挖两侧土体及施工初期支护结构，并闭合
洞桩法		土层及不稳定岩体大跨隧道或地铁车站	(1) 在隧道中先施工小导洞 (2) 在小导洞内施工边墙支护桩 (3) 开挖拱部并施工初期支护结构 (4) 开挖中间土体及两侧土体，并施工初期支护且闭合

（二）浅埋暗挖法施工方法的选择及其比较

1. 浅埋暗挖法地铁车站施工方法的比较

当地层条件差、断面特大时，一般设计成多跨结构，跨与跨之间有梁、柱连接，一般采用中洞法、侧洞法、柱洞法及洞桩法等施工方法，其核心思想是变大断面为中小断面，提高施工安全度。浅埋暗挖法施工地铁车站常用的三种施工工法对比如表 2-8 所示。

表 2-8 浅埋暗挖法施工地铁车站常用的三种施工工法对比

施工方法	示意图	重要指标比较					
		适用条件	沉降	工期	防水	初期支护拆除量	造价
中洞法	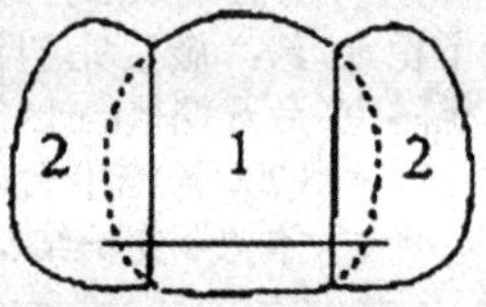	小跨度，连续使用可扩成大跨度	小	长	效果差	拆除多	较高
侧洞法	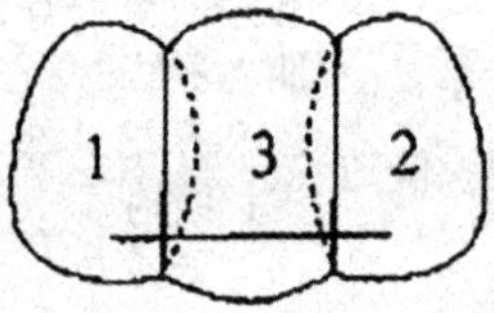	小跨度，连续使用可扩成大跨度	大	长	效果差	拆除多	高
柱洞法		多层跨度	大	长	效果差	拆除多	高

2. 浅埋暗挖法地铁隧道的施工方法的比较

在隧道的开挖过程中，围岩稳定与否，虽然主要取决于围岩本身的工程地质条件，但不同的开挖工法无疑对围岩稳定状态有着直接而重要的影响。常用于区间隧道的浅埋暗挖法有台阶法、环形开挖预留核心土法、CD 法（中隔壁法）、CRD 法（交叉中隔壁法）和双侧壁导坑法（眼镜法）等。区间隧道不同施工工法对比如表 2-9 所示。

表 2-9 区间隧道不同施工工法对比

施工方法	示意图	重要指标比较			
		沉降	工期	初期支护拆除量	造价
台阶法		一般	短	没有拆除	低
环形开挖预留核心土法		一般	短	没有拆除	低
中隔壁法		较大	短	拆除少	偏高
交叉中隔壁法		较小	长	拆除多	高
双侧壁导坑法		大	长	拆除多	高

三、浅埋暗挖法施工地铁车站常用施工工法

（一）中洞法

1. 工法特点与施工流程

（1）工法特点。

①该工法的基本原理是把大跨地质较差的隧道分成三个部分，各部分条块分割，保证开挖期间安全，先形成中洞初期临时结构，在临时结构内施作永久衬砌结构，形成中部稳定支撑，承受围岩主要荷载，然后对称开挖边洞部分的各分块，最后形成整体结构。体系转换过程中，结合监测情况加设钢支撑。

②采用 CRD 施工方法完成中洞开挖，在中洞内完成底板、底梁、钢管柱、中板、顶梁和中拱，形成稳定的中洞支撑体系，承受围岩主要荷载，为边洞开挖提供安全条件。

③采用 CRD 法对称完成边洞开挖，拆除临时初期支护体系，完成边洞二次衬砌施工。

④该工法通过在中洞中设置梁、柱等受力结构，扩大了作业空间，有效地克服了以往 CRD 工法工序繁多、空间狭小，以及施工精度控制困难、施工周期长等问题。

⑤在进行分部开挖支护过程中，应做好地质超前探测和现场地质素描，不良地质条件下应采用超前大管棚等辅助措施。

⑥处理好工序调整时的受力转换问题是施工的关键。在体系转换过程中，应合理确定分段长度，同时加设钢支撑。将监控量测、数据处理和信息反馈综合技术应用于施工，动态修正施工方法和支护参数，确保施工安全。

（2）施工流程。中洞法总体施工流程如图 2-20 所示。

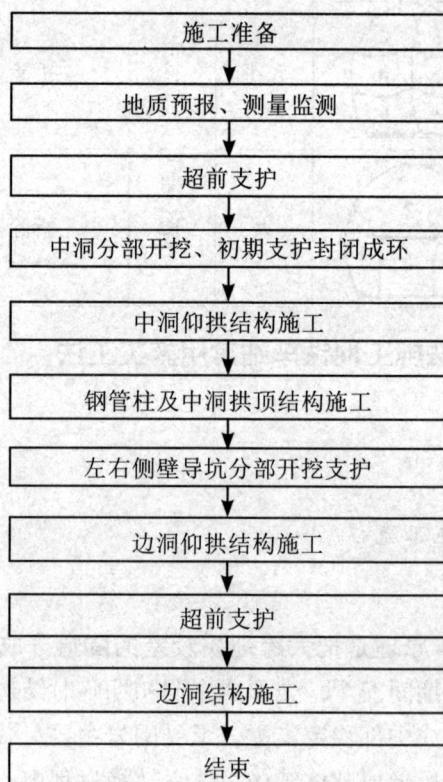

施工准备

↓

地质预报、测量监测

↓

超前支护

↓

中洞分部开挖、初期支护封闭成环

↓

中洞仰拱结构施工

↓

钢管柱及中洞拱顶结构施工

↓

左右侧壁导坑分部开挖支护

↓

边洞仰拱结构施工

↓

超前支护

↓

边洞结构施工

↓

结束

图 2-20 中洞法施工流程图

主要施工步骤如下：①中跨部分（包括立柱）采用CRD法施工。先将中洞自上而下分块成环，随挖随撑，及时做好喷锚和钢架初期支护。②由下而上施作中跨部分二次模筑钢筋混凝土结构，中隔墙也逐层拆除。中洞各工序完成后，就会形成一个刚度很大的完整结构定住上部土体，从而有效地减小地表沉降量。③当中洞完成后，两边洞采用台阶法，对称自上而下开挖。④同样，初期支护完成后，再自下而上施作两边洞的二次模筑钢筋混凝土衬砌。

具体各施工步骤如图2-21所示。

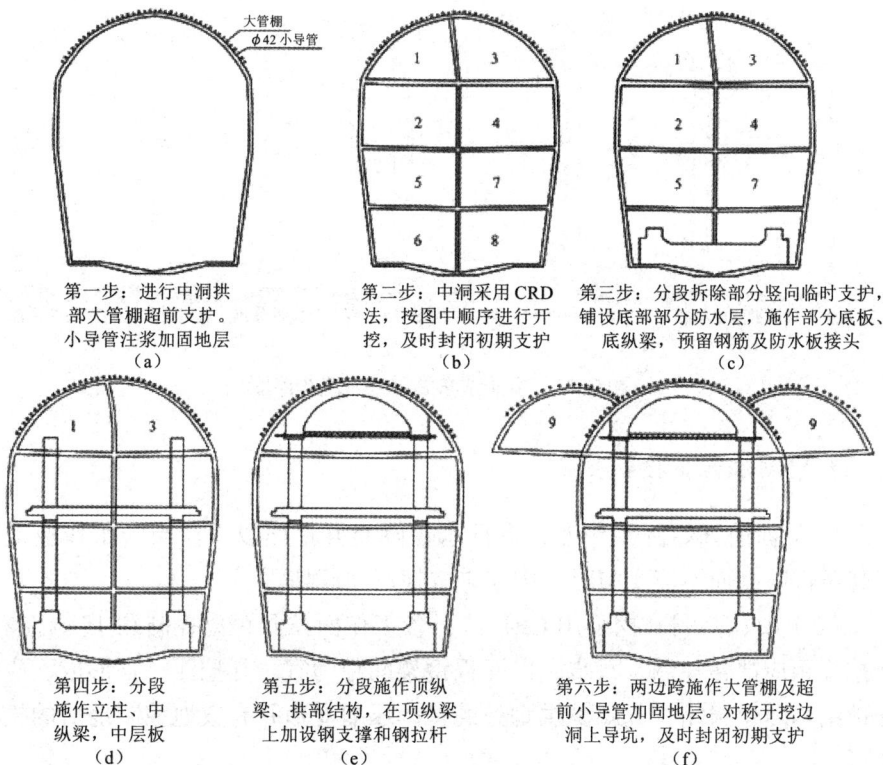

第一步：进行中洞拱部大管棚超前支护。小导管注浆加固地层
(a)

第二步：中洞采用CRD法，按图中顺序进行开挖，及时封闭初期支护
(b)

第三步：分段拆除部分竖向临时支护，铺设底部部分防水层，施作部分底板、底纵梁，预留钢筋及防水板接头
(c)

第四步：分段施作立柱、中纵梁，中层板
(d)

第五步：分段施作顶纵梁、拱部结构，在顶纵梁上加设钢支撑和钢拉杆
(e)

第六步：两边跨施作大管棚及超前小导管加固地层。对称开挖边洞上导坑，及时封闭初期支护
(f)

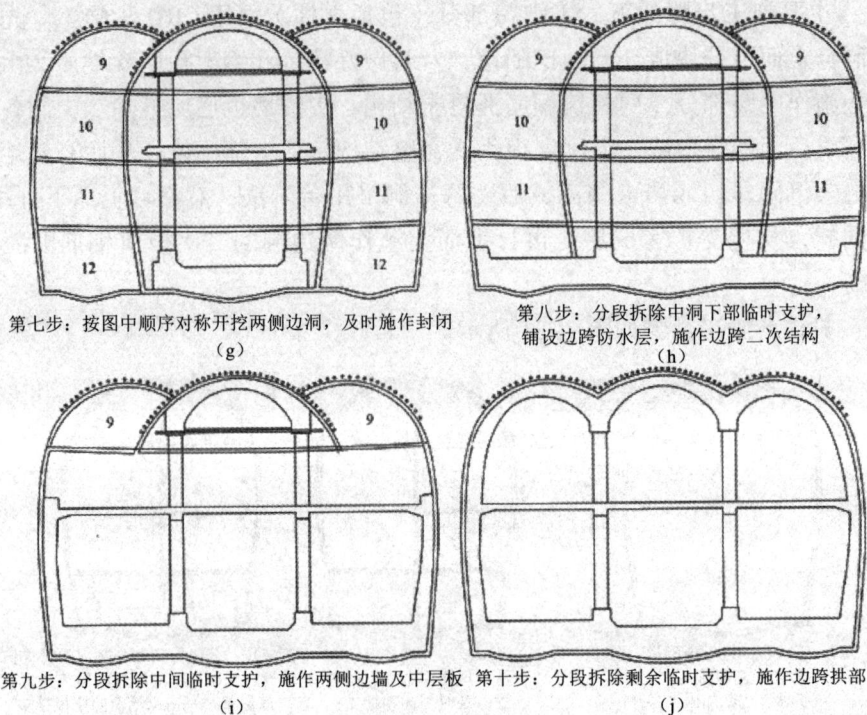

第七步：按图中顺序对称开挖两侧边洞，及时施作封闭
（g）

第八步：分段拆除中洞下部临时支护，铺设边跨防水层，施作边跨二次结构
（h）

第九步：分段拆除中间临时支护，施作两侧边墙及中层板
（i）

第十步：分段拆除剩余临时支护，施作边跨拱部
（j）

图 2-21　中洞法车站详细施工步序图

2.中洞法施工控制要点

（1）提前开始降水作业，保证水位降至开挖面以下。当降水作业受到客观条件限制而不能实施时，则应采取地层注浆堵水。

（2）中、侧洞开挖采用 CRD 法，各工作面拉开距离控制在 15 m 左右，开挖步距应严格控制，每步距以一榀钢架间距为宜。开挖面一旦形成，应使支护结构尽快封闭，以减少拱脚处的基础压缩变形并有效地控制地层的松弛变形。

（3）中洞底纵梁是工程控制要点之一，主要涉及地基基础的承载力和底纵梁位移问题。

"中洞法"在结构中洞底板封闭以前为最不利受力状态，底梁基底压力值达到最大。为进一步增强地基承载能力，减少由底纵梁基础引起的结构不均匀沉降，需要对底纵梁基底进行注浆加固处理。

为了防止结构水平位移，底纵梁纵向每隔一定距离设横向联系梁，可以减少破除底层中隔墙引起的中洞初期支护结构沉降，又使底梁纵向形成格构框架体系，以保证下部钢管柱及顶纵梁受力稳定。

（4）顶纵梁施工质量控制。为保证顶纵梁的施工质量，将顶芯梁和顶拱分开浇筑混凝土，应先施作顶芯梁，再施工拱顶衬砌。铺设拱部防水板时，预留好防水板接头并加以保护，对连拱部位，做好"V"形节点防水。

顶纵梁的混凝土达到强度要求后，在立柱及顶梁上安装可调式拉杆和横向工字钢支撑，间距 1 m，其布置详情如图 2-22 所示。钢支撑分担由中部拱跨传递的内侧挤压力，钢拉杆承受拱脚外移产生的拉力。

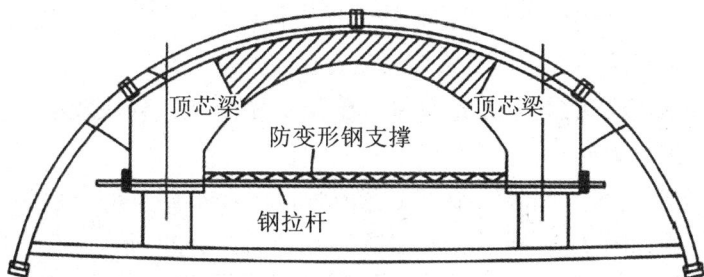

图 2-22　顶纵梁施工钢支撑及钢拉杆安装示意图

（5）钢管柱制作、运输及精确定位要严格按照技术规范要求执行。对应钢管柱位置处底纵梁的混凝土浇筑前，将钢管柱底盘、管内锚固钢筋、定位杆、管外锚固钢筋安装完成。

（6）中洞底纵梁联系梁施工前要破除临时中隔墙，侧洞底板施工中要破除侧洞中隔墙。中洞底纵梁和侧洞底板施工阶段，中隔墙还依然是主要承力结构，破除过程采用主动换撑措施，纵向每隔一定距离设置横梁。

（7）侧洞二次衬砌施工中，需要破除各层的临时仰拱，必须确保临时结构破除后侧墙的安全稳定性。破除临时仰拱时采取左右两侧不对称拆除。

（8）局部临时支撑。二次衬砌施工过程实质是初期支护结构受力转化为二次衬砌结构受力的过程，必要时可在局部增设临时支撑，以减少转换过程的影响。

（二）侧洞法

1. 工法特点与施工工艺流程

（1）工法特点。

①软弱地质条件下，本工法可化整为零，分块开挖，降低施工难度和风险。因此，比较适用于软弱围岩地质条件的地铁暗挖车站及大断面区间，尤

其是受地下有限空间限制，不能使用大型机械的地下工程，具有较高的推广价值。

②与中洞法相反，侧洞法是先对称地用 CRD 法开挖两个侧洞，待完成侧洞二次衬砌模筑钢筋混凝土结构后，再用台阶法开挖中洞。其开挖、初期支护、二次衬砌结合进行，能够充分利用二次衬砌的支护作用，有效控制变形。

③两侧洞施工时，中洞上方土体经受多次扰动，形成危及中洞的上小下大的梯形、三角形或楔形土体，该土体直接压在中洞上。中洞施工存在一定的安全风险，该部分土体常常需要进行注浆加固处理。

④侧洞法施工的导洞数量较多，施工工序繁杂，分块较小，机械化利用程度低，施工周期较长。

（2）施工流程。侧洞法施工工艺流程以工序最简单的单层站为例，其主要施工流程如图 2-23 所示，详细施工步序如图 2-24 所示。

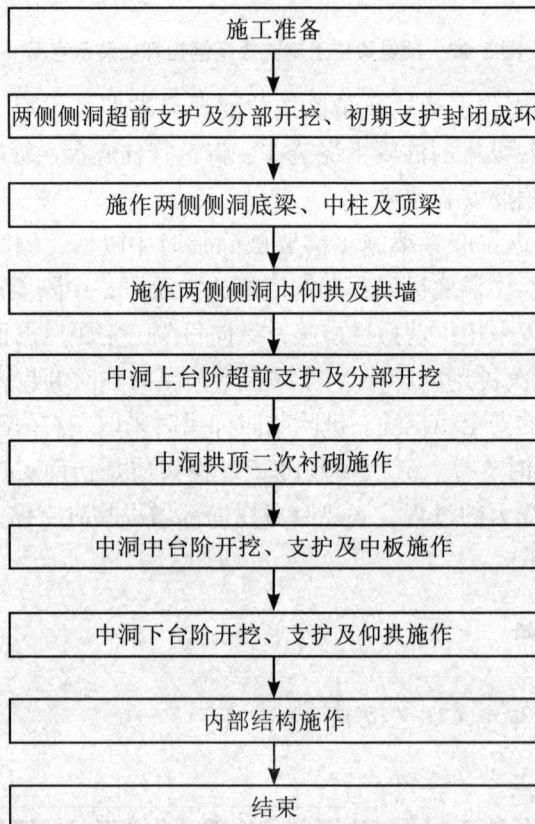

```
┌─────────────────────────────────────┐
│              施工准备                 │
└─────────────────────────────────────┘
                   ↓
┌─────────────────────────────────────┐
│  两侧侧洞超前支护及分部开挖、初期支护封闭成环  │
└─────────────────────────────────────┘
                   ↓
┌─────────────────────────────────────┐
│        施作两侧侧洞底梁、中柱及顶梁        │
└─────────────────────────────────────┘
                   ↓
┌─────────────────────────────────────┐
│        施作两侧侧洞内仰拱及拱墙          │
└─────────────────────────────────────┘
                   ↓
┌─────────────────────────────────────┐
│        中洞上台阶超前支护及分部开挖        │
└─────────────────────────────────────┘
                   ↓
┌─────────────────────────────────────┐
│          中洞拱顶二次衬砌施作            │
└─────────────────────────────────────┘
                   ↓
┌─────────────────────────────────────┐
│      中洞中台阶开挖、支护及中板施作        │
└─────────────────────────────────────┘
                   ↓
┌─────────────────────────────────────┐
│      中洞下台阶开挖、支护及仰拱施作        │
└─────────────────────────────────────┘
                   ↓
┌─────────────────────────────────────┐
│              内部结构施作              │
└─────────────────────────────────────┘
                   ↓
┌─────────────────────────────────────┐
│                结束                  │
└─────────────────────────────────────┘
```

图 2-23 侧洞法车站施工工艺流程图

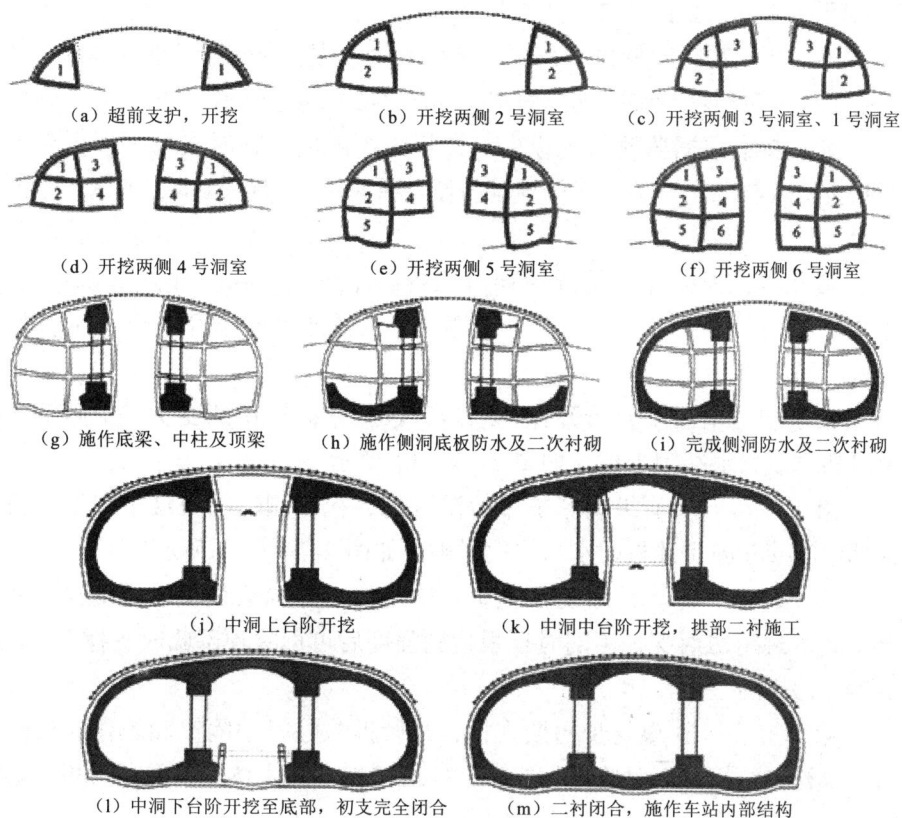

（a）超前支护，开挖　　（b）开挖两侧2号洞室　　（c）开挖两侧3号洞室、1号洞室

（d）开挖两侧4号洞室　　（e）开挖两侧5号洞室　　（f）开挖两侧6号洞室

（g）施作底梁、中柱及顶梁　　（h）施作侧洞底板防水及二次衬砌　　（i）完成侧洞防水及二次衬砌

（j）中洞上台阶开挖　　（k）中洞中台阶开挖，拱部二衬施工

（l）中洞下台阶开挖至底部，初支完全闭合　　（m）二衬闭合，施作车站内部结构

图 2-24　侧洞法车站施工步序示意图

第一步：施作超前支护，注浆加固地层，前后开挖两侧 1 号洞室，并预留核心土。施作初期支护，两侧洞室纵向间距错开 30 m，如图 2-24（a）所示。

第二步：继续前后开挖两侧 2 号洞室，施作初期支护，1、2 号洞室纵向间距错开 5 m 左右，如图 2-24（b）所示。

第三步：施作超前支护，前后开挖两侧 3 号洞室，施作初期支护，2 号与 3 号洞室纵向间距 15 m，如图 2-24（c）所示。

第四步：继续前后开挖两侧 4 号洞室，施作初期支护，左侧 3 号与 4 号洞室纵向间距错开 5 m，右侧 3 号与 4 号洞室纵向间距错开 15 m，如图 2-24（d）所示。

第五步：继续前后开挖两侧 5 号洞室，施作初期支护，4 号与 5 号洞室纵向间距 15 m，如图 2-24（e）所示。

第六步：继续前后开挖两侧 6 号洞室，施作初期支护，5 号与 6 号洞室纵向间距 15 m，如图 2-24（f）所示。

第七步：在临时仰拱上凿洞，施作底梁、中柱与顶梁（含防水），并预留施工缝；对梁进行临时支撑固定，如图 2-24（g）所示。

第八步：根据监测情况纵向分段拆除中隔墙，临时支撑，逐步完成侧洞底板防水与二次衬砌，两侧导洞内作业纵向错开间距 30 m，如图 2-24（h）所示。

第九步：根据监测情况纵向分段拆除中隔壁、临时仰拱及临时支撑，逐步完成侧洞防水与二次衬砌，两侧导洞内作业纵向错开间距 30 m，如图 2-24（i）所示。

第十步：中洞上台阶开挖，纵向紧跟施作拱顶初期支护，中隔壁穿孔及时架设顶梁水平钢支撑，如图 2-24（j）所示。

第十一步：中洞纵向紧随中台阶开挖，视监测情况拉结中隔壁，凿除顶部中隔壁并施作顶板防水与二次衬砌，如图 2-24（k）所示。

第十二步：短台阶紧随开挖下台阶土体，穿洞架设临时钢支撑，开挖至基底，封闭初期支护（同时顶板达到强度后可拆除顶部临时支撑），如图 2-24（l）所示。

第十三步：紧跟前步初期支护，分段拆除临时中隔壁和施作底板防水与二次衬砌结构；拆除临时钢支撑，完成暗挖车站主体结构及站台板，如图 2-24（m）所示。

2. 侧洞法施工控制要点

（1）侧洞法施工时，要严格控制各个导洞的开挖顺序和开挖步距，在施工中做好各个导洞施工的衔接组织工作。

（2）两侧导洞二次衬砌施工，破除其临时初期支护时，必须确保初期支护体系的安全与稳定。

（3）在中洞开始施工时，将引起侧洞的二次衬砌结构承受偏压，因此施工时必须解决好侧洞受力的平衡和转换。为使侧洞结构偏压内力能够逐步平衡、安全转换，中洞施工可采取以下措施：

①中洞严格按照 0.5 m 的步距进行上台阶开挖，纵向紧跟施作拱顶初期支护，同时中隔壁穿孔及时架设水平钢支撑（顶纵梁施工时在侧壁预埋钢板），如图 2-25 所示。

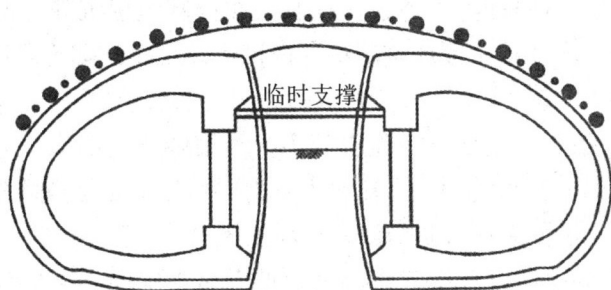

图2-25　中洞上台阶开挖临时支撑架设示意图

②中洞拱部二次衬砌施工时，需要破除侧洞的临时初期支护，一次破除长度不宜过大，一般以6 m左右为宜。

③施工全过程对侧洞梁柱结构实施应力应变及位移监测，根据监测数据动态控制施工步序，指导施工。

（4）在中洞与侧洞的结构交叉施工和拆除转换过程中，必须确保中洞支护体系的平衡与稳定。

（5）群洞施工时，为避免沉降叠加效应，各洞工作面应至少前后错开15 m；同一导洞内台阶长度保证在1倍洞跨且核心土长度不小于2 m；对于稳定性较差的地层，必要时工作面应全断面注浆以控制地表沉降等。

（三）柱洞法

1. 工法特点与施工流程

（1）工法特点。

①车站主体施工大致步序为先各自开挖中间的三个导洞，并施作初期支护，待开挖完成之后，施作立柱，之后开挖中间的土体，用钢支撑倒换未施作的二次衬砌，待二次衬砌施作完毕并达到强度后，拆除临时钢支撑，即在中部形成一个完整闭合的受力体系，再进行侧面各自三个导洞的开挖及二次衬砌的建立。

②柱洞法施工引起的地面沉降量较小，安全度大，但中洞开挖时受力转换复杂。

③柱洞法具有PBA和中洞法的特点，即先挖柱洞完成中柱再开挖中洞。采用一般中洞法可能有较大的地面沉降的情况。该法也常常被用于修建三拱两柱或双拱单柱双层岛式车站。

④从既有经验和理论上考虑，柱洞法在控制地层沉降方面明显优于中洞法和侧洞法。在开挖阶段和侧洞法一样快速，二次衬砌阶段比中洞法力学转换简单。

⑤柱洞法的不足之处是操作空间小，天梁施工难度大；另外，柱洞法施工时，中间的土体承受的压力比较大，需要对这部分土体的稳定性进行评估，以确定是否需要采取特别措施来加固土体。

（2）施工流程。以单拱双柱浅埋暗挖车站为例阐述中柱法施工工艺流程（图 2-26）及施工步序（图 2-27）：

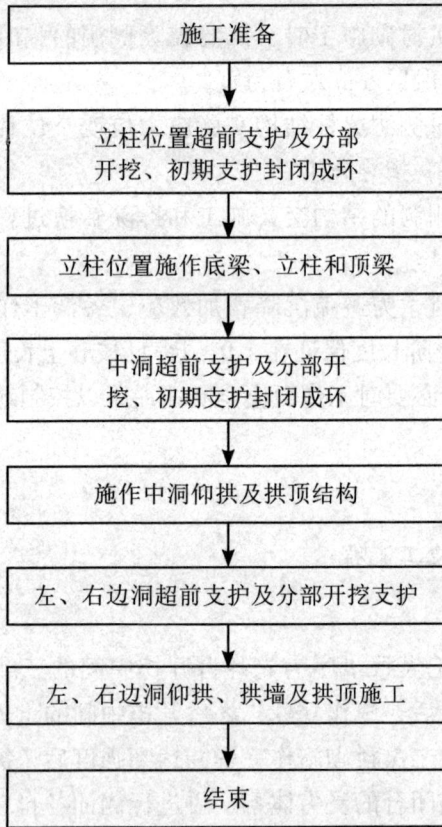

```
┌─────────────────────────────┐
│          施工准备            │
└─────────────────────────────┘
              │
              ▼
┌─────────────────────────────┐
│   立柱位置超前支护及分部      │
│   开挖、初期支护封闭成环      │
└─────────────────────────────┘
              │
              ▼
┌─────────────────────────────┐
│   立柱位置施作底梁、立柱和顶梁 │
└─────────────────────────────┘
              │
              ▼
┌─────────────────────────────┐
│   中洞超前支护及分部开        │
│   挖、初期支护封闭成环        │
└─────────────────────────────┘
              │
              ▼
┌─────────────────────────────┐
│   施作中洞仰拱及拱顶结构       │
└─────────────────────────────┘
              │
              ▼
┌─────────────────────────────┐
│   左、右边洞超前支护及分部开挖支护 │
└─────────────────────────────┘
              │
              ▼
┌─────────────────────────────┐
│   左、右边洞仰拱、拱墙及拱顶施工 │
└─────────────────────────────┘
              │
              ▼
┌─────────────────────────────┐
│            结束              │
└─────────────────────────────┘
```

图 2-26　中柱法施工流程图

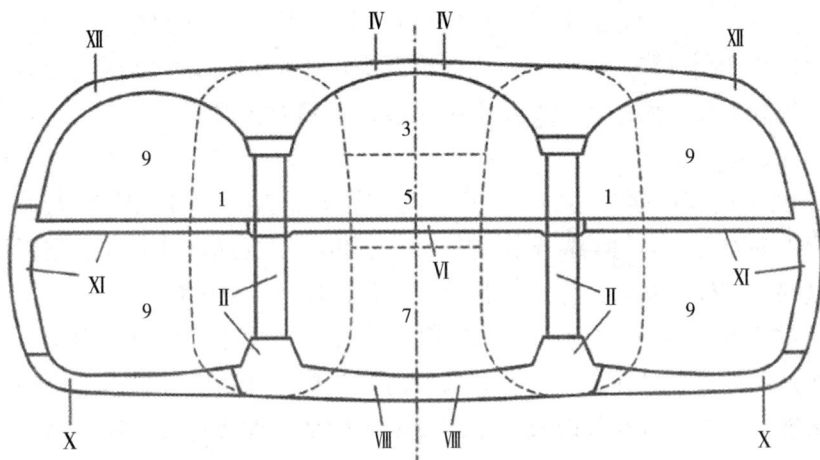

图 2-27 中柱法施工步序图

①超前支护，开挖中部两侧 1 号洞室作初期支护，两侧同步开挖，注浆加固地层。1 号洞室开挖时根据开挖高度及跨度分部开挖，常选用 CD 法开挖，各分部开挖的洞室施工错距 15 m 左右。

②局部地基深孔注浆加固，施作底纵梁及防水，架设钢管柱，施作顶纵梁及防水，临时支撑固定。

③开挖中洞 3 号洞室，纵向作拱顶初期支护，中隔壁穿孔及时架设顶梁水平钢支撑。

④开挖中洞 5 号洞室，视监测情况调整钢支撑，分段凿除顶部中隔壁并施作中拱顶板防水与二次衬砌。各洞室施工错距 15 m 左右。

⑤开挖中洞 7 号洞室，穿洞架设临时钢支撑，开挖至基底及时封闭底部初期支护。

⑥完成中洞底板及防水层，中洞内衬形成稳定承重结构后，开挖侧洞 9 号洞室。9 号洞室开挖时可根据开挖高度及跨度分部进行，常选用的分部开挖方式为 CD 法，各洞室施工错距为 15 m 左右。

⑦据监测情况纵向分段拆除中隔壁、临时支撑，完成侧洞底板防水与二次衬砌；并纵向分段拆除剩余所有临时仰拱、中隔壁，逐步封闭全部完成防水层以及内衬结构。

2. 柱洞法（中柱法）施工控制要点

理论分析表明，柱洞法施工既可以充分发挥该工法的安全优势，又能有效控制地面沉降。为保证工程安全，需要注意以下施工控制要点：

（1）上、下部加固。大断面施工，严格控制大管棚施工精度。同时，为了减小地面沉降，在开挖时隔一定距离需要将初期支护格栅与管棚刚性连接，称为上部加固；若地层承载力不够，地梁处初期支护在开挖时亦需要换填加固，称为下部加固。

（2）拱脚加强。柱洞上、中、下三层开挖时，累计沉降较大。根据经验，上一层开挖时将其两侧拱脚加大可有效控制沉降。具体方法是打设双倍数量锁脚锚杆，并对锚杆进行张拉、注浆，最终形成大拱脚。

（3）中间土体加固。柱洞初期支护开挖过程中，中间土体已经不多，需要加固处理，具体方法为注浆及设对拉锚杆。注浆能够提高土体的工程性质参数。另外，可在临时竖向中隔壁的中间部位设置对拉锚杆，以提高中间土体的整体稳定性。

（4）二次衬砌阶段要注意天梁间临时支撑的加强。中洞开挖时，拱未形成前，天梁受左右侧的土压力很大，因此两天梁之间需要设水平钢支撑。为便于洞内操作，可采用工字钢支撑。

（5）上层洞室内施作天梁，施工难度比较大。因此，从工艺上来说，上层洞室大对施工有利，但上层洞室偏大对地面沉降控制不利。设计施工时，需要将两种情况对地层沉降的影响进行比较，如果影响相差不大，则应该采用上层洞室偏大的方案。

（6）二次衬砌天梁施工质量控制。天梁结构复杂，钢筋密度大，操作空间小，施工困难。因此，要确保天梁顶部灌注密实，减小初期支护与二次衬砌混凝土之间的空隙，应多设置预留浇筑孔位进行隔孔浇注，并在天梁两侧及底部三面振捣，同时加强对混凝土施工缝的处理，这样才能保证天梁的施工质量。

（7）二次衬砌地梁横向连接重点控制。在中洞开挖前，两侧柱洞相互无较大联系，整体性不强。因此，地梁施工前应先做横导洞，分段将两侧地梁连成整体，以提高结构整体的稳定性。

（8）关于侧洞的分层施工：对于这种单拱大跨结构，为安全和控制地层沉降变形起见，一般侧洞分三层开挖，但施工中因操作空间比较小，不便于机械开挖。从提高施工工效考虑，应探讨侧洞分两层开挖的可行性。主要分析两层地层沉降变形值以及初期支护受力，如果初期支护安全系数足够，可以考虑减少侧洞开挖分层数。

第三节 高架车站地铁施工技术

城市轨道交通高架车站结构发展，在国内从最早的高架结构上海轨道交通 3 号线（明珠线）开始，已经历 10 多年的发展历程。目前，我国各城市的高架车站建成数量很多，并且已成规模，高架车站的结构形式及外观特点也有了较大的创新和发展。

相对于地下轨道交通而言，高架车站造价较低、建设周期较短；相对地面轨道交通而言，高架车站较为高效、实用，占用地面的面积也相对较少，对城市地块的分割作用较弱，对城市规划的影响程度较小。同时，由于高架轨道交通大多穿越或位于闹市区和居民区，相对于地下轨道交通而言，高架车站主要存在三大问题：振动、噪声和对城市景观的负面影响。

高架车站受地面气候影响较大，立面造型设计要求与当地的气候条件相适应。

高架车站属于地面建筑，它既不是单一的房屋结构，也不是单一的桥梁结构，而是桥梁与房建结合的结构体系。总体来说，高架车站可按其车站建筑结构与车站桥梁结构的结合形式和连接方式分为"桥—建"分离和"桥—建"结合两大类。

（1）"桥—建"分离式。行车部分的轨道梁从车站穿过，车站建筑结构与车站桥梁结构完全脱开，各自形成独立的结构受力体系。该体系传力途径明确，结构耐久性好，但车站体量较大，且由于桥墩截面大，建筑平面布局易受影响。

（2）"桥—建"结合式。也就是说，行车部分的轨道梁支承在车站框架横梁上，车站建筑结构与车站桥梁结构结合在一起共同受力，支承轨道梁的横梁、支承横梁的墩柱及墩柱基础承受列车动荷载。该体系结构整体性和稳定性较好，但结构传力途径不太明确，车站设计时需要考虑列车动荷载的影响。

通过调查统计，国内城市轨道交通高架车站结构以"桥—建"结合为主。

一、高架车站施工要点

（一）桩基施工要点

高架车站基础一般采用桩基础，在成桩方式上，选用钻孔桩较多。当受场地条件限制时，也可以采用人工挖孔桩，其适用的地质和水文条件是无地下水或有少量地下水的土层和风化软质岩层。因采用较少，以下仅以钻孔桩为例说明桩基施工要点。

1. 钻孔设备的选择

钻孔桩常用的三种成孔方式是旋挖钻成孔、回旋钻成孔、冲击钻成孔。

旋挖钻成孔适用于各种黏土质地层和砂类土、碎（卵）石土或中等硬度以下基岩的施工。施工前应根据不同的地质采用不同的钻头。目前，国内常用的是德国产 BG 系列和意大利的 R 系列旋挖钻机，其优点是成孔快、泥浆量少。

回旋钻成孔按照泥浆的循环方式分为正循环钻机和反循环钻机。正循环钻机适用于黏土、粉土、砂性土等各类土层的桩基施工；反循环钻机适用于黏土、砂土、卵石土和风化岩层。

冲击钻成孔则适用于卵石、坚硬漂石、岩层及各种复杂地质的桩基施工。

在设备的选择上，应根据地质条件、工期、环境要求及经济效益综合考虑，选择最合理的施工设备。

2. 施工工序

钻孔桩施工工序为施工准备—埋设钻孔护筒—搭设作业平台—桩机就位—钻孔—成孔检测—清孔—安放钢筋笼—安放导管—浇筑水下混凝土—拔出导管、护筒—基桩检测。

3. 施工准备

（1）埋设护筒。护筒采用 6～8 mm 的钢板卷制，护筒内径较桩径大 20～30 cm。准确定位后由人工开挖至确定的标高，埋入护筒，使护筒中心与桩位中心重合，最后在四周换填并夯实。当孔口土质较差时，在护筒下部浇 30 cm 厚的 C20 混凝土，上部用黏土夯填密实。护筒顶高出地面 30 cm。

护筒埋设示意图如图 2-28 所示。

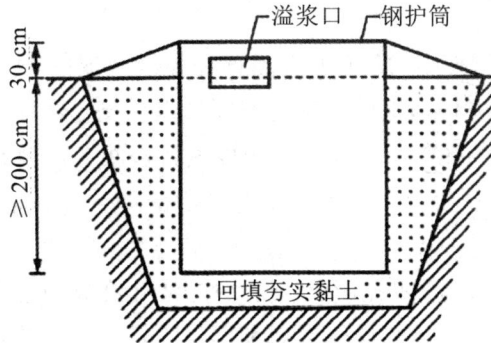

图 2-28　护筒埋设示意图

（2）泥浆制备。泥浆由水、黏土（膨润土）和添加剂组成，造浆用的黏土应符合下列技术要求：胶体率不低于 95%，含砂率不大于 4%，造浆率不低于 2.5 m³/kg。泥浆性能指标应符合下列技术要求：泥浆相对密度 1.05～1.20，泥浆黏度 16～22 s，含砂率 4%～8%，胶体率不小于 96%，失水率不大于 25 mL/30 min。

4. 钻机就位

一是精确测量定位，钢护筒安装标准、稳固；二是钻机安装的基本要求是水平、稳固、三点（天车、转盘、护筒中心）一垂线，保证桩的垂直度和桩位偏差，控制要求如表 2-10 所示。

表 2-10　钻孔桩钻孔允许偏差和检验方法

序　号	项　　目		允许偏差	检验方法
1	护筒	顶面位置	50 mm	测量检查
		倾斜度	1%	
2	孔位中心	群桩	100 mm	
3	孔位中心	单排桩	50 mm	
4	倾斜度		1%	

5. 钻进过程控制

一是保持连续施工，防止出现因各种原因造成的施工中断；二是钻进过程中泥浆循环量应根据地层和钻进速度加以调整，保证成孔质量；三是终孔时，需要对桩孔的孔深、孔径、倾斜度进行检测，符合要求才能终孔。

6. 清孔质量控制

采用两次清孔保证清孔质量，第一次清孔在钻进至设计深度后进行，第二次清孔在下完钢筋笼和导管以后利用导管进行，目的是清除下笼及下导管期间沉淀的沉渣。需要特别注意的是，不得用加深钻孔深度的方式替代清孔。

7. 钢筋笼质量控制

钢筋笼制作及安装要求如下：①钢筋笼直径应符合设计尺寸；②制作好的钢筋笼应平卧堆放在平整干净的场地，堆高不得超过两层；③钢筋笼在下笼过程中应从速，一般桩孔应在钻孔结束后 2～4 h 内完成。其各项偏差应符合表 2-11 要求。

表 2-11　钻孔桩钢筋骨架允许偏差和检验方法

序 号	项 目	允许偏差	检验方法
1	钢筋骨架在承台底以下长度	±100 mm	尺量检查
2	钢筋骨架外径	±20 mm	尺量检查不少于 5 处
3	主钢筋间距	±0.5d	
4	加强筋间距	±20 mm	
5	箍筋间距或螺旋筋间距	±20 mm	
6	钢筋骨架垂直度	1%	吊线尺量检查

注：d 为钢筋直径，单位为 mm。

8.水下混凝土的浇筑质量控制

水下混凝土在浇筑中应控制以下几点：

（1）水下混凝土浇筑前应检查桩底的沉淀层厚度与泥浆指标，不符合要求应再次清孔。

（2）水下混凝土浇筑过程中应及时测量混凝土面的高度，计算准确导管的埋深，做到勤提勤拆，始终控制导管埋入混凝土面以下 2～6 m。

（3）当混凝土浇筑到孔口不再返出泥浆时，应及时提升导管。

（二）承台施工控制要点

1.施工流程

承台施工工艺流程图如图 2-29 所示。

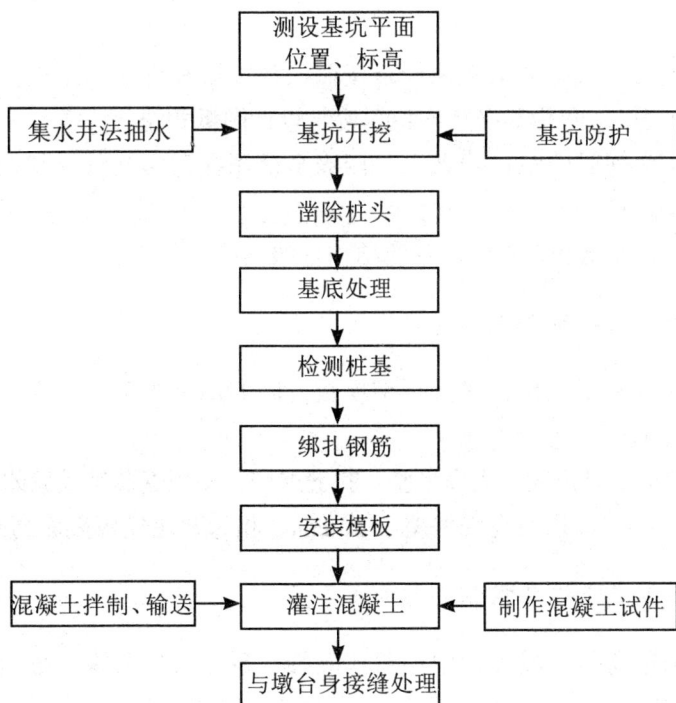

图 2-29 承台施工工艺流程图

2. 基坑开挖

承台基坑根据开挖深度、地质条件及周边环境条件选择放坡开挖或型钢支护开挖，当采用型钢支护时，可以采用槽钢、工字钢。当开挖深度较大、土质较差时也可以采用打设钢板桩防护，拉森钢板桩是现场最常用的钢板桩桩型。钢板桩打设后，随基坑开挖及时架设内部型钢围檩、型钢支撑，形成完整后受力体系，保证基坑开挖安全。

3. 桩头修凿

桩头挖出后，人工用风镐凿除上部浮浆及劣质混凝土并清理干净。

4. 钢筋制作安装质量控制要点

（1）钢筋原材料质量控制重点为钢筋原材料合格；钢筋表面无油污、锈蚀和裂纹。

（2）钢筋下料和加工必须严格按照设计图纸和钢筋施工规范的要求进行，钢筋的规格、间距和摆放的位置应与设计图纸相符。

（3）承台钢筋的纵横交叉点除四周全部用扎丝绑扎外，其余可采用梅花形交错绑扎。

（4）承台处钢筋绑扎时需预留结构柱的钢筋。

5. 模板安装控制要点

（1）模板采用无拉杆式大块钢模板，四周用钢管和顶托支撑加固，其支撑间距控制在 1.2 ～ 1.5 m。

（2）模板安装稳固，表面平整，拼缝严密，模板安装轴线偏差 ±15 mm，表面平整度 5 mm，顶面高程偏差 ±20 mm，相邻两块模板表面高差 2 mm。

6. 混凝土浇筑过程控制

（1）采用商品混凝土，用臂架式混凝土泵车泵送入模，采用人工插入式捣固棒振捣。

（2）承台混凝土分层浇筑，分层厚度不得大于 30 cm，振捣上层混凝土时捣固棒应插入下层混凝土 3 ～ 5 cm，确保新老混凝土结合更加密实。浇筑时应连续进行，避免出现冷缝。

（3）混凝土振捣时应均匀振捣，不得漏振、过振。同时，振捣的时间也不宜过长，以免混凝土产生离析现象。

（4）在混凝土浇完 4 h 左右应及时进行提浆抹面。

7. 拆模、养护要求

混凝土在达到强度要求后方可拆模，拆模时严禁用力猛撬，模板拆下后应检查结构面有无空洞或蜂窝麻面，若有应及时用高标号水泥浆进行修补，并且及时洒水养护 14 d 以上。

（三）墩柱施工控制要点

高架站墩柱形式不一，采用"Y"形墩、门式墩较多。随着工艺水平的提高，墩柱模板一般采用整体定型钢模板，为确保混凝土外观质量，降低模板拼装难度，同时为了确保模板拼缝的平整度，墩柱模板的连接采用定位销加螺栓连接的方式，上述连接方式能保证在现场拼装时减少因螺栓间隙而导致的拼装误差。

采用人工配合吊车安拆模板，墩柱四角设钢丝绳固定于地锚，在模板周围人工搭设钢管脚手架，脚手架外立面满包安全网防护。

1. 施工工艺流程

墩柱施工工艺流程图如图 2-30 所示。

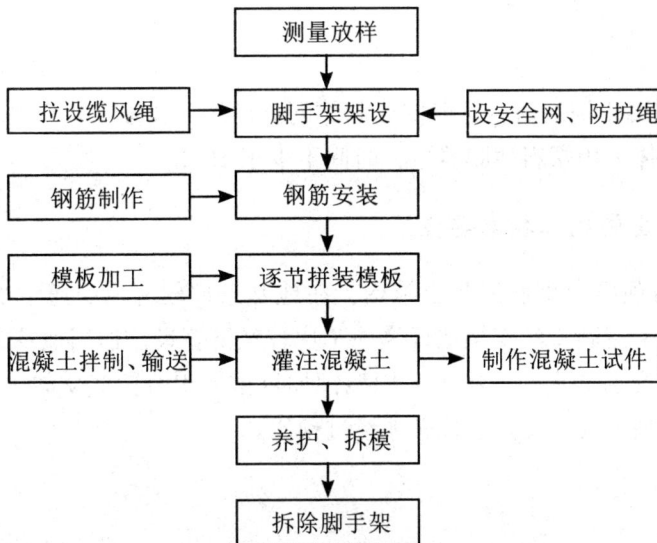

图 2-30　墩柱施工工艺流程图

2. 清基及定位放样

在承台混凝土达到设计强度 70% 以上后，开始将墩柱底部范围内混凝土表层浮浆彻底凿毛并清理干净，用全站仪定位出墩柱中点，弹出墩柱四边的墨线。

3. 钢筋加工与绑扎

钢筋笼采用现场加工、现场绑扎的方式，严格按照设计和规范要求进行，绑扎前先调整好承台中的预埋墩柱主筋间距，使其保护层厚度、间距符合要求，主筋间距及竖直度为检查重点。

4. 模板与支撑

墩柱模板采用定制大块钢模板，模板横竖向拼缝粘贴密封条以防止漏浆。支撑方式采用钢管支撑，拉索固定，底部用预埋在承台上的地锚固定。

5. 混凝土浇筑

墩柱采用商品混凝土，混凝土输送泵泵送入模，插入式振捣器振捣。混凝土要保证分层连续浇筑，每层厚度 30 cm；混凝土浇筑前要对振捣工进行技术交底，做到不过振、不漏振，以达到内实外光混凝土结构。

6. 拆模养护

墩柱混凝土浇筑时，试验室要制作同养试块，在强度达到 2.5 MPa 时才可拆模。柱体采用塑料薄膜养生，时间不少于 10 d。

（四）盖梁施工控制要点

盖梁为预应力钢筋混凝土结构，在地基条件较好、交通不受限制的情况下，盖梁采用满堂红支架法现浇施工比较经济合理。但当地基条件较差或盖梁下部有交通要求时，则可采用型钢加贝雷架组合门式支架（图 2-31）。无论采用哪种形式，支架系统必须经过预压。

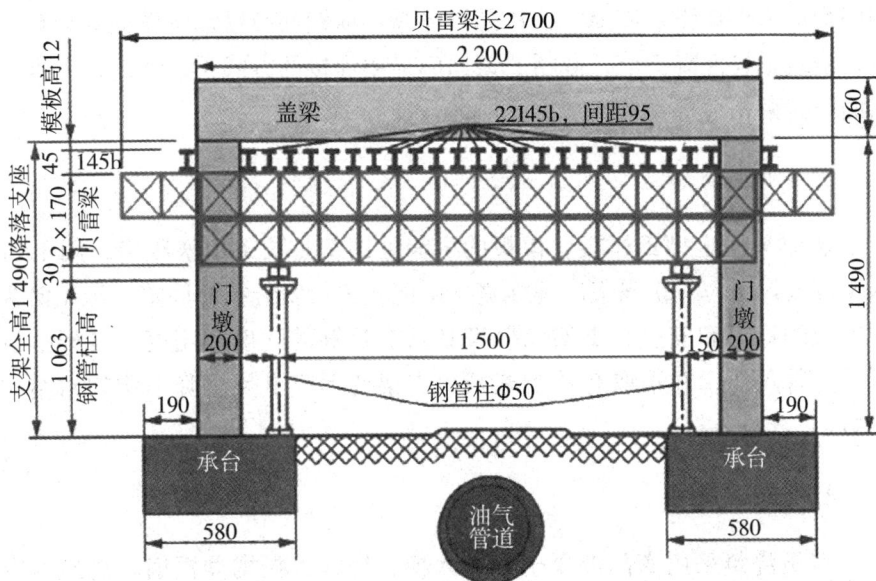

图 2-31　门式框架横梁现浇支架布置图（尺寸单位：cm）

注：I45b 工字钢长 5～6 cm。

施工时采用商品混凝土，人工配合吊车拼装现浇支架和钢模板，钢筋在钢筋加工场集中下料加工，现场绑扎成型，混凝土输送泵泵送入模，人工振捣。

各工序施工控制要点如下。

1. 清基

将柱顶凿毛，清理干净，并进行柱顶标高检查。

2. 钢筋绑扎

钢筋现场加工、绑扎，绑扎前先调整好预埋主筋间距，并在盖梁底模上放线定位钢筋骨架，钢筋的安装绑扎应满足图纸及规范要求。均匀设置混凝土垫块，以满足保护层厚度要求。

严格按要求预埋波纹管，预应力管道沿长度方向 50 cm 设置一道井字形定位钢筋和防崩钢筋焊接在主筋上，以确保管道在浇筑混凝土时不上浮、不变位。

当预应力钢绞线与普通钢筋发生矛盾时，可适当调整普通钢筋位置。

如因预应力钢束张拉需要，槽口处梁体纵、横钢筋及箍筋可作截断处理。同时，浇筑封锚混凝土前，截断的钢筋应采用焊接的方式予以恢复，并保证锚固面与钢束相垂直。

3. 模板与支撑

盖梁采用定型钢模板，模板的拼缝处用密封胶条填塞压实，用 1.5 mm 厚胶带纸封闭，防止漏浆出现蜂窝，两侧模顶口安装拉杆固定。施工时为保证支架的稳定和安全，支架和模板必须有足够的强度和刚度，支架搭设完毕后进行预压，并采取有效措施减少支架变形或支架沉降不均匀对结构的影响。

4. 混凝土浇筑

盖梁浇筑采用商品混凝土泵送入模，插入式振捣器振捣。浇筑混凝土前，先浇筑 5 cm 厚的砂浆，利于施工缝的结合；纵向浇筑顺序为从盖梁两端同时开始浇筑，从低侧向高侧浇筑。浇筑过程中随时观测支承结构下沉的情况。要求制作一组同条件养护试块，作为底模和支架拆除的依据。

5. 拆模、养护

混凝土强度达 2.5 MPa 时，方可拆除侧端模；混凝土强度达到设计强度时，方可拆除支承结构和底模，洒水养护。

6. 盖梁预应力张拉

盖梁需要进行预应力张拉，预应力张拉的施作必须在混凝土强度达到 100% 以后进行。在横断面上，每批钢束张拉应按左右、上下原则对称进行；钢束均采用两端张拉，预应力采用伸长量与张拉力双控，以张拉吨位为主，当张拉应力达到控制应力时要持荷 2 min 再锚固。

7. 孔道压浆、封锚

张拉完成后确定预应力筋无断丝、滑丝现象，然后切除多余钢绞线，封堵锚头，封锚水泥浆强度达到 10 MPa 时即可压浆。压浆时间以张拉完毕不超过 48 h 控制，同一管道压浆作业要一次完成，不得中断，且梁体及环境温度不得低于 5℃。

（五）框架结构施工要点

1. 施工流程

框架结构施工采用由下到上逐层施工。根据建筑物伸缩缝将车站划分为若干施工区段，各个区段独立组织平行作业。其施工工艺流程如图 2-32 所示。

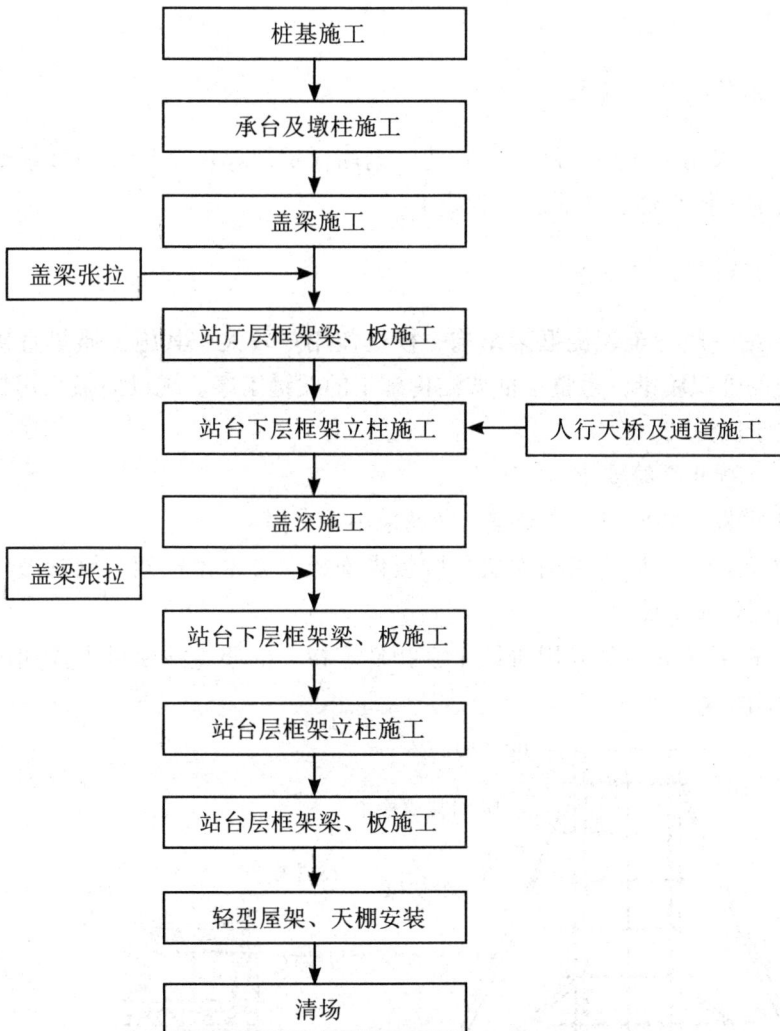

图 2-32　车站框架结构施工流程图

2. 搭设脚手架

室外采用双排钢管脚手架，室内采用满堂红脚手架用以支撑和加固梁、板、柱的模板。脚手架基础应夯实、平整。设扫地杆，脚手架的纵距、横距、步距均按规范要求进行设置。扣件、螺栓的质量要符合规范要求。钢管脚手架的剪刀撑、斜撑的搭接长度不得小于 1.0 m，且不得少于 2 只扣件紧固。室外脚手架超过两层后设密目式安全防护立网和横向安全隔离层，网应高出施工层 1 m 以上。

3. 钢筋制作与安装

钢筋采用现场加工制作、安装。钢筋保护层厚度采用预制砂浆垫块控制。其施工控制要点同前述盖梁施工。

4. 模板架设与安装

车站一般为全现浇框架结构，模板使用量较大，其施工质量直接影响混凝土的外观质量，是整个框架结构施工的关键工序。现以面板采用竹胶板的情况予以说明。

（1）模板系统要求。

①模板主要采用钢管支撑，辅助采用木支撑。

②立柱、梁板均采用大块竹胶板做面板、方木做框架。钢管做柱箍和梁板的竖档及围檩。

③钢管柱箍转角处用铸铁十字扣件连接。框架立柱模板支撑加固如图 2-33 所示。

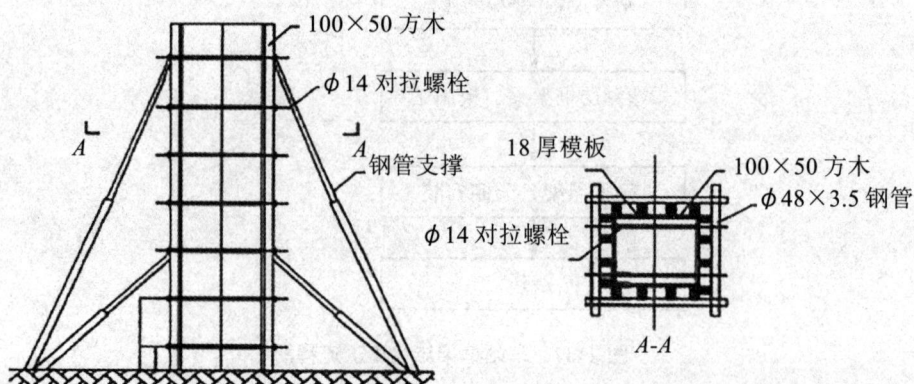

图 2-33 框架立柱模板支撑示意图（尺寸单位：mm）

④框架梁板模板支撑加固如图 2-34 所示。

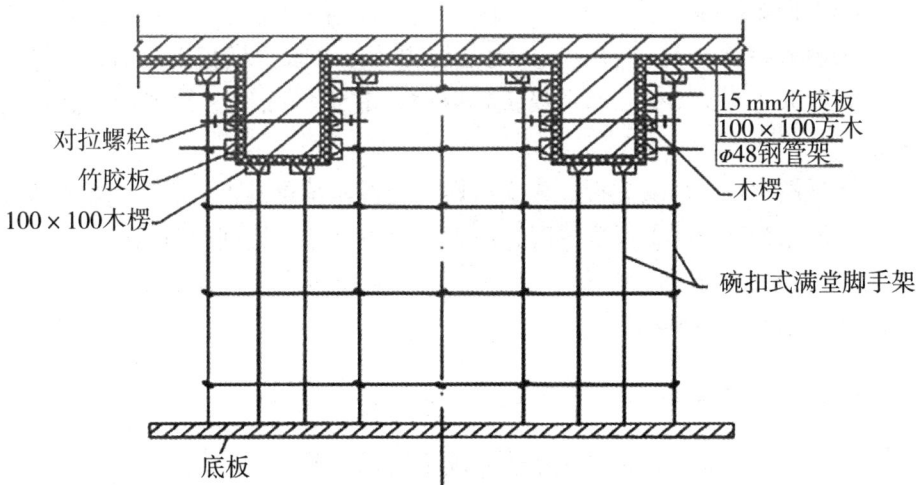

图 2-34　框架梁板模板支撑示意图（尺寸单位：mm）

⑤墙模板安装前必须在其根部加设直径不小于 14 mm 的钢筋限位以确保模板位置的正确，墙模采用螺栓对拉固定。

（2）支模质量控制要点。

①模板及支架必须具有足够的强度、刚度和稳定性。

②支模前应先根据设计图纸弹出模板边线及模板的控制线，上下两相对应控制点连线的垂直度应通过测量仪器检查，墙面模板检查和验收通过这些相对应控制点的连线。

③模板的接缝和错位不大于 2.5 mm。模板实测允许偏差如表 2-12 所示。

表 2-12　模板安装允许偏差表

项目名称	允许偏差值 /mm	项目名称	允许偏差值 /mm
轴线位移	5	垂直度	3
高程	±5	表面平整度	5
截面尺寸	+4，−5		

④柱模内垃圾采用水冲，吸尘器清理，柱模下脚外侧采用水泥砂浆护壁。

⑤梁的跨度大于 4 m 时应起拱，起拱高度要符合规范要求。

（3）模板拆除。

①模板拆除时间应满足有关规范的要求。非承重模板拆除时，其结构强度应不低于 2.5 MPa；承重模板拆除时，其结构强度应达到设计强度的 70%。

②拆模顺序为后支先拆、先支后拆；先拆非承重模板、后拆承重模板。

③拆除跨度较大的梁底模时，应先从跨中开始，分别拆向两端。

④拆模时不要用力过猛过急，拆下来的模板应及时运走并清理干净，板面刷油按规格分类堆码整齐。

5.混凝土施工

（1）施工工艺。车站结构混凝土施工流程如图 2-35 所示。

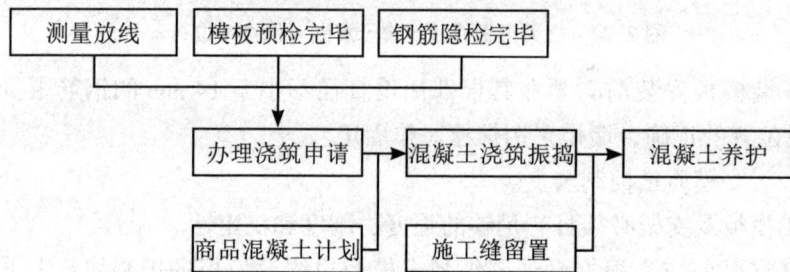

图 2-35　车站结构混凝土施工工艺流程图

（2）混凝土施工技术措施。

①在混凝土浇筑施工前应用高压水或高压风先对钢筋、模板以及与老混凝土接触面进行清洗，确保要浇筑的施工区清净无杂物。

②浇筑框架柱混凝土时，尽量将混凝土泵车的输送管伸至柱子的模板内，使混凝土输送管出料口距浇筑面的距离不大于 2 m。

③分层浇筑的厚度控制在 30 cm 以内，高度大于 30 cm 的框架梁采取分层浇筑，待第一层充分捣实后再下第二层的料。

④每一个施工段的梁、板混凝土必须一次性连续浇筑完毕，如果由于特殊原因无法连续浇筑，施工缝留置在次梁跨度中间的 1/3 范围内。

⑤混凝土捣固采用插入式振捣器与平板振捣器振捣两种方法，其中梁、柱、墙采用插入式振捣器，板采用插入式振捣器配合平板式振捣器。

⑥混凝土在浇筑 6 ~ 12 h 后即进行养护，结构表面使用麻袋覆盖，并随时洒水保持湿润，养护时间一般为 14 d。

（3）施工质量控制要点。

①混凝土试件的取样、制作、养护和试验要符合施工规范的有关规定。

②振捣密实，不得有蜂窝、孔洞、露筋、缝隙、夹渣等质量缺陷。

③楼梯板混凝土浇筑应自下向上进行，待底下踏步混凝土充分振捣密实后再进行上面的踏步振捣，减少踏步根部出现蜂窝现象。

④在主次梁、楼梯梁交接处加强振捣，以保证混凝土密实，必要时使用同强度等级的细石混凝土浇筑，避免出现孔洞或蜂窝等缺陷。

⑤截面较小的柱、墙以插入式振捣为主，必要时辅以附着式振动器振捣施工。

⑥混凝土浇筑过程中，派专人负责检查模板，及时修整漏浆、跑模等问题。

混凝土工程允许偏差项目如表 2-13 所示。

表 2-13　混凝土工程允许偏差项目

项　目			允许偏差 /mm	检验方法
轴线位置	整体基础		15	经纬仪及尺量
	独立基础		10	经纬仪及尺量
	柱、墙、梁		8	尺量
垂直度	层高	≤ 6 m	10	经纬仪或吊线、尺量
		> 6 m	12	经纬仪或吊线、尺量
	全高（H）≤ 300 m		$H/30\,000+20$	经纬仪、尺量
	全高（H）> 300 m		$H/10\,000$ 且 ≤ 80	经纬仪、尺量
标高	层高		±10	水准仪或拉线、尺量
	全高		±30	尺量
截面尺寸	基础		+15，−10	尺量
	柱、梁、板、墙		+10，−5	尺量
	楼梯相邻踏步高度		6	尺量
电梯井	中心位置		10	尺量
	长、宽尺寸		+25，0	尺量
表面平整度			8	2 m 靠尺和塞尺量测
预埋件中心位置	预埋件		10	尺量
	预埋螺丝		5	尺量
	预埋管		5	尺量
	其他		10	尺量
预留洞、孔中心线位置			15	尺量

注：检查柱轴线、中心线位置时，沿纵、横两个方向测量，并取其中偏差的较大值；

　　H 为全高，单位为 mm。

二、高架车站关键施工技术

（一）地铁高架桥挂篮法悬臂浇筑施工技术

1. 工程概况

11 号线碧海湾站—机场站区间高架段，部分桥跨位于三围码头航道中，由于跨度较大，海水较深，且淤泥层厚，脚手架搭设十分不便，为满足通航及施工需要，采用挂篮法悬臂浇筑施工。碧机区间高架段跨海段桥梁被设计为连续刚构桥梁，共计三处，每处一联三孔，全长 155 m。

2. 挂篮系统构造、施工原理及施工特点

（1）挂篮系统构造和施工原理。工程采用三角形挂篮施工。三角形挂篮尺寸根据桥的具体情况调节两个主桁之间的尺寸。挂篮的结构形式比较简单，由三角形桁架、悬吊系统、锚固系统、底模平台、内外模板和走行系统组成。

（2）挂篮系统施工特点。挂篮悬臂施工除了具有节约脚手架、降低工作量、减少施工环节等优点外，还有许多其他施工工艺不具备的优点。

①挂篮施工作业面宽阔，便于钢筋及预应力管道安装，能提高施工速度，缩短梁段施工循环周期。根据实际工程箱梁施工情况，梁段最短周期为 7 d，平均 8～10 d。

②桁架在轨道上走行，无须平衡重，方便、移动灵活、平稳，外模、底模随桁架一次就位，挂篮移动时间短，一般只需 2～4 h 即可就位。

③工程使用挂篮自重轻，利用系数高，是我国周转使用次数最高的模板体系。

④挂篮的纵向安装尺寸小，只要有 10 m 的梁段宽度即可安装 2 套挂篮，起步时 2 套挂篮不需要连在一起再解体，拼装就位快，1 套挂篮 2～3 d 即可拼装就位。

⑤挂篮刚度大，弹性变形小，立模时只需要一次调整设计高程，浇筑混凝土过程中不需要再调整。

⑥挂篮使用的材料均为常用材料，加工制造简单，一般桥梁工地均可现场加工。因为本桥跨河、跨路修建，脚手架的架设不便，采用挂篮技术施工并架设部分脚手架即可完成施工；根据设计要求，连续钢构桥梁现浇段只

需在边跨搭设 6.43 m 脚手架，其余部分只利用挂篮便可完成混凝土的施工。而中间的 70 m 跨，则需要从两个桥墩分别使用挂篮分段对称浇筑 34 m，剩余的 2 m 作为后浇带再进行后浇即可。

3. 挂篮施工技术应用

（1）挂篮系统施工工艺。挂篮施工是整个桥体施工的关键。[①] 其施工工艺如图 2-36 所示。

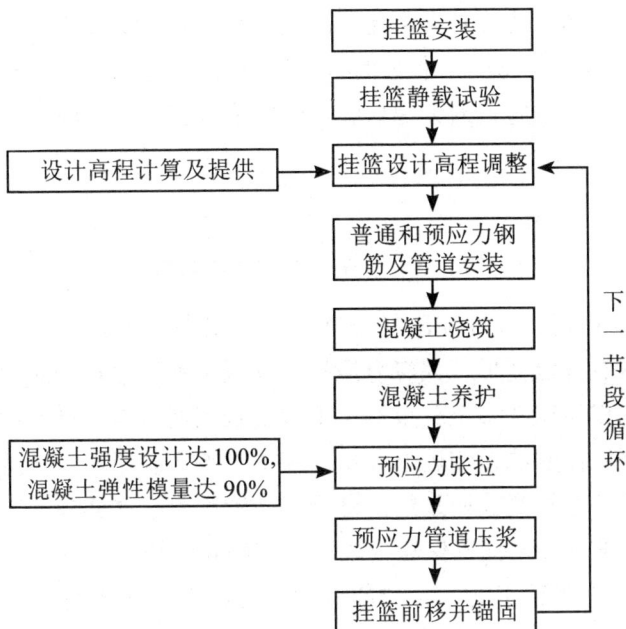

图 2-36　挂篮悬臂浇筑施工工艺流程图

钢筋布设结束后的工作是混凝土浇筑，采用商品混凝土，泵送混凝土至施工段。混凝土采用插入式振捣器振捣，对较厚的底板及与底板相连的倒角部分，要特别注意防止漏振。采用分层浇筑，箱梁各转角处应加强振捣。混凝土浇筑完毕待养护一定强度后拆模，进行预应力张拉，在孔道压浆后待水泥浆强度达到 15 MPa 时，即可移动挂篮，其操作顺序为安装轨道→在底模平台后横梁上放两台 10 t 手拉葫芦的挂钩，两手拉葫芦固定在外模走行梁上→拆除底模平台后吊带并同时安放前吊带，外模走行梁前吊绳并悬吊滚轮，使底模平台和外侧模在自重作用下脱模→拆除挂篮后锚→利用轨道前端

① 深圳地铁有限公司. 城市轨道交通快线关键技术创新与应用——深圳地铁 11 号线工程 [M]. 北京：人民交通出版社，2018：7.

安装的液压千斤顶牵引主构架前移，并带动底模平台和外侧模一同前移。

（2）混凝土浇筑。连续梁在挂篮施工完成后留有 2 m 的后浇区域，该区域称为合拢段。合拢段直接应用挂篮上的模板系统进行施工。将挂篮底模平台锚于两个 9 号梁段底板上，其浇筑顺序及编号如图 2-37 所示，即先在主墩承台上搭设支架，浇筑 0 号段，在 0 号梁段上拼装挂篮，分段浇筑长度为 2～3.5 m，对称逐段浇筑 1～9 号梁段，然后合拢两跨中间合拢段。浇筑采用泵车浇筑。外模悬吊于 9 号梁段翼缘板上，内模置于底板顶面，内外模间用对拉螺栓拉紧。为保持混凝土浇筑过程中梁体受力不变，在两个 9 号梁段上各压重量等于合拢段一半的预制混凝土块，随混凝土的浇筑分级卸载。合拢段施工是连续梁施工的关键，施工中应采取特殊的措施保证其质量。

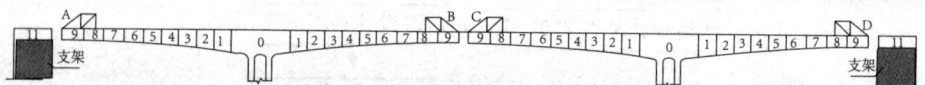

图 2-37　混凝土浇筑顺序及编号

（3）挠度控制。挠度控制是悬臂浇筑桥梁混凝土施工控制的关键。影响挠度的因素有挂篮变形、预应力损失、混凝土弹性模量、测量误差、混凝土徐变等，其中挂篮变形至关重要。工程实践表明，与挂篮变形相比，其他影响因素对挠度控制的影响远不及挂篮变形影响大。鉴于此，悬臂浇筑施工过程中一定要注意拧紧挂篮系统的螺栓，拉紧吊带，这样施工支模时计入的预拋量才能更准确，从而确保合拢段定位准确并保证工程质量。

（4）预应力张拉工艺。张拉前应对千斤顶及油表进行标定，计算出千斤顶油表读数，并应注意标定状态与工作状态一致，张拉以应力和伸长量进行双控，并按规范要求测量张拉伸长值，辅以伸长值校核。安装张拉设备时，应保证锚垫板、锚具和千斤顶三心合一，张拉时要控制进油和回油速度，缓慢平衡；在张拉过程中，应认真测量预应力筋伸长，并做好记录。

4. 应用成效

（1）设计和施工相互结合，采用挂篮施工工艺可保证桥梁结构体系的刚度、强度、稳定性及耐久性，并可降低工程总造价。

（2）挂篮系统在桥梁施工中可节约支架、减少施工环节、加快施工进度、缩短施工周期。

（3）挂篮系统自重轻，利用率和周转次数高，且施工作业面宽阔，便于钢筋、预应力管道安装以及预应力筋张拉。

（4）在桥梁工程施工中，挂篮系统环境条件要求低，在河面有水的状态下可满足正常施工的要求。主要杆件大多是由 2 片槽钢焊接而成，由结构分析确定槽钢的具体截面，用高强度的螺栓或销接连接各杆件。

（二）高架区间吹填大砂被填海施工技术

1. 工程简介

11 号线碧海湾站—机场站高架段填海工程位于西乡三围码头新涌河与西海堤之间（宝源路高架段 82 ～ 94 号墩），里程为 YDK28+648.5 ～ Y-DK29+058.5，填海总长 410 m，顶宽 60 m，底宽 100 m，填筑顶交工面高程 +6.8 m，填筑面积 4.3 ha，其中场地南侧 210 m（靠西海堤段）范围采用进占法抛填土堆载预压施工，场地北侧 200 m（临近新涌河航道）范围采用吹填法铺设，其上铺设中粗砂垫层并插打塑料排水板进行堆载预压施工。

2. 吹填大砂被填海的必要性

高架线路经过海域为大铲湾规划后方堆场用地，假如先施工高架桥梁，由于此段存在 7 ～ 10 m 厚的淤泥层，后期填海施工及堆载预压处理地基时，不平衡荷载会引起淤泥层侧向位移，淤泥挤压桩基，使桩基产生较大的水平位移和桩身内力，甚至剪断桥梁桩基，严重威胁桥梁结构安全。即便采取必要的工程措施，所需花费的费用也较高，且效果难以控制。

因此，确定采用先填海后施工高架，该方案能够较好地与大铲湾规划的堆场用地功能相吻合，同时节省后期填海、软基处理时产生的巨大费用，使综合造价达到最省。

3. 施工方法

（1）施工总体安排。场地北侧 200 m 范围采用吹填法，为避免抛土填海挤压淤泥至新涌河航道范围，影响航道正常通行，场地北侧 200 m 范围（距离新涌河航道垂直距离 200 m）采用吹砂填筑替换抛填土方案。砂被吹填从航道端向南侧分层开始施工，土工布大砂被规格为 20 m×100 m，长边沿线路纵向方向、短边沿线路横向铺设；袖口按照 5 m×10 m（横向 × 纵向）布置，分层吹砂填筑，控制吹填速度，加载均匀，避免航道处大量淤泥推移和隆起。

（2）施工工序。铺设大砂被至设计高程 1.8 m →铺设砂垫层至设计高程

3.0 m →设置盲沟→打设排水板→分三层填土至预压设计高程 7.1 m →修筑施工便道→施工桥梁桩基。

①施工流程。充填袋施工工艺流程如图 2-38 所示。

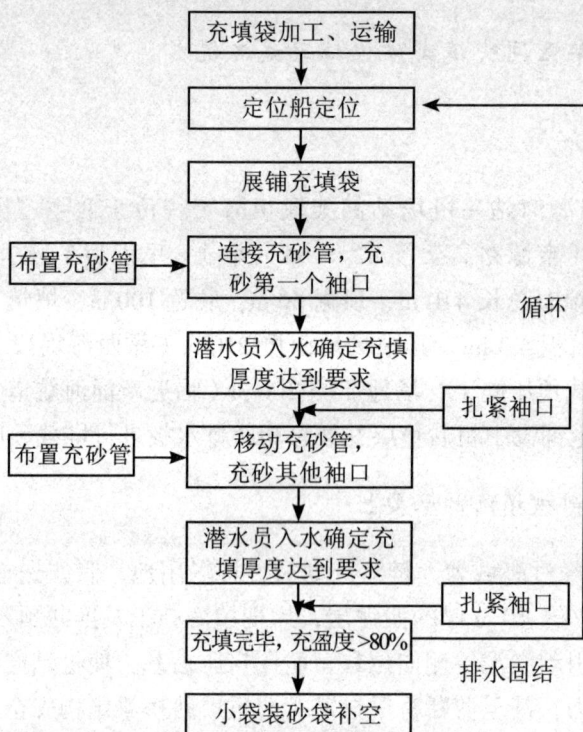

图 2-38　充填袋施工工艺流程图

②主要施工方法。在铺设底层袋体前需要进行块石等杂物清理，防止扎破袋体。

a.展铺充填袋。水上展铺充填袋，施工前，先将袋体的 4 个角测量出来，并用钢管插在这 4 个点上，钢管需要露出水面，定位船定位布置在充填横断面两侧。施工时，人员乘浮漂将袋体 4 个角上的套环直接套在钢管上，定位船上的施工人员各自牵引袋体的一侧，直到袋体展开在水面上。如图 2-39 所示。

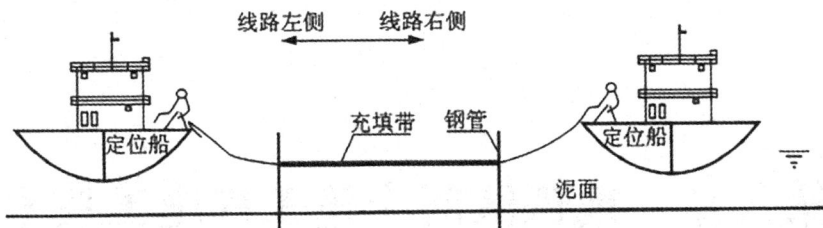

图 2-39　水上展铺充填袋示意图

b. 充填袋充砂。水上施工时，为避免袋体移位，先充填袋体 4 角，使袋体沉降到设计位置，再充填其余袖口，每个袖口都系有浮漂，施工人员乘小船至袖口处，把充砂管插入袖口；每幅袋体制作时，均设有足量的充砂袖口。充填砂采用吸砂泵将砂吸起通过管道送入袋中，在砂未固结前，施工人员可在袋体顶面人工来回踩踏，使充填袋内砂均匀、饱满，确保充填平整，加快袋体排水固结速度，待整个砂袋达到屏浆阶段，适当降低充填速度，防止布袋爆裂。

在砂袋充填过程中，如一次达不到理想饱满程度，可待砂袋内的砂排水固结后（固结度＞70%）进行二次充填；待砂料充满整个袋体后（充盈度＞80%），此袋充填即告结束，此时可拔出充砂管，扎紧袖口，经过排水固结后（固结度＞70%），再进行下一层充填袋的施工。每只充填袋成型后，应对袋体轴线、边线进行测量，保证轴线、边线满足设计要求。

待第一层大砂袋填充完成后需要铺设土工格栅，一方面是上一层大砂被在填充过程中能够分散压力，另一方面是增加上下袋子之间的摩擦力，防止上面的大砂袋在填充过程中滑移。

c. 铺设砂被。砂被充填砂料渗透系数不小于 0.001 cm/s，应使用中细砂，含泥量不大于 3%。砂被厚度为 0.7 m，每层袋体之间应紧靠、挤密，不得在袋体间出现分离宽缝，上下两层砂被错缝铺设。砂被充填袋在制作、运输、堆放、铺设、充填等施工过程中，不得出现破损和老化现象，应注意保护已铺设完的砂被。

4. 应用成效

大砂被填海方案在本工程中得到成功应用，为后期高架桥梁开展大面积施工做好了铺垫，大大节约了工期，同时节省了后期填海、软基处理时为保证桥梁结构安全采取的工程措施的费用。

第三章　地铁区间土建工程施工技术

第一节　地铁区间土建工程施工

城市地铁区间土建指连接地下铁道车站之间的建（构）筑物。区间土建工程根据城市规划和地形地貌，主要采用隧道和高架桥梁两种形式。区间土建工程穿过的居民区、城市道路、管线、河沟等较多，周边环境复杂，具有市政工程施工的特点。此外，地铁工程属于轨道交通工程，地铁区间工程也具有铁路工程的特点。

区间土建工程平、纵线型和结构限界必须满足设计使用要求，施工过程中除必须严格控制结构质量外，还需要采取有效措施确保周边建（构）筑物的安全。

一、地铁区间工程分类

（一）按区间功能分类

地铁区间按其功能分为正线标准区间和含辅助线区间。

1. 正线标准区间

正线标准区间指供载客列车运行的线路区间，包括正线区间和支线区间。

2. 含辅助线区间

辅助线是为空载列车提供折返、停放、检查、转线及出入段作业所需要的线路，包括以下几种类型：

（1）折返线。折返线指线路的每个终点站和区段运行的折返站所设置的折返线或渡线，包含站前折返和站后折返。

（2）存车线。存车线指用于设备列车、故障列车存放和夜间作业车辆折返的线路。存车线设置方式包含与折返线结合设置和单独设置两种方式。

（3）车场出入线。为保证运行列车的停放和检修，在地铁交通沿线适当的位置设置车辆基地，车辆基地与正线连接的线路为出入线。

（4）联络线。连接两条独立运营正线的线路。

（二）按线路敷设方式分类

地铁区间按线路敷设方式的不同可分为地下区间、地面区间、高架区间和敞开式区间。

1. 地下区间

地下区间是线路在交通繁忙路段和市区内繁华地段主要采用的线路敷设方式，是对城市环境影响最小的一种线路敷设方式。

2. 地面区间

地面区间指在较空旷的地带采用类似普通铁路的路基作为轨道基础的线路形式，是造价最低的一种地铁交通线路敷设方式。

3. 高架区间

高架区间指为地铁交通服务的高架桥。高架区间是介于地面区间和地下区间之间的一种区间，保持了专用道的形式，占地较少，且对城市交通干扰较小。其突出缺点是运营噪声大，对城市景观影响也较大，故市区一般不采用，一般在市区外建筑稀少及空间开阔的地段采用。

4. 敞开式区间

敞开式区间是由地下区间过渡到地面区间或高架区间时的一种过渡形式，一般包括"U"形槽段和挖方路基段。

（三）按施工工法分类

地铁区间主要有隧道区间和高架区间两种形式，两种形式均有不同的施工工法。

1. 隧道区间

隧道区间按施工工法主要分为三类，包括明挖法、暗挖法和特殊施工方法，如图 3-1 所示。

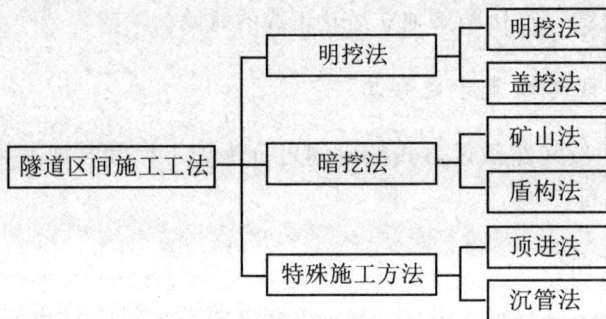

图 3-1　隧道区间施工工法分类

2. 高架区间

高架区间按桥梁上部结构施工方法可分为现场浇筑法、预制安装法、悬臂浇筑法、转体施工法、顶推法、移动模架逐孔施工法、横移法、提升与浮运施工法等。

二、地铁区间工程的组成及功能

（一）区间线路

区间线路包含正线、辅助线、道岔等，是供载客车辆运行或为空载列车提供折返、停放、检查、转线及出入段作业所需要的线路。

（二）联络通道

联络通道是指连接两条分离式地铁区间隧道的通道，其主要功能是确保紧急情况下乘客的安全疏散。

（三）通风井及风道

通风井及风道用于安装风机、电动组合风阀等设备，具有通风和排烟功能。区间通风竖井及风道一般设置在区间的两头，兼具车站的通风和排烟功能。

（四）区间泵房

为及时排除区间隧道内结构渗漏水和消防时排水等其他废水，应在区间线路的最低点设置废水泵房。泵房分为扬水管从泵房顶部出地面和从相邻车站出地面两种形式。

三、地铁区间主要施工方法

地铁区间主要采用隧道和桥梁两种形式。

（一）区间隧道工程

区间隧道属于城市隧道，其结构类型和施工方法受到工程地质、水文地质、周围环境条件等的影响，主要施工方法有明挖法、暗挖法，其中暗挖法分为盾构法和矿山法。

1. 明挖法

明挖法是从地表向下开挖基坑到设计高程位置，然后在基坑内的预定位置由下而上地修筑结构主体及防水设施，最后回填土并恢复路面。明挖法具有施工作业面多、技术简单、速度快、容易保证工程质量等优点，但受周边环境制约较大，多用于地面和环境条件允许的地方。

2. 盾构法

盾构法是利用盾构机在地面以下暗挖隧道的一种施工方法。盾构机是一种集开挖、支护、推进、衬砌等多种作业功能于一体的大型暗挖隧道施工机械。它具有安全性高、速度快、对周围环境影响小、自动化程度高等优点，但其配套设备多、造价高，多用于闹市区。

3. 矿山法

区间隧道工程中的矿山法通常指采用锚喷支护、新奥法原理的隧道施工方法。开挖必须严格控制，达到成型好、对地层扰动最小的要求。对于开挖暴露面，及时进行喷锚加固，施工全过程对周边位移进行监测，并及时反馈，修正设计和施工方法；对于软弱围岩地段，应及早闭合断面。一般在地质条件较好、周边建筑受影响较小的地段使用。

（二）区间桥梁工程

根据地铁工程的特点，区间桥梁梁体截面主要有组合 T 梁、组合箱梁、整孔箱梁、U 形梁，常采用整孔箱梁、U 形梁。梁部施工方法主要有预制架设、支架现浇和节段预制拼装。[①]

预制架设对城市环境、交通影响较小，施工场地占地较少，质量控制较好，桥梁上下部可同时施工，但架梁需要大型设备，在建筑密集、交通量大的中心城区往往难以实现。支架现浇桥梁具有整体性好、可多段同时施工且不需要大型设备的特点，但对环境、交通影响较大，施工场地占用较多，施工周期较长。节段预制拼装需要较高的施工精度，目前应用较少。

四、地铁区间土建工程发展趋势

地铁区间土建工程大多位于城市繁华地段，地面交通繁忙、建筑密集、地质条件差，明挖法、矿山法和高架桥均较难实现，尽可能采用盾构法施工是今后地铁区间土建工程施工的总体发展趋势。

（一）明挖法、矿山法的发展趋势

1. 信息化

信息化已经成为隧道工程未来的一个重要的发展趋势，地下工程与地质环境和周边建筑关系密切，及时、系统地收集相关信息用于指导设计、施工是必要手段。

2. 智能化

智能化是地下工程发展的必然趋势。它包括计算机的有限元计算法、神经网络模型等先进的方法，对地下工程未来的发展将发挥更加重要的作用。

3. 工厂化

主体结构采用装配式结构是今后发展的大趋势，装配式构件在工厂集中预制加工，更能有效控制质量、提高施工效率、降低劳动强度。

---

① 邓尤东，雷军，陈俊.地铁土建工程施工关键技术——长沙地铁四号线 [M].北京：中国建筑工业出版社，2020：5.

（二）盾构法的发展趋势

过去很长一段时间内，地铁工程主要在软土地层、复合地层采用土压平衡盾构、泥水盾构施工。随着 TBM 的引入，硬岩区间采用盾构法施工也被逐渐推广应用。当前，盾构法施工出现了类矩形、马蹄形等异型盾构技术，今后将在断面尺寸、埋深、长距离等方面不断突破，在性能方面将具有更高的地层适应性、更长的使用寿命、更人性化的操作。随着数字化、模块化、智能化和网络化的应用，盾构技术将向无人智能化掘进以及办公室远程控制发展。

（三）高架桥梁的发展趋势

轨道交通高架桥梁将朝着工厂化预制、更加注重景观和环保等方面发展。U 梁具有能降低结构高度、与系统设备集成、混凝土用量少等优势，在景观及环保方面也具有突出优点，可契合现代城市发展潮流与方向，以后将得到广泛应用。

第二节　矿山法区间施工

一、概述

（一）矿山法隧道的概念与发展

矿山法指用开挖地下坑道的作业方式修建隧道的施工方法，是暗挖隧道施工的传统方法。传统的矿山法指用钻眼爆破的施工方法，又称钻爆法。现代矿山法包括软土地层浅埋暗挖法及其衍生的其他暗挖方法。

早期修筑隧道一般采用传统的矿山法，以木或钢构件作为临时支撑，待隧道开挖成型后，逐步将临时支撑撤换下来，以整体式厚衬砌作为永久性支护的施工方法。因它总与钻眼、爆破技术联系在一起，也称为钻爆法。20世纪 60 年代，新奥法出现，并在地下工程结构施工中得到了应用。国内隧道施工技术以新奥法为基础，很快发展为喷锚构筑法，并针对软弱和浅埋地层发展为浅埋暗挖法。早期的矿山法可称为传统矿山法，目前的矿山法可称为现代矿山法。

新奥法作为现代矿山法施工中的一项重要技术，最先应用于水利隧洞，其主要特点是应用现代岩石力学理论，充分发挥围岩自身承载力，把衬砌与围岩当作一个整体看待，在施工过程中必须进行现场监测，并应用监测成果及时修正设计和指导施工。

20世纪70年代，新奥法传入我国，此后得到迅速发展。20世纪80年代以后，隧道施工钻爆法发展以光面爆破、喷锚支护、监控量测信息反馈、复合式衬砌结构为主要特征的施工方法，并在实践中不断涌现出一系列新技术、新工艺、新材料、新设备。目前，我国的铁路隧道、公路隧道、引水隧洞等地下工程多采用此种方法修筑。

（二）矿山法在地铁工程建设中的应用

矿山法适用于从硬岩地层到具备一定自稳能力的第四纪地层施工，适合各种断面形式，特殊情况下采用超前加固地层等措施，也可运用于软弱地层。与其他施工方法相比，矿山法的适用范围更加广泛，具有一定优势，在我国城市地铁工程建设中应用较多。

20世纪80年代中期，出现了不拆迁、不扰民、不破坏环境，在软弱、浅埋地层中安全施工的浅埋暗挖法。此后，该方法在国内很多城市地铁施工中得到了广泛应用，并形成了浅埋暗挖法的十八字方针，即"管超前、严注浆、短进尺、强支护、早封闭、勤量测"。

（三）矿山法在地铁工程施工中的技术发展

地铁工程矿山法技术发展主要受宏观政策、设计理念、建设单位要求、专家导向、施工单位自身需要、社会科技发展等多方面影响。目前，我国地铁工程矿山法施工机械化程度较低，施工速度慢，施工风险大，施工工艺受施工队伍技术限制，施工效率有待进一步提高。因此，加大矿山法施工技术、施工装备研发投入，加强"新技术、新材料、新设备、新工艺"的推广应用，加强施工队伍培养和管理模式的转变，提高施工效率，改变矿山法施工技术落后的局面势在必行。

（1）超前地质预报手段日趋多样化、综合化。除常规的超前地质预报外，越来越多的新科技已被应用，使超前地质预报更加准确可靠。

（2）矿山法施工应用范围不断扩大，新工法不断出现，目前已在海底隧道、超浅埋隧道及暗挖大跨车站、各类地质复杂地层、复杂城市环境情况下应用。随着建设项目的增多，新的辅助工法和施工工艺的出现，矿山法施工的应用范围必将进一步扩展；随着我国城市地铁交通的发展，原有矿山法施工工法在应用中不断发展、转变，一些具有地区特点的新工法包括辅助工法也在不断出现。

（3）开挖不断向大断面、少分部方向转变，与之相应的支护技术也在不断发展。简单易行且强有力的支护结构，以及适应大型机械施工的断面操作空间有利于提高施工效率，这也是矿山法施工技术发展最重要的内在动力。

（4）工程机械和施工设备快速发展。先进施工机械应用逐步取代了大部分人工作业，施工质量和效率不断提高，开挖、装运渣、支护、防水、衬砌、通风等机械设备不断发展，机械配套更加合理，施工效率不断提高。

（5）爆破施工技术更加精准和环保。为适应城市环境，爆破网络设计日趋精准，数码电子雷管控制爆破、水压爆破、静态爆破等技术应用日趋广泛。

（6）在软弱地层岩土控制变形分析法上开发新工法，在设计、施工中逐步加强应用。在岩土控制变形分析法的基础上，与现有工法相融合开发综合施工工法，确保隧道安全穿越不良地层和全断面开挖，有效降低施工对周边环境的影响，提高施工机械化，加快施工进度。

（7）信息化技术不断拓展应用，传统的施工管理工法得以改进。建立基于 BIM 技术应用的施工管理模式和协同工作机制，通过施工模型建立、质量安全监控和风险管控，实现施工过程的可视化模拟和施工方案的不断优化，通过利用综合信息技术手段助力施工管理，全面实现施工目标。

（四）矿山法区间隧道施工组织方案

地铁矿山法区间隧道根据工程特点和周边环境选择相应的施工组织方案。常用的施工组织方案有以下几种。

1.路基段直接进洞

利用明暗交界位置，挂洞门后组织区间隧道施工。这是最优的施工组织方案，适用于地下、地面交接的矿山法区间隧道。由于地铁大部分采用地下线路，无地面洞口施工条件，实际使用较少。

2.车站端头进洞

在车站端头结构预留出渣进料井，破开端头墙组织区间隧道施工。该方案开工受车站施工制约，工作井出渣进料效率低，一般适用于工程量较小的矿山法区间隧道。

3. 竖井进洞

利用区间通风竖井或增设临时工作井用于出渣进料组织区间隧道施工，该方案可较快开辟区间隧道工作面，但效率较低，一般用于工程量较小或工期较长的矿山法区间隧道。

4. 斜井进洞

选择合适的位置作为临时施工场地，通过斜井进入区间矿山法隧道。该方案受场地和地形限制，可能使斜井工程量较大，但斜井组织施工效率高，适用于工程量较大的矿山法区间隧道。

二、矿山法隧道施工常用辅助工法

随着城市地铁交通建设的飞速发展，一些隧道不得不在复杂地质条件下修建，当围岩稳定性和结构变形控制不能满足隧道施工和环境安全要求时，就需要对其进行处理。这种为了满足各种施工方法安全而快速施工、限制结构沉降、防止漏水所采用的各种方法统称为"辅助工法"。辅助工法已成为隧道及地下工程施工技术研究和应用的重要部分。

（一）基于改善隧道地层条件、超前支护的辅助工法

1. 洞内辅助工法

隧道开挖时需要采取一些围岩预加固或预支护技术，控制和减少隧道开挖后周边收敛变形，防止隧道坍塌。洞内辅助工法通常包括小导管注浆、掌子面超前注浆、大管棚、管幕、水平旋喷桩、MJS 工法桩、冷冻法、洞内降水等。

（1）小导管注浆。小导管注浆是在隧道或地下工程的开挖过程中，对开挖断面上方围岩的物理力学性能进行改善，使开挖周围形成一个具有一定强度的硬壳结体，从而提高围岩的整体性、抗渗性和稳定性。

①适用范围。小导管注浆适用于隧道 IV ～ V 级围岩、隧道浅埋地段、软弱地层及断层破碎带的拱部注浆预支护。其目的是加固周边一定范围内围岩，与钢架组合成预支护系统，控制软弱围岩变形量。

②施工流程。小导管注浆施工流程如图 3-2 所示。

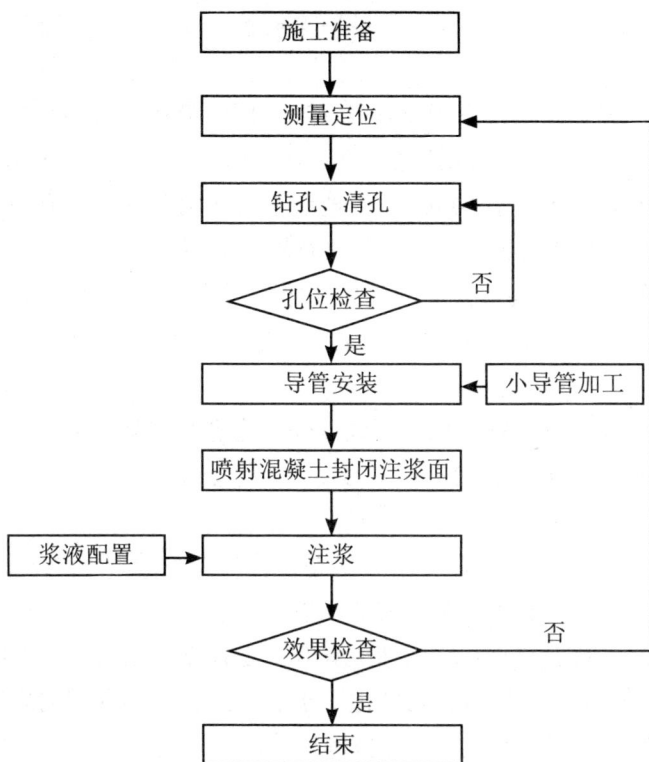

图 3-2　小导管注浆施工工艺流程图

③施工控制要点。

a. 应在小导管的尾端焊接 $\phi 8$ 钢筋加劲箍；管壁上每隔 $10 \sim 20$ cm 梅花形钻眼，眼孔直径 $6 \sim 8$ mm。

b. 小导管钻孔施工时，孔眼深度需要大于导管长度。

c. 小导管由专用顶头顶进，顶进钻孔长度不小于 90% 的管长。相邻两排小导管搭接长度应符合设计要求。

d. 小导管注浆可采用水泥浆，也可采用水泥—水玻璃双液浆。配合比根据现场试验确定。

e. 注浆前先喷射混凝土封闭注浆面，形成止浆墙。

f. 一般注浆达到设计要求注浆量或注浆压力达到要求压力值后再持续注浆 3 min 以上方可结束注浆。

（2）掌子面超前注浆。注浆是一项工程活动，它是利用配套的机械设备，采取合理的注浆工艺，通过一定压力将适宜的注浆材料注入工程对象，以达到填充、加固、堵水、抬升以及纠偏的目的。掌子面超前注浆按加固范围可分为局部注浆、全断面注浆和帷幕注浆等。

①适用范围。

a.局部注浆。它主要采用小导管注浆、周边潜孔注浆、径向注浆、跟踪注浆等方式，适用于围岩自稳时间短、开挖跨度大于 6 m 的砂层、回填土、软土和砾石（颗粒不大于 60 mm）的地层；也适用于围岩具有一定的自稳能力时，富水断层带或溶蚀、溶沟地段进行堵水注浆。

b.全断面注浆。其加固范围包括开挖断面及开挖轮廓线以外一定范围，适用于围岩级别低（Ⅴ～Ⅵ级）、无自稳能力、静水压力较大、水量大的地段。

c.帷幕注浆。它是在开挖轮廓线以外周边进行注浆，形成一个封闭的加固圈，适用于围岩级别低（Ⅳ～Ⅴ级）、自稳能力差、水压高、水量较大的大断面隧道。

②掌子面超前注浆原理。掌子面超前注浆是在掌子面按要求钻孔、布管，然后注入按一定比例配制而成的浆液，浆液渗透扩散到破碎带的孔隙中并快速凝固，与周围破碎岩块固结成具有一定强度的结石体，在隧道周边及开挖面形成一个堵水加固区，切断地下水流通路，并和周围的岩体固结成一体，从而达到固结围岩和止水、保持围岩稳定、提高施工安全的目的。

③施工流程。掌子面超前注浆施工流程如图 3-3 所示。

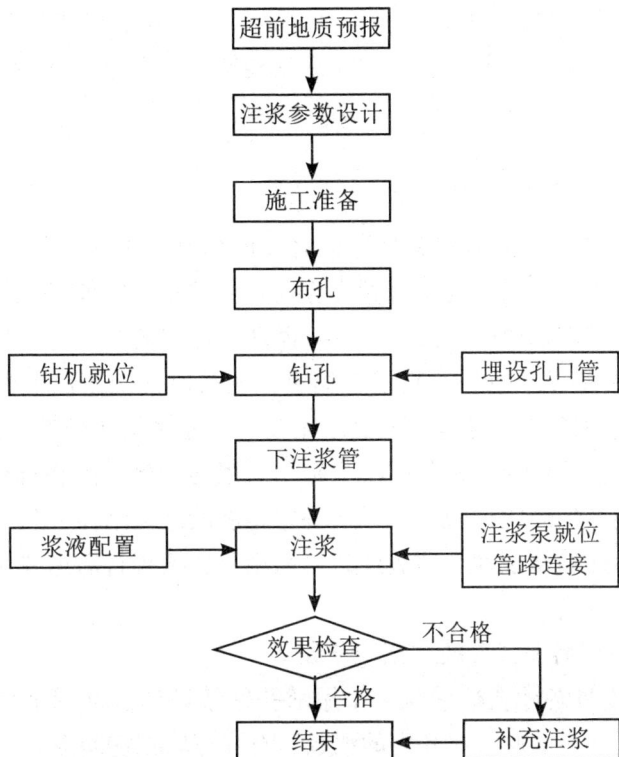

图 3-3　掌子面超前注浆施工工艺流程图

④施工控制要点。

a. 注浆孔布置要根据工程实际情况、地质、周边环境等因素综合选取。

b. 注浆方案的设计参数应经过现场试验确定，并在施工中不断调整。

c. 严控控制注浆孔布设的间距和水平误差。

d. 应保证材料供应的稳定，如需要更换材料，应及时通知注浆技术人员进行配比试验，以确定注浆参数，保证注浆质量。

e. 注浆过程中应做好详细的注浆记录，加强周边环境巡视，并对浆液进行胶凝时间的测定，确保注浆施工效果及安全。

f. 注浆要谨防跑浆。如发生跑浆，应在注浆管周围喷射混凝土或施作止浆墙，并调整浆液胶凝时间，或采用间歇注浆。

g. 注浆过程中应加强监测，观察周围是否冒浆，是否有隆起现象，如发生地表隆起，应立即根据工程地质情况，采取调整浆液配比、缩短胶凝时间、瞬间封堵孔洞等处理措施。

h. 注浆结束后，根据注浆目的选择合适的方式和标准进行注浆效果检查。常用的注浆效果检查方法有检查孔法、分析法、开挖取样法、物探法等。对于浅埋软弱地层注浆，注浆结束后地层堵水率应达到 90% 以上，钻孔取芯芯样完整，地层渗透系数 $k < 10^{-5}$ cm/s。[①]

2. 地表辅助工法

隧道埋深较浅且地表有条件作业时，可在地表通过地表注浆、搅拌桩、旋喷桩等地表辅助工法在隧道开挖工作面及开挖轮廓线外形成一个封闭的隔水帷幕或软弱破碎地层的加固体，然后再进行隧道施工。

（1）地表注浆。地表注浆是在隧道开挖前对开挖断面上方围岩的物理力学性能进行改善。针对地表覆盖层比较薄、地表土体松散、开挖跨度大、成洞困难，开挖后覆盖层极易引起大范围滑塌的情况，需要对土体进行地表注浆处理，使开挖周围形成一个具有一定强度的硬壳结体，从而提高围岩的整体性、抗渗性和稳定性。地表注浆常采用地表袖阀管后退式注浆或钻杆后退式注浆两种方式。

其中，钻杆后退式分段注浆工艺如下：

①钻机按照设计孔位就位，采用潜孔钻钻进到设计深度后，用高压水或气反复洗孔 2 ～ 3 遍，将孔内的泥浆、石块等填充物冲出。

②退出钻杆，换上合金钻头、沿原钻孔边加水、边钻进，直至距孔底 50 cm 处。

③把钻杆尾部的水龙头换成注浆变接头，并接好注浆管开始注浆。

④注浆过程中边旋转、边后退、边注浆，后退步距为 1.5 m，转速控制在 2 ～ 3 r/min，防止浆液将钻杆裹死，直到结束该孔。

⑤注浆过程以注浆量和设计注浆压力为控制标准。

⑥注浆结束后，先把混合器上的泄压阀打开泄压，再推出钻杆。

（2）水泥土搅拌桩加固。水泥土搅拌桩加固是将水泥（或水泥系材料）作为固化剂，通过特制的搅拌机械，在地层深处对软土和水泥浆液进行强制搅拌，由固化剂和软土间所产生的一系列物理化学反应使软土硬结成具有整体性、水稳定性和一定强度的水泥加固土，从而提高地层强度和增大变形模量。

①适用范围。水泥土搅拌桩适用于淤泥与淤泥质土、粉土、饱和黄土、

---

① 兰开江 . 先盾构隧道后矿山法横通道竖井施工关键技术研究 [D]. 西安：西安理工大学，2020.

素填土、黏性土以及无流动地下水的饱和松散砂土等地层。

②施工流程。水泥土搅拌桩施工流程如图 3-4 所示。

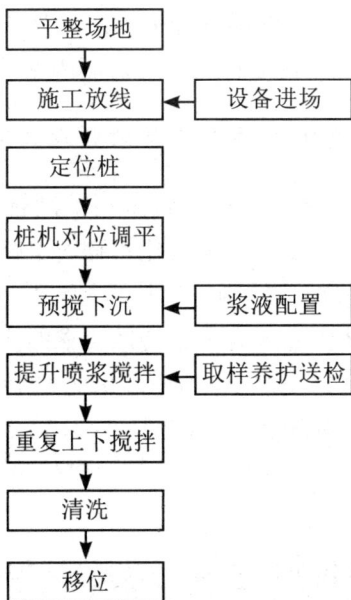

图 3-4　水泥土搅拌桩施工工艺流程图

③施工控制要点。

a. 水泥土搅拌桩施工前根据设计进行工艺性试桩，数量不得少于 3 根，多轴搅拌不得少于 3 组，以确定水泥土搅拌桩施工参数及工艺，即水泥浆的水灰比、喷浆压力、喷浆量、旋转速度、提升次数、搅拌次数等。

b. 搅拌桩机钻杆沿导向架搅拌切土下沉，下沉速度不大于 0.8 m/min。喷浆搅拌过程中，不断搅拌水泥浆，随时观察设备运行及地层变化情况，钻头下沉至设计深度位置时，应持续搅拌不少于 30 s，以利于桩端成形。

c. 搅拌至设计位置深度后，提升钻头喷浆。喷浆过程中，不断搅拌水泥浆防止其离析，以达到进一步拌和均匀的目的。提升速度不大于 1.6 m/min。在桩顶部位持续搅拌注浆不少于 30 s，以利于搅拌桩桩端成形。到达设计桩顶时，停止喷浆。

d. 搅拌水泥浆液的罐数、水泥和外掺剂用量以及泵送浆液时间等应由专人记录，喷浆量及搅拌深度必须采用经国家计量部门认证的监测仪器进行自动记录。

e. 施工时，如因故停浆，应将搅拌头下沉至停浆点以下 0.5 m 处，待恢复供浆时，再喷浆搅拌提升。若停机超过 3 h，宜先拆卸输送管路，并妥善加以清洗。

f.壁状加固时，相邻桩的施工时间间隔不宜超过 24 h。如间隔时间太长，与相邻桩无法搭接，应采取局部补桩或注浆等补强措施。

（3）旋喷桩加固。地表旋喷桩加固类似洞内水平旋喷桩加固。

（二）基于保护周边建（构）筑物的辅助工法

地铁工程地下设施建设过程中，常采用袖阀管跟踪注浆、基础加固注浆、桩基托换、止水帷幕等形式对邻近建筑物、道路桥梁、地下管线和其他地下构筑物等的沉降位移加强控制。其技术特点是在地下结构开挖的同时，在结构外一定范围内土体中注入有一定特殊要求的注浆材料，补充土体位移产生的空隙量，胶结泥沙，增加土体强度，减小土体的孔隙率，从而减小地面建筑物或地下构筑物的沉降和变形范围。

1.袖阀管跟踪注浆

袖阀管跟踪注浆是在明挖基坑、矿山法隧道施工或盾构隧道施工所影响的建（构）筑物周边于开始施工前布置袖阀管，在施工过程中根据建（构）筑物沉降变形监测情况进行注浆，对建（构）筑物地基扰动孔隙进行填充，增加地基整体性，降低地基渗透系数，从而减少地基失水，达到控制建（构）筑物沉降的效果。

（1）施工流程。袖阀管跟踪注浆施工流程如图 3-5 所示。

```
┌──────────┐
│  测量定位  │
└──────────┘
     │
     ▼
┌──────────┐
│   钻孔    │
└──────────┘
     │
     ▼
┌──────────┐
│   清孔    │
└──────────┘
     │
     ▼
┌──────────┐
│  置换套壳料 │
└──────────┘
     │
     ▼
┌──────────┐
│  下袖阀管  │
└──────────┘
     │
     ▼
┌──────────┐
│   封孔    │
└──────────┘
     │
     ▼
┌──────────┐
│   制浆    │
└──────────┘
     │
     ▼
┌──────────┐
│  试验注浆  │
└──────────┘
     │
     ▼
┌──────────┐
│  注浆施工  │
└──────────┘
     │
     ▼
┌──────────┐
│  效果检查  │
└──────────┘
```

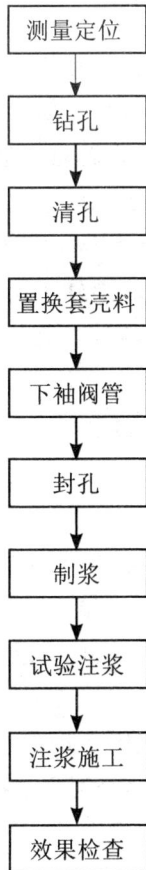

图3-5 袖阀管跟踪注浆施工工艺流程图

（2）施工控制要点。

①袖阀管钻孔一般采用常规地质合金钻头或应用金刚石钻头及冲锤成孔。

②注浆前应向孔内泵送大量清水，将孔内泥浆及沉渣冲出孔外，直至孔口返出清水。

③在成孔及清孔完成后，向孔内浇筑套壳料。套壳料利用钻机钻杆进行浇筑，以防止袖阀注浆管在注浆过程中变形、变位或损坏，并能保证水泥浆通过。套壳料要求收缩性小，脆性高，黏度低，析水率小，稳定性高，早期强度高。套壳料主要以黏性土、水泥为主要材料配制而成，为了提高套壳料的脆性，可掺入细砂或粉煤灰等。

④袖阀管采用$\phi 50 \times 5$ mm的柔性塑料胶管，套管分节长度1 m，在套壳料置换完成后立即插入袖阀管。相邻两节袖阀管用20 cm套管进行连接，采

用胶合剂粘牢。

⑤待袖阀管下放到位后，将孔口地表以下 1～2 m 采用水泥封闭，防止注浆过程中出现冒浆现象。

⑥袖阀管注浆时采用双塞注浆芯管，通过注浆压力使两堵头与花管密贴，以达到分段注浆的效果。

⑦注浆压力控制为 0.5～1.5 MPa。

⑧隧道施工期间，定期观测周边建（构）筑物沉降情况，一旦沉降超出限值，立即利用预留袖阀管进行注浆。将注浆芯管下放至孔底后开始注浆，每次注浆段长 0.3～0.5 m，注完第一段后，往上拔注浆芯管，进行第二段注浆。依次类推，直至该孔注浆完成。

2. 桩基托换

桩基托换就是在已经建成的建筑物中重新施筑托换大梁，把既有柱与托换大梁连接起来，使上部已经存在的荷载转换到托换大梁，再通过托换大梁传递到新施筑的托换桩上，从而用托换结构代替被托换桩承受上部建筑的荷载。

（1）桩基托换分类及适用范围。根据桩基托换技术的应用状况及其核心技术机理的不同，桩基托换主要分为主动托换与被动托换两种形式。

①主动托换是在托换桩切除之前对新桩和托换结构施加荷载，使需要托换的桩在上顶力的作用下随托换大梁一起上升，从而克服由于托换大梁刚度不足可能产生的上部建筑物较大的沉降；同时，通过预加载消除部分新桩和托换结构的变形，使托换桩和结构的变形可以控制在较小的范围内。主要适用于荷载大、变形控制要求严格的建筑物托换。

②被动托换是依靠托换结构自身的截面刚度，在结构完成后即切除托换桩，直接将上部荷载通过托换梁传递到新桩，而不采取其他调节变形的措施。托换后既有建筑物及托换结构的变形不能再进行调节，上部建筑物的沉降由托换结构承受变形的能力所控制，变形控制为被动适应。主要适用于荷载小、变形控制要求不甚严格的建筑物桩基托换。由于对变形无法进行有效控制，该托换方式在地铁工程中的应用较少。

（2）桩基主动托换施工流程。桩基主动托换施工流程如图 3-6 所示。

```
                        ┌──────────────┐
                        │   施工准备    │
                        └──────┬───────┘
                               ↓
┌──────────────┐      ┌──────────────┐      ┌──────────────┐
│  钢筋笼制安    │─────→│   钻孔桩施工   │←─────│   混凝土灌注   │
└──────────────┘      └──────┬───────┘      └──────────────┘
                               ↓
                        ┌──────────────┐
                        │   基坑开挖    │
                        └──────┬───────┘
                               ↓
┌──────────────┐      ┌──────────────┐      ┌──────────────────┐
│ 钢筋、模板制安 │─────→│   托换承台    │←─────│  商品混凝土运输浇筑 │
└──────────────┘      └──────┬───────┘      └──────────────────┘
                               ↓
                  ┌──────────────────────┐
                  │  被托换桩植筋、界面处理  │
                  └──────────┬───────────┘
                               ↓
┌──────────────┐      ┌──────────────┐      ┌──────────────────┐
│ 钢筋、模板制安 │─────→│   托换梁     │←─────│  商品混凝土运输浇筑 │
└──────────────┘      └──────┬───────┘      └──────────────────┘
                               │            ┌──────────────────┐
                               ├───────────→│ 托换桩破除(被动托换) │
                               ↓            └──────────────────┘
                  ┌──────────────────────┐
                  │  安装千斤顶及可调自锁系统 │
                  └──────────┬───────────┘
                               ↓
┌──────────────┐      ┌──────────────────┐
│  监控量测     │─────→│  预顶、安装钢管垫片   │
└──────────────┘      └──────────┬───────┘
                               ↓
┌──────────────┐      ┌──────────────┐      ┌──────────────────┐
│ 钢筋、模板制安 │─────→│    封桩      │─────→│  商品混凝土运输浇筑 │
└──────────────┘      └──────┬───────┘      └──────────────────┘
                               ↓
┌──────────────┐      ┌──────────────────┐
│  监控量测     │─────→│  排除千斤顶及自锁系统 │
└──────────────┘      └──────────┬───────┘
                               ↓
                  ┌──────────────────────┐
                  │  浇筑除桩芯外其他混凝土   │
                  └──────────┬───────────┘
                               ↓
                        ┌──────────────┐
                        │   回填与恢复   │
                        └──────────────┘
```

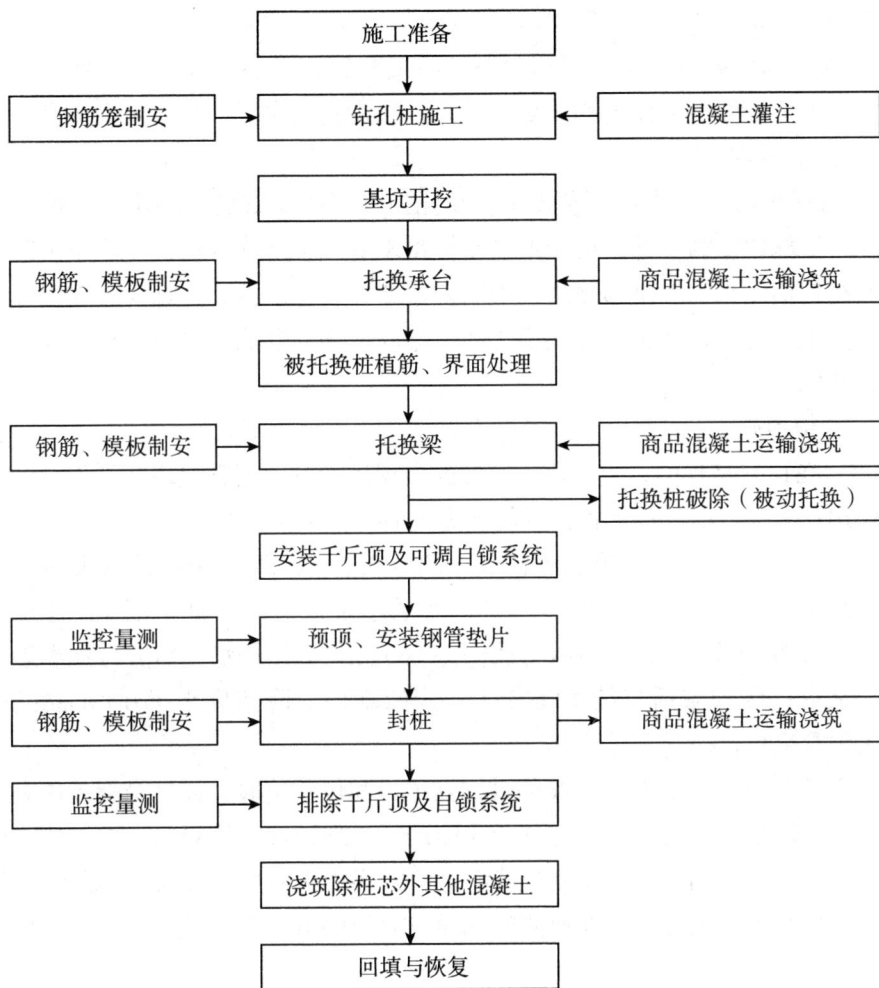

图 3-6　桩基托换施工工艺

（3）施工控制要点。

①采用人工手持钎锤间隔将桩表面混凝土凿成企口，形成齿槽，未凿入部分桩混凝土应将其表面浮浆皮凿除，全部露出新鲜混凝土界面。使用钢丝刷清刷开凿部位混凝土碎屑，并用清水将桩表面清洗干净。

②锚筋植筋前应现场调配环氧基锚固胶，必须满足设计要求的抗压强度及弹性模量等条件。植筋完成固化养护后应做植筋抗拔试验，使植筋抗拔力满足设计要求。

③在每根桩预顶承台的预埋钢板上按照设计布置带自锁装置的千斤顶。千斤顶高度不足时，可采用钢板垫块垫高，要求钢垫块有足够的强度、刚度

及平整度，承受荷载时有足够的稳定性。

④可调自锁千斤顶预顶到位时及时安装钢管垫块安全装置，并用楔形钢板打紧。安装时采用对称布置与千斤顶形成交错布置，每个预顶承台按照设计数量进行布置。

钢管垫块安全装置的安装是主动托换施工中关键的一项步骤，也是主动托换实施中控制上部结构变形与新桩预压所产生沉降的保证。施工工艺要求其结构形式必须满足预顶过程中具有可调性和稳定性，并且要求在顶升结束千斤顶卸荷后，新桩与托换梁之间能形成整体，且能承受原千斤顶全部的顶力并保持稳定。

⑤预顶施工。

a.在顶升过程中，当千斤顶回油或出现故障时，钢管垫块起到临时支承的作用；另一方面，待托换荷载转换完成后，置换千斤顶。

b.预顶遵守"等变形、等荷载"的分级加载原则，将设计最大顶升力等分成 10 级，逐步施加顶升力，每级荷载增量为千斤顶加载上限值的 10%，不可一次加载到最大值。每级荷载保持 10 min，等结构稳定后方可加次级荷载。最后一级加载后持续 12 h 以上，观测新桩沉降速度小于 0.1 mm/h 后，顶紧钢管垫块，松开千斤顶。

c.千斤顶逐级加载至 20% 的设计预顶力和位移值时，通过钢管垫块应力测试、托换梁上应力测试及位移变化测试，与理论计算值对照双控，使原桩的荷载逐步转移到托换梁及新托换桩上，并实现对新桩和托换梁的预压。随后，依据被托换桩位移、托换梁的截面应力测试值分析结果，指导千斤顶逐级顶升。

d.严格控制每级顶力，并使顶力缓慢、均匀地增加，避免桩和梁的荷载突变而导致不良后果。被托换桩的上抬量不能大于 1 mm，大于此值应停止加载。在加载过程中，应严格监测托换梁裂缝的产生及发展，最大裂缝宽度大于 0.18 mm 时，应停止加载。

e.预顶时，必须严格控制千斤顶的顶升力和托换梁两端的位移，各千斤顶顶升力达到控制值而梁端位移未达到位移范围值以内，或梁端位移值已达到控制值而顶升力未达到控制值时，应立即通知设计单位，对施工参数进行调整。

⑥托换梁施工时，在托换梁对应桩纵向钢筋的位置预埋钢筋，待预顶完成后，在保持预顶力稳定不变的情况下焊接桩、梁预留钢筋，然后封桩。封桩混凝土浇筑顺序为浇筑桩芯微膨胀混凝土—养护（桩芯混凝土达到90%

强度后）—拆卸预顶千斤顶—用混凝土满灌预顶承台与托换梁节点处除桩芯外其他部位。

第三节　盾构法区间施工

一、盾构法施工概述

（一）施工技术发展过程

盾构施工技术自 1823 年由布鲁诺尔首创于英国伦敦的泰晤士河的水底隧道工程以来，已有近 200 年的历史。在这近 200 年的风风雨雨中，经过几代人的努力，盾构法已从一种只能在极少数欧美发达国家中应用的特殊技术，发展成在发达国家中极为普通，在发展中国家中亦逐渐得到应用的隧道施工技术。①

盾构机施工主要由稳定开挖面、挖掘及排土、衬砌包括壁后灌浆三大要素组成。其中，开挖面的稳定方法是其工作原理的主要方面，也是其区别于硬岩掘进机或比硬岩掘进机复杂的主要方面。大多数硬岩岩体稳定性较好，不存在开挖面稳定问题。

盾构机是盾构法施工中的主要施工机械。盾构施工法是在地面下暗挖隧洞的一种施工方法，它使用盾构机在地下掘进，在防止软基开挖面崩塌或保持开挖面稳定的同时，在机内安全地进行隧洞的开挖和衬砌作业。其施工过程需要先在隧洞某段的一端开挖竖井或基坑，将盾构机吊入安装，然后盾构机从竖井或基坑的墙壁开孔处开始掘进并沿设计洞线推进，直至到达洞线中的另一竖井或隧洞的端点。

盾构机全称盾构隧道掘进机，是一种隧道掘进的专用工程机械，现代盾构掘进机集光学、机械、电子、液压、传感、信息技术于一体，具有开挖切削土体、输送土渣、拼装隧道衬砌、测量导向纠偏等功能，涉及地质、土木、机械、力学、液压、电气、控制、测量等多门学科技术，而且要按照不同的地质进行"量体裁衣"式的设计制造，可靠性要求极高。盾构掘进机已

---

① 李玉盟.上软下硬复合土层中土压平衡盾构法施工技术研究 [D].西安：西安建筑科技大学，2020.

广泛用于地铁、铁路、公路、市政、水电等隧道工程。

用盾构机进行隧洞施工具有自动化程度高、节省人力、施工速度快、一次成洞、不受气候影响、开挖时可控制地面沉降、减少对地面建筑物的影响和在水下开挖时不影响水面交通等特点，在隧洞洞线较长、埋深较大的情况下，用盾构机施工更为经济合理。

盾构机的基本工作原理就是一个圆柱体的钢组件沿隧洞轴线一边向前推进一边对土壤进行挖掘。该圆柱体组件的壳体即护盾，它对挖掘出的还未衬砌的隧洞段起着临时支撑的作用，承受周围土层的压力，有时还承受地下水压并将地下水挡在外面。挖掘、排土、衬砌等作业在护盾的掩护下进行。

盾构机根据其适用的土质及工作方式的不同主要分为压缩空气式、泥水式、土压平衡式盾构机等不同类型。其中，泥水式盾构机是通过加压泥水或泥浆（通常为膨润土悬浮液）来稳定开挖面的，其刀盘后面有一个密封隔板，与开挖面之间形成泥水室，里面充满泥浆，开挖土料与泥浆混合，由泥浆泵输送到洞外分离厂，经分离后泥浆重复使用。土压平衡式盾构机是把土料（必要时添加泡沫等对土壤进行改良）作为稳定开挖面的介质，刀盘后隔板与开挖面之间形成泥土室，刀盘旋转开挖使泥土料增加，再由螺旋输料器旋转将土料运出，泥土室内土压可由刀盘旋转开挖速度和螺旋输出料器出土量（旋转速度）进行调节。

（二）盾构法施工的优越性

盾构法施工为世界各国广泛采用的原因，除了近代城市地下工程发展的客观需要外，还在于该法本身具有以下突出的优越性：

（1）施工安全，在盾构设备掩护下，于不稳定土层中可安全进行土层开挖与支护工作。

（2）作业环境好，施工时与地面工程及地面交通互不影响，也不影响航运，尤其是在城区建筑物密集和交通繁忙地段，该法更有优越性。

（3）振动和噪声小，地表沉降易于控制，对施工区域环境影响较小，对施工地区附近的居民几乎没有干扰。

（4）机械化程度高，施工人员少，施工速度快；预制衬砌，质量易于控制，隧道质量高。

二、盾构法施工

（一）盾构法施工程序

盾构法施工的概貌如图 3-7 所示，其主要施工步骤如下：

（1）在盾构法隧道的起始端和终端各建一个工作井。

（2）盾构在起始端工作井内安装就位。

（3）依靠盾构千斤顶推力（作用在已拼装好的衬砌环和工作井后壁上）将盾构从起始工作井的墙壁开孔处推出。

（4）盾构在地层中沿着设计轴线推进，在推进的同时不断出土和安装衬砌管片。

（5）及时向衬砌背后的空隙注浆，防止地层移动并固定衬砌环。

（6）盾构进入终端工作井并拆除，如施工需要，也可穿越工作井再向前推进。

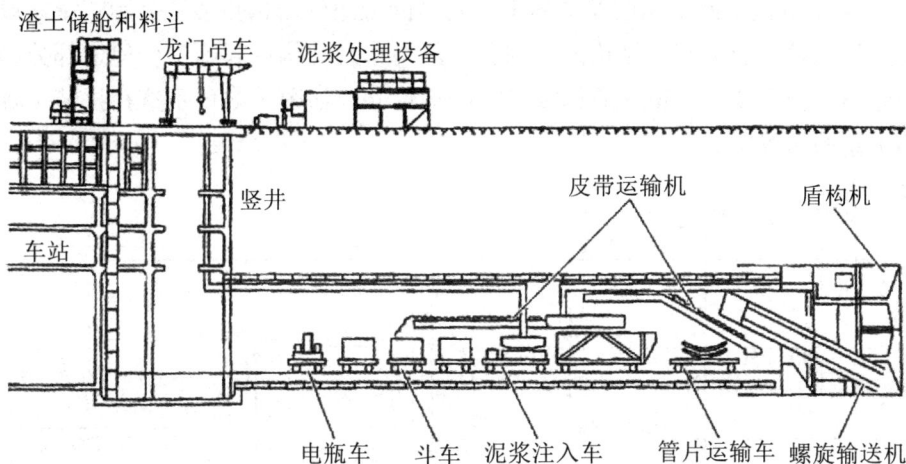

图 3-7 盾构法施工的概貌

（二）施工准备工作

采用盾构法施工时，除了一般工程应进行的施工准备工作外，还必须修建盾构始发井和到达井，拼装盾构、附属设备和后续车架，加固洞口地层等。

1. 修建盾构始发井和到达井（或称拼装室、拆卸室、工作井）

盾构掘进前，必须先在地下开辟一个空间，以便在其中拼装（拆卸）盾构、附属设备和后续车架以及出渣、运料等。同时，拼装好的盾构也是从此开始掘进，故在此空间内尚需要设置临时支承结构，为盾构的推进提供必要的反力。

开辟地下空间最常用的方法，即在盾构掘进始终点的线路中线上方由地面向下开凿一座直达未来区间隧道地面以下的竖井，其底端即可用作盾构拼装（拆卸）室。盾构正式掘进时，此竖井即可用作出渣、进料和人员进出时孔道；运营时则可用作通风井。根据不同的地形条件，竖井可采用沉井法、冻结法或普通矿山法修建。盾构始发（到达）井的平面形状多数为矩形，平面净空尺寸要根据盾构直径、长度、需要同时拼装的盾构数目以及运营时的功能而定，一般在盾构外侧留下 0.75～0.80 m 的空间，容许一个拼装工人工作即可。

如果地铁车站采用明挖法施工，则区间隧道的盾构拼装（拆卸）室常设在车站两端，成为车站结构的一部分，并与车站结构一起施工，但这部分结构暂不封顶和覆土，留作盾构施工时的运输井。如图 3-8 所示这种拼装（拆卸）室的布置图。

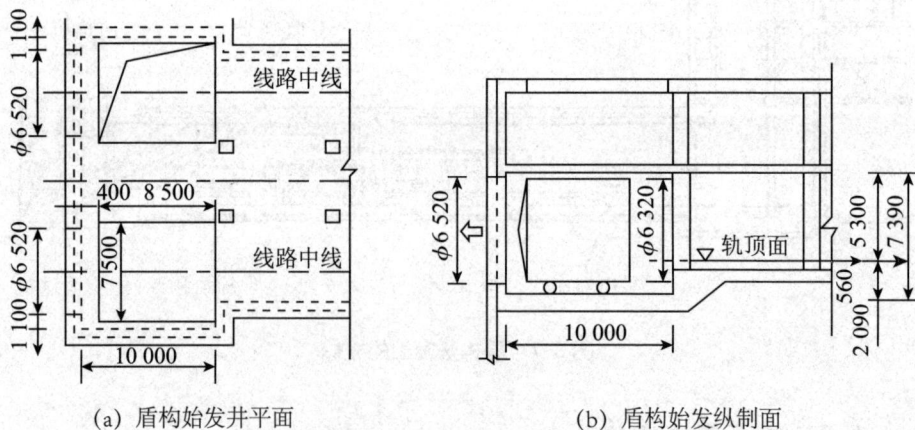

(a) 盾构始发井平面　　　　　(b) 盾构始发纵制面

图 3-8　拼装（拆卸）室的布置（单位：mm）

在盾构拼装（拆卸）室的端墙上应预留出盾构通过的开口，又称为封门。封门一方面起到挡土和防止渗漏的作用，另一方面应便于尽快拆除或打开。根据拼装（拆卸）室周围的地质条件，可以采用不同的封门制作方案。

（1）现浇钢筋混凝土封门。这种封门结构一般按盾构外径尺寸在井壁或连续墙钢筋笼上预埋环形钢板，钢板厚 8～10 mm，环向钢板切断了连续墙或沉井壁的竖向受力钢筋，故封门周边要做构造处理。环向钢板内的井壁可按周边弹性固定的钢筋混凝土圆板进行内力分析和截面配筋设计，如图3-9（a）所示。这种封门制作和施工简单，结构安全，但拆除时要用大量的人力铲凿，费工费时，如能将静态爆破技术引入封门拆除作业，将可加快施工速度、降低劳动强度。

（2）钢板桩封门。这种封门结构较适宜于用沉井修建的盾构工作井。在沉井制作时，按设计要求在井壁上预留圆形孔洞，以挡住侧向水土压力。沉井较深时，钢板桩可接长。盾构刀盘切入洞口靠近钢板桩时，用起重机将其逐根拔起，如图3-9（b）、图3-9（c）所示。

用过的钢板桩经修理后可以重复使用。钢板桩通常按简支梁计算。钢板桩封门受埋深、地层特性、环境要求等的影响较大。

（3）预埋 H 型钢封门。这种封门结构将位于预留孔洞范围内的连续墙或沉井壁的竖向钢筋用塑料管套住，以免其与混凝土黏结；同时，在连续墙或沉井壁外侧预埋 H 型钢，封闭孔洞，抵抗侧向水土压力。盾构刀盘抵住墙壁时，凿除混凝土，切断钢筋，逐根拔起 H 型钢，如图3-9（d）所示。

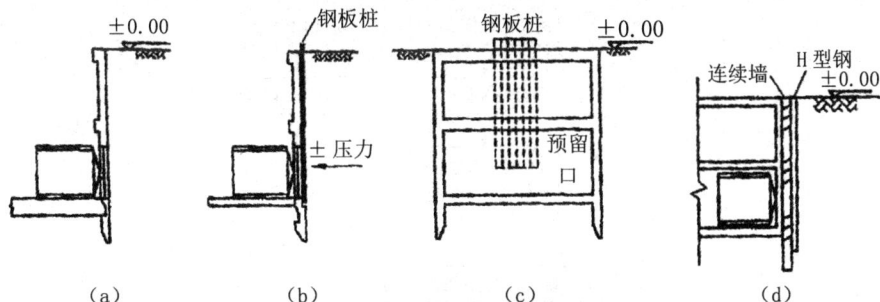

图 3-9　盾构井封门结构形式

2. 盾构拼装

在盾构拼装前，先在拼装室底部铺设 50 cm 厚的混凝土垫层，其表面与盾构外表面相适应，在垫层内埋设钢轨，轨顶伸出垫层约 5 cm，可作为盾构推进时的导向轨，并能防止盾构旋转。

由于起重设备和运输条件的限制，通常将盾构拆成切口环、支承环、盾尾三节运到工地，然后用起重机将其逐一放入井下的垫层或支承平台上。切口环与支承环用螺栓连成整体，并在螺栓连接面外圈加薄层电焊，以保持其密封性；盾尾与支承环之间则采用对接焊连接。

在拼接好的盾构后面，尚需要设置型钢反力架和传力管片，如图 3-10 所示。盾构拼装出洞顺序可由图 3-11 所示的流程表示。

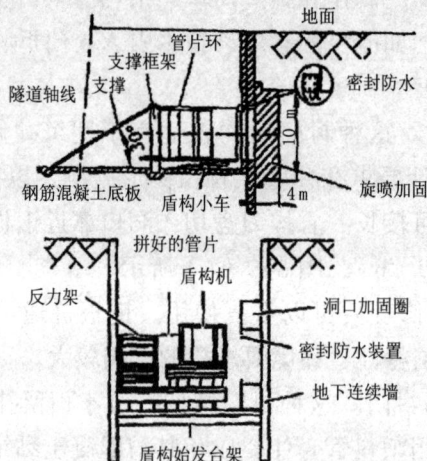

图 3-10　盾构始发工艺构造

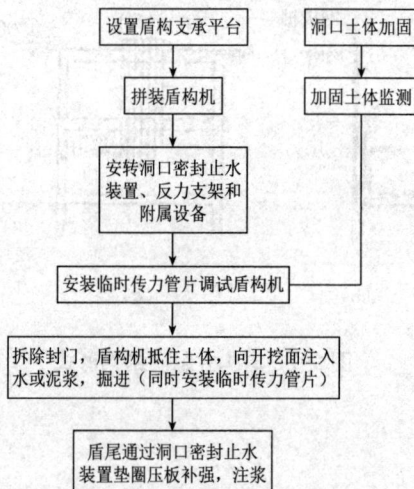

图 3-11　盾构拼装出洞顺序

3. 洞口地层加固

当盾构工作井周围地层为自稳能力差、透水性强的松散砂土或饱和含水黏土时，如不对其进行加固处理，则在凿除封门后，必将会有大量土体和地下水向工作井内坍陷，导致洞周大面积地表下沉，危及地下管线和附近建筑物。目前，常用的加固方法有注浆、旋喷、深层搅拌、井点降水、冻结法等，可根据土体种类（黏性土、砂性土、砂砾土、腐殖土）、渗透系数和标准贯入值、加固深度和范围、加固的主要目的（防水或提高强度）、工程规模和工期、环境要求等条件进行选择。加固后的土体应有一定的自立性、防水性和强度，一般以单轴无侧限抗压强度 0.3～1.0 MPa 为宜，太高则刀盘切土困难，易引发机器故障。

（三）盾构掘进

1.盾构密封装置和盾构出洞顺序

为了增加开挖面的稳定性，需要适当向开挖面注水或注入泥浆，因此洞口要有妥善的密封止水装置，以防止开挖面泥浆流失。目前，常用的密封止水装置如图 3-12 所示，其中（a）为滑板式结构，（b）为铰接式结构。

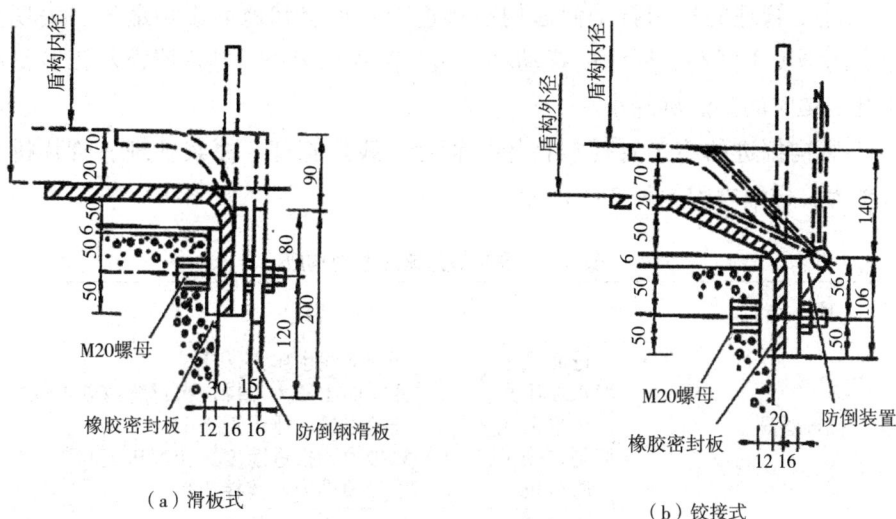

（a）滑板式　　　　　　　　　　　（b）铰接式

图 3-12　密闭止水装置（尺寸单位：mm）

2.土体开挖与推进

盾构施工应先使切口环切入土层，然后再开挖土体。千斤顶将切口环顶入土层的最大距离是一个千斤顶行程。盾构的位置与方向以及纵坡度等均依靠调整千斤顶的编组及辅助措施加以控制。

土体开挖方式根据土质的稳定状况和选用的盾构类型确定。具体开挖形式有以下几种：

（1）敞开式开挖。在地质条件好，开挖面在掘进中能维持稳定或采取措施后能维持稳定，用手掘式及半机械式盾构时，均为敞开式开挖。其开挖程序一般从顶部开始逐层向下挖掘。

（2）机械切削开挖。利用与盾构直径相当的全断面旋转切削大刀盘开挖，配合运土机械可使土方从开挖到装运均实现机械化。

（3）网格式开挖。开挖面用盾构正面的隔板与横撑梁分成格子，盾构推进时，土体从格子里呈条状挤入盾构中。这种出土方式效率高，是我国大、中型盾构常用的方式。

（4）挤压式开挖。挤压式和局部挤压式开挖由于不出土或部分出土，对地层有较大的扰动，施工中应精心控制出土量，以减小地表变形。

3.盾构掘进施工管理

施工管理的目的就是使盾构在推进中对地层和地面影响最小，表现为地层的强度下降小、受到的扰动小、超孔隙水压力小、地面隆沉小以及衬砌脱开盾尾时的突然沉降小。

盾构掘进的施工管理包括挖掘管理、线形管理、注浆管理、管片拼装管理等，详细内容如表3-1所示。

表 3-1　盾构掘进施工管理构成

项　目	内　容	
挖掘管理	开挖面稳定 泥水加压式 土压平衡式 切削、排土 盾构机	开挖面泥水压力保持 开挖面土压力保持，密封舱内砂土性态 开挖土量、排土形态 总推力、推进速度、切削扭矩 千斤顶推力、搅拌扭矩
线形管理	盾构机 位置、姿态	俯仰、旋转、偏移 铰接的相对转角、超挖量、蛇行量
注浆管理	注入状况 注入材料	注入量、注入压力 稠度、离析性 胶凝时间、强度、配比
管片拼装管理	拼装 防水 位置	真圆度、拧螺栓的扭矩 漏水、管片缺损、接缝张开 蛇行量、垂直度

4. 结构防水机理

（1）管片防水。管片防水包括管片本体防水和管片外防水涂层。根据隧道所处的水文地质条件，应对管片本体的抗渗性能做出明确规定，一般要求其抗渗等级不小于 P8，渗透系数不大于 10^{-11} cm/s。

管片外防水涂层需要根据管片材质而定，对钢筋混凝土管片而言，一般要求如下：

①涂层应能在盾尾密封钢丝刷与钢板的挤压摩擦下不损伤。

②当管片弧面的裂缝宽度达 0.3 mm 时，仍能抵抗 0.6 MPa 的水压，长期不渗漏。

③涂层应具有良好的抗化学腐蚀性能、抗微生物侵蚀性能和耐久性。

④涂层应具有防迷流的功能，其体积电阻率、表面电阻率要高。

⑤涂层要有良好的施工季节适应性，施工简便，成本低廉。

（2）管片接缝防水。管片接缝防水包括管片间的弹性密封垫防水，隧道内侧相邻管片间的嵌缝防水以及必要时向接缝内注入聚氨酯药液等。其中，弹性密封垫防水最可靠，是接缝防水重点。当然，管片制作精度对接缝防水的影响不可忽视，一般要求接缝宽度不大于 1.5 cm。

①弹性密封垫防水。一般情况下，要求弹性密封垫能承受实际最大水压的 3 倍。同时，还要求密封垫传给密封槽接触面的应力大于设计水压力。接触面应力是由扭紧连接螺栓、盾构千斤顶推力、密封垫膨胀等因素产生的。此外，当密封垫一侧受压力作用时也会产生一定的接触面应力，即所谓的"自封作用"。

②接缝嵌缝防水。嵌缝槽的形状要考虑拱顶嵌缝时不致使填料坠落、流淌，其深度通常为 20 mm，宽度为 12 mm，如图 3-13 所示。嵌缝材料应具有良好的水密性、耐侵蚀性、伸缩复原性，要保证硬化时间短、收缩小、便于施工等。满足上述要求的材料有以环氧类、聚硫橡胶类、尿素树脂类为主的材料。

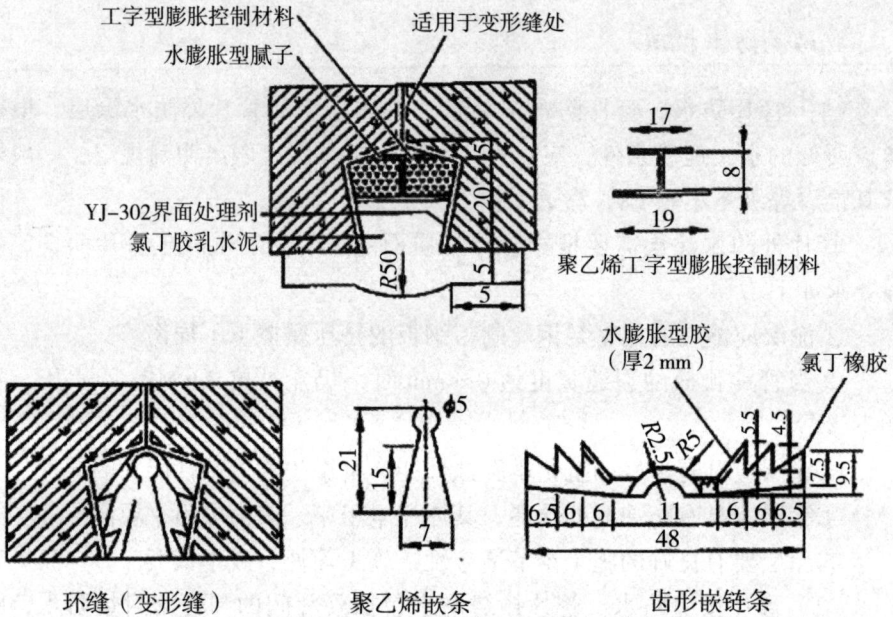

图 3-13　接缝嵌缝防水构造（单位尺寸：mm）

③接缝注浆。接缝注浆是在管片的四边端面上设置灌注槽，管片拼装成环后，由隧道内向管片的灌注槽内压注砂浆或药液。要求压注的材料流动性好，具有膨胀性，固结后无收缩，如聚氨酯类浆液。

但应注意，接缝注浆常易引起衬砌变形，反而会降低防水效果，故需要仔细考虑管片的形状和压注方法等。

④螺栓孔和压浆孔防水。螺栓与螺栓孔或压浆孔之间的装配间隙是渗水的重要通道，所采取的防水措施就是在螺栓和螺栓孔口之间使用塑性（合成树脂类、石棉沥青或铅）和弹性（橡胶或聚氨酯水膨胀橡胶等）密封圈垫，拧紧螺栓时密封圈受挤压变形充填在螺栓与孔壁之间，因而可达到止水效果。

另一种防水方法是采用一种塑料螺栓孔套管，浇注混凝土预埋在管片内，与密封圈结合起来使用，其防水效果更佳，如图 3-14 所示。

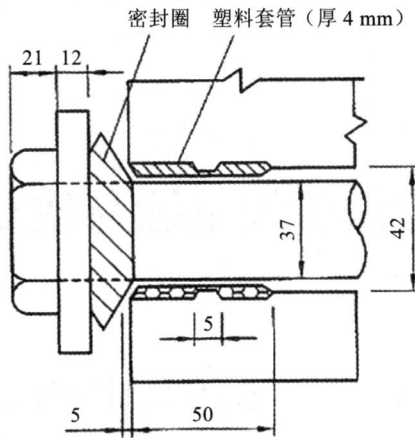

图 3-14　螺栓孔和压降孔防水（单位尺寸：mm）

密封圈应具有良好的伸缩性、水密性、耐老化性能。由于螺栓垫圈会因蠕变而松弛，为了提高止水效果，有必要对螺栓进行二次拧紧，必要时也可对螺栓孔进行注浆。

第四章　地铁监控量测与质量检测技术

第一节　地铁监控量测技术

一、施工监测的目的及意义

（一）施工监测的目的

施工过程中必须采取相应的监控保护措施。监测的主要目的如下：

（1）通过监测了解地层在施工过程中的动态变化，明确工程施工对地层的影响程度及可能产生失稳的薄弱环节。

（2）通过监测了解支护结构及周边建（构）筑物的变形及受力状况，并对其安全稳定性进行评价。

（3）通过监测了解施工方法的实际效果，并对其进行适用性评价；及时反馈信息，调整相应的开挖、支护参数。

（4）通过监测收集数据，为以后的工程设计、施工及规范修改提供参考和积累经验。

（二）施工监测的意义

地下工程设计理论分析涉及问题较多，如岩土的复杂性、施工方法的难以模拟性、围岩与结构——支护（围护）相互作用的复杂性。同时，考虑到城市地下工程的特点，地质条件差、周围环境一般比较复杂等，有必要通过信息化施工及时了解施工过程中围岩与支护结构的状态，并及时反馈到设计与施工中去，以确保地下工程施工和周围建（构）筑物的安全。作为信息化施工的最基础工作，施工监测显得非常重要。

二、施工监测的基本内容

（一）施工监测的原则

施工监测的成败与监测方法的选取及测点布置情况直接相关。施工监测要遵循以下原则：

1. 可靠性原则

该原则是监测系统设计中要考虑的最重要的原则，其要求如下：①系统采用可靠的监测仪器与监测方法；②在监测期间保护好测点。

2. 多层次监测原则

该原则的具体含义如下：①在监测对象上以位移为主，兼顾其他监测项目；②在监测方法上以仪器监测为主，并辅以巡查的方法；③在监测仪器选择上以机测仪器为主，辅以电测仪器；④考虑分别在地表、邻近建筑物与地下管线上布点，以形成具有一定测点覆盖率的监测网；⑤为确保提供可靠、连续的监测资料，各监测项目之间应相互印证、补充、校验，以利于数值计算、故障分析和状态研究。

3. 重点监测关键区原则

在具有不同的地质条件、水文地质条件、周围建筑物及地下管线段，其稳定的标准是不同的。稳定性差的地段应重点进行监测，以保证建筑物和地下管线的安全。

4. 方便实用原则

为减少监测与施工之间的干扰，监测系统的安装和测量应尽量做到方便实用。

5. 经济合理原则

系统设计时应考虑实用的仪器，不过分追求仪器的先进性，以降低监测费用。

（二）监测范围

1. 车站

从基坑边缘以外 1～3 倍开挖深度范围内需要保护的周边环境应作为监测对象，必要时扩大范围。

2. 区间

隧道底板 45° 到地面的交线范围。

（三）施工监测的工艺流程

施工监测的工艺流程如图 4-1 所示。

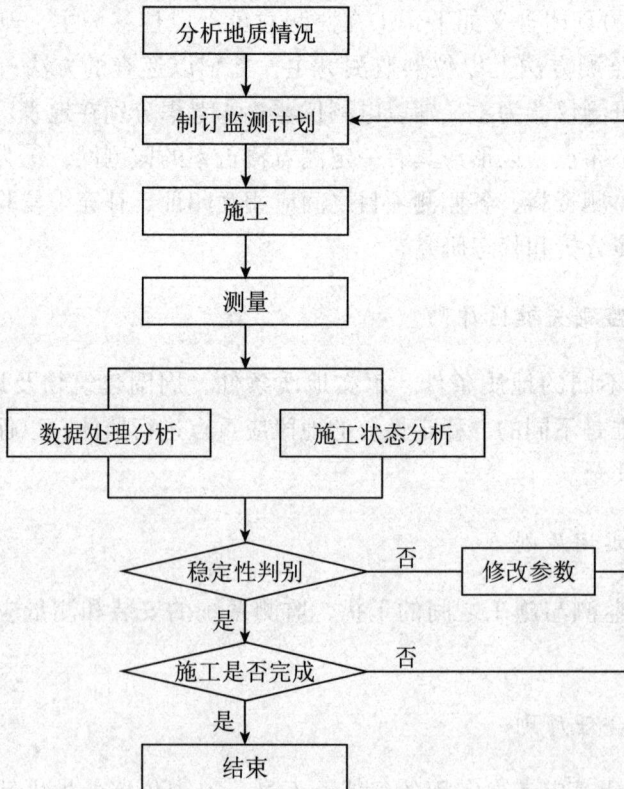

图 4-1　施工监测工艺流程

三、施工监控量测项目及要求

（一）监控量测项目分类

（1）从考虑地下工程结构稳定及施工对环境的影响出发，地下工程主要监测项目可以分成三类：第一类是支护结构的变形和应力、应变监测；第二类是支护结构与周围地层（围岩与结构）相互作用监测；第三类是与结构相邻的周边环境的安全监测。

（2）施工监测项目应根据支护结构的重要性、周围环境的复杂性和施工的要求而定，分为"必测项目"和"选测项目"两类。一般来说，大型工程、位于闹市区的大中型工程监测项目选项应多一些。

（二）施工监控量测项目及要求

地铁工程施工多数采用明挖法、浅埋暗挖法和盾构法这三类方法。不同的施工方法，其监测项目不尽相同，这里先分别进行介绍。

1. 地铁明（盖）挖法、竖井施工监控量测项目及要求

地铁明挖基坑工程现场监测的内容分为两大部分，即支护结构本身和相邻环境的监测。支护结构中包括围护墙、支撑、围梁（檩）、立柱、坑内土层5部分；相邻环境包括相邻地层、地下管线、相邻房屋建筑、地下水4部分。其施工监测项目如表4-1所示。

表 4-1 地铁明挖法工程主要监测项目

序号	监测项目		监测元件与仪器	测点布置	监测必要性
	对象	目的			
1	围护结构	围护桩基墙 桩墙顶水平位移与沉降	全站仪、数字水准仪	沿基坑周边布置,测点距离不大于 20 m,且每边不少于 3 个测点	必测
		桩墙深层挠曲	测斜仪、测斜管	预埋测斜管,与围护墙深度相同,观测点间距 20～30 m,基坑每边都保证有测点	必测
		桩墙内力	钢筋应力传感器、频率仪	必要时进行	选测
		桩墙水土压力	压力盒、孔隙水压力探头、频率仪	车站纵向每侧布置 2 个,同一孔竖向间距 2～3 m	选测
2		水平支撑 轴力	钢筋应力传感器、频率仪、位移仪	沿基坑纵向每 2 个开挖段(约 50 m)一组,端头井斜撑轴力加密	必测
3		圈梁、围檩 内力	钢筋应力传感器、频率仪	必要时进行	选测
		水平位移	全站仪	1～3 个断面	选测
4		立柱 垂直沉降	数字水准仪	布置在立柱上	选测
5		坑底土层 垂直隆起	数字水准仪	测孔布设在测斜的主断面上,埋设深度为基坑开挖深度的 2 倍	选测
6		坑内地下水 水位	观测井、孔隙水压力探头、频率仪	坑内观测井数量不少于 3 个,沿基坑长边至少布置 2 个	选测
7	相邻环境	相邻地层 分层沉降	分层沉降仪、频率仪	每一个开挖段布置一个断面	选测
		水平沉降	全站仪		选测
8		地下管线 垂直沉降	数字水准仪	基坑周围 40 m 范围内,布设在煤气、上水管等处,测点间距 20～30 m,每边不少于 3 点	必测
		水平位移	全站仪		必测
9		相邻建筑 垂直沉降	数字水准仪	施工影响范围内(2 倍基坑开挖深度)的建筑物上,布设在建筑物的角点、中点,间距 5～15 m	必测
		倾斜	全站仪		必测
		裂缝	裂缝观测仪		必测
10		坑外地下水 水位	观测井、孔隙水压力探头、频率仪	设 1～3 个观测井	必测
		分层水压	孔隙水压力探头、频率仪		选测

明挖基坑工程各监测项目的监测频率应遵守以下原则：

（1）施工前完成相应点孔的埋设，并至少测量 2 次初值。

（2）围护结构施工期间每 2 d 测试一次。

（3）地基加固期间每 7 d 测试一次。

（4）基坑降水期间每 7 d 测试一次（坑内外水位每天测试一次）。

（5）开挖 0～5 m 期间每 2 d 测试一次，视围护结构的变形情况可加密监测频率。

（6）基坑开挖 5～10 m 期间每天测试一次，视围护结构的变形情况可加密监测频率。

（7）开挖超过 10 m 直至浇垫层期间每天监测两次，视围护体的变形情况可加密监测频率。

（8）浇好垫层至浇底板期间，每天监测一次。

（9）浇好底板后 7～30 d 内，每两天监测一次。

（10）浇好底板 30～180 d 内，每周监测一次。

具体实施时，应配合现场的施工步骤，尤其在基坑开挖期间，根据开挖段区分重点监测区和非重点监测区。重点监测区按上述原则确定监测频率，非重点监测区在上述原则的基础上适当减少监测频率。

2. 浅埋暗挖法施工监控量测项目及要求

地铁浅埋暗挖法工程主要监测项目如表 4-2 所示。

表4-2 地铁浅埋挖法工程主要监测项目

序 号	监测项目	测试元件与仪器	测点布置	监测频率	监测必要性
1	围岩与支护结构状态	地质素描及拱架支护状态观察	每一开挖环	开挖面距监测断面前后<2倍洞径时,1~2次/d;开挖面距监测断面前后<5倍洞径时,1次/2d;开挖面距监测断面前后>5倍洞径时,1次/周	必测
2	地表、地表建筑、地下管线及结构物沉降	水准仪和水准尺	每10~50 m一个断面		
3	拱顶下沉	水准仪和水准尺	每5~30 m一个断面,每断面1~3个测点		
4	周边净空收敛	收敛计	每5~100 m一个断面,每断面2~3个测点		
5	岩体爆破地表质点振动速度和噪声	声波仪、测振仪	质点振动速度根据结构要求设点,噪声根据规定的测距设置	随爆破随时进行	
6	围岩与结构内部位移	多点位移计、测振仪	选择代表性地段设监测断面,每断面2~3个测孔	开挖面距监测断面前后<2倍洞径时,1~2次/d;开挖面距监测断面前后<5倍洞径时,1次/2d;开挖面距监测断面前后>5倍洞径时,1次/周	选测
7	围岩与支护结构间压力	压力传感	选择代表性地段设监测断面,每断面10~20个测点		
8	钢筋格栅拱架内力	支柱压力计或其他测力计	选择代表性地段设监测断面,每断面10~20个测点		
9	初期支护、二次衬砌内力及表面应力	混凝土内的应变计或应力计	选择代表性地段设监测断面,每断面10~20个测点		
10	锚杆内力、抗拔力及表面应力	锚杆测力计及拉拔器	必要时进行		

3. 盾构法施工监控量测项目及要求

地铁盾构法工程主要监测项目如表 4-3 所示。

表 4-3 地铁盾构法工程主要监测项目

序号	监测对象	监测类型	监测项目	监测元件与仪器	监测必要性
1	隧道结构	结构变形	隧道结构内部收敛	收敛计、伸长杆尺	选测
			隧道、衬砌环沉降	水准仪	选测
			管片接缝张开度	测微计	选测
2		结构外力	隧道外侧土压力	孔隙水压力计、频率计	选测
			轴向力、弯矩	钢筋应力传感器、环向应变仪、频率计	选测
3		结构内力	螺栓锚固力、管片接缝法向接触力	钢筋应力传感器、频率计、锚杆轴力计	选测
4	地层	沉降	地表沉降	水准仪	必测
			土体沉降	分层沉降仪、频率计	选测
5		水平位移	盾构底部土体回弹	深层回弹桩、水准仪	选测
			地表水平位移	经纬仪	必测
			土体深层水平位移	测斜管、测斜仪	选测
6		水土压力	水土压力（侧、前面）	土压力盒、频率仪	选测
			地下水位	水位管、水位计	选测
			孔隙水压	渗压计、频率计	选测
7	相邻环境、周围建（构）筑物、地下管线、铁路、道		沉降	水准仪	必测
			水平位移	水准仪	必测
			倾斜	经纬仪	必测

四、地铁施工监控量测的基本技术要求

《地铁工程监控量测技术规程》（DB11/490—2007）规定：采用浅埋暗挖法、盾构法、明挖法或盖挖法等工法进行设计和施工的地铁工程，必须将现场监控量测纳入施工组织设计文件中。

（一）沉降监测基本要求

沉降监测测量点可分为控制点和观测点（或测点）。控制点包括基准点、工作基点等。基准点的数量应不少于 3 个，使用时应做稳定性检查或检验。

1. 沉降监测的等级划分、精度要求和适用范围

沉降监测的等级划分、精度要求和适用范围如表 4-4 所示。

表 4-4　沉降监测的等级划分、精度要求和适用范围

监测等级	观测点的高程中误差 /mm	相邻观测点高差中误差 /mm	适用范围
I	±0.3	±0.1	线路沿线变形特别敏感的超高层、高耸建筑，精密工程设施、重要古建筑物，重要桥梁、管线和运营中的结构、轨道、道床等
II	±0.5	±0.3	线路沿线变形比较敏感的高层建筑物、桥梁、管线，地铁施工中的支护结构、隧道拱顶下沉等
III	±1.0	±0.5	线路沿线的一般多层建筑物、桥梁、地表、管线、基坑隆起等

2. 沉降监测控制网的布设

垂直沉降监测控制网高程控制点不应少于 3 个，在监测中应定期对高程控制点进行检测。沉降监测控制网的主要技术要求如表 4-5 所示。

表 4-5　沉降监测控制网的主要技术要求

等　级	相邻基准点高差中误差 / mm	每站高差中误差 /mm	往返较差，附合或环线闭合差 /mm	检测已测高差之较差 / mm	使用仪器、观测方法及主要技术要求
I	±0.3	±0.07	$0.15\sqrt{n}$	$0.2\sqrt{n}$	采用 DS_{05} 水准仪，按国家一等水准测量技术要求作业，其观测限差宜按上述规定的 1/2 取值
II	±0.5	±0.15	$0.30\sqrt{n}$	$0.5\sqrt{n}$	采用 DS_{05} 水准仪，按国家一等水准测量技术要求作业，其观测限差宜按上述规定的 1/2 取值
III	±1.0	±0.30	$0.60\sqrt{n}$	$0.8\sqrt{n}$	采用 DS_1 水准仪，按国家二等水准测量技术要求作业

注：n 为测站数。

3. 沉降监测的技术要求和测量方法

沉降监测的技术要求和测量方法如表 4-6 所示。

表 4-6　沉降监测的技术要求和测量方法

等　级	高程中误差 / mm	相邻观测点高差中误差 / mm	往返较差，附合或环线闭合差 /mm	使用仪器、观测方法及主要技术要求
I	±0.3	±0.1	$0.15\sqrt{n}$	采用 DS_{05} 水准仪，按国家一等水准测量技术要求作业，其观测限差宜按上述规定的 1/2 取值
II	±0.5	±0.3	$0.30\sqrt{n}$	采用 DS_{05} 水准仪，按国家一等水准测量技术要求作业
III	±1.0	±0.5	$0.60\sqrt{n}$	采用 DS_1 水准仪，按国家二等水准测量技术要求作业

注：n 为测站数。

（二）地铁穿越工程监测基本要求

地铁穿越工程指地铁施工时需要上穿、下穿或侧穿地铁既有线、铁路隧道、铁道线路、立交桥梁、人行天桥、房屋、地下管线、城市道路、河流或其他城市建（构）筑物等的穿越工程。

对于穿越重要建（构）筑物的地铁工程，除应对地铁本身进行施工监测外，还应对所穿越工程进行穿越施工期间 24 h 不间断监测；在穿越一般建（构）筑物时，应按要求进行较高频率的监测。

五、监测资料的分析、处理和信息反馈

施工中，监测单位应根据工程进度情况，按照监测设计图及时埋设监测测点和元器件，并按规定测试频率进行测试，取得各种监测资料后及时进行处理，排除仪器、读数等操作过程中的失误，剔除和识别各种误差，避免漏测和错测，以保证监测数据的可靠性和完整性，最后采用计算机进行监控量测资料的整理和分析工作。

（一）监测数据的管理基准

根据城市地铁施工监测的经验，采用《铁路隧道喷锚构筑法技术规范》（TB 10108—2019）的 I 级监测管理并配合位移速率作为监测管理基准，如表 4-7 所示，即将允许值的 2/3 作为警告值，将允许值的 1/3 作为基准值。警告值和允许值之间称为警告范围，实测值落在此范围内应提出警告，说明需要商讨和采取施工对策，预防最终位移值超限；警告值和基准值之间称为注意范围；实测值落在基准值以下，说明地下结构或基坑围护结构及周边土体是稳定的。

表 4-7　监测管理等级

管理等级	管理位移	施工状态
III	$U < U_0/3$	可正常施工
II	$U_0/3 \leqslant U < 2U_0/3$	应加强支护
I	$U > 2U_0/3$	应采取特殊措施

注：U 为实测位移值（mm）；U_0 为允许位移值（mm）。

在现场监测期间，可根据监测结果所处的管理阶段选择监测频率：一般Ⅲ级管理阶段监测频率可放宽；Ⅱ级管理阶段应注意加密监测次数；Ⅰ级管理阶段应加强监测，通常监测频率为 $1 \sim 2$ 次 /d 或更多。

（二）监测数据的分析和预测

取得监测数据后，要及时进行整理，绘制位移随时间或空间的变化曲线图。取得足够的数据后，还应根据离散图的数据分布状况，选择合适的函数，对监测结果进行回归分析，以预测该测点可能出现的最终位移值，预测结构和建筑物的安全性，并据此确定需要采取的工程技术措施等。

数据处理常用的回归分析方法有一元线性回归分析和非线性回归分析。地下工程监测数据分析中常用的回归函数如下。

1. 位移历时回归方程

对地表沉降、拱顶下沉、净空收敛等变形的历时曲线一般采用如下函数进行回归：

$$\text{数模型：} y = a\mathrm{e}^{\frac{b}{t}} \tag{4-1}$$

$$\text{对数模型：} y = a\lg(1+t) \tag{4-2}$$

$$\text{双曲线模型：} y = \frac{t}{a+bt} \tag{4-3}$$

式中：t 为监测时间（d）；y 为时间对应的位移值（mm）；a、b 分别为回归系数。

2. 沉降历时回归方程

由于地下工程开挖过程中地表纵向沉降、拱顶下沉及净空收敛等位移受掌子面的时空效应的影响，采用单个曲线进行回归时不能全面反映沉降历程，通常采用以变弯点为对称的两条分段指数函数式或指数函数进行近似回归分析。

$$\begin{cases} s = A\left[1 - \mathrm{e}^{-B(x-x_0)}\right] + u_0 \left(x > x_0\right) \\ s = -A\left[1 - \mathrm{e}^{-B(x-x_0)}\right] + u_0 \left(x > x_0\right) \end{cases} \tag{4-4}$$

或者

$$s = A\left(1 - \mathrm{e}^{-Bx}\right) \quad (x \geqslant 0) \tag{4-5}$$

式中：A、B 分别为回归参数；x 为距开挖面的距离（mm）；s 为距开挖面 x 处的地表沉降（mm）；x_0、u_0 为变弯点 x_0 处的沉降值 u_0（mm）。

（三）信息反馈

目前，地下工程尤其是浅埋地下工程除了在施工前的预设计阶段必须进行地质勘查和试验外，还应在施工全过程中进行监控测量，即用人工观察和各种仪器测试围岩、地面的变化以及支护的外观与力学变化，并将实测资料和数据加工处理成为一定的信息，及时反馈到设计和施工中去，以评定围岩的稳定程度和支护结构的可靠度，以便调整施工方法和支护参数。必要时还应采取相应的辅助工法，以确保施工的绝对安全和工程经济合理。信息化设计与施工流程如图 4-2 所示。

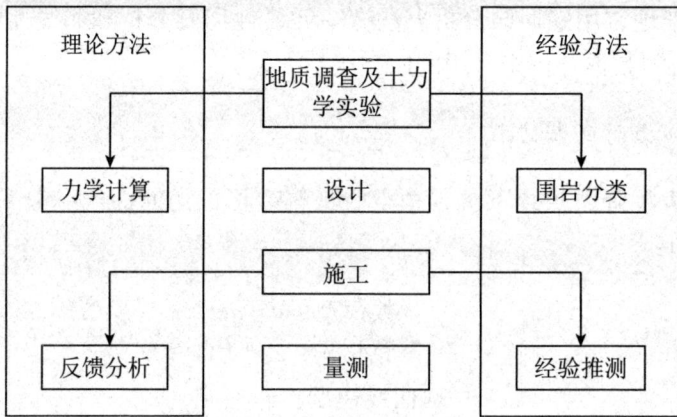

图 4-2　信息化设计与施工流程

对设计、施工的反馈内容如下：

（1）对设计的反馈内容。修正设计用围岩物理力学参数；修正设计用基本荷载；修正设计施工的反馈内容，如变形控制基准、安全监测方法和监控判据指标；信息化设计。

（2）对施工的反馈内容。监测数据较小时，可简化施工方案以减少施工程序，加快施工进度，降低工程造价；监控数据较大时，应调整施工方案，直至增加辅助施工措施，以确保工程及周围环境的安全。

信息化施工要求以监测结果评价施工方法，确定工程技术措施。对每一测点的监测结果要根据管理基准和位移变化速率（mm/d）等综合判断结构和建筑物的安全状况，并编写周、月汇总报表，及时反馈以指导设计与施工，调整设计与施工参数，达到安全、快速、高效施工的目的。

第二节　地铁质量检测技术

一、地铁工程质量检测体系

由于施工方法的不同，地铁工程，特别是区间隧道（暗挖法隧道、盾构法隧道）在检测内容与方法上差别很大。但不管哪种施工方法，其检测内容均主要包括材料检测和施工质量检测两大部分。地铁工程质量检测体系如图4-3所示。

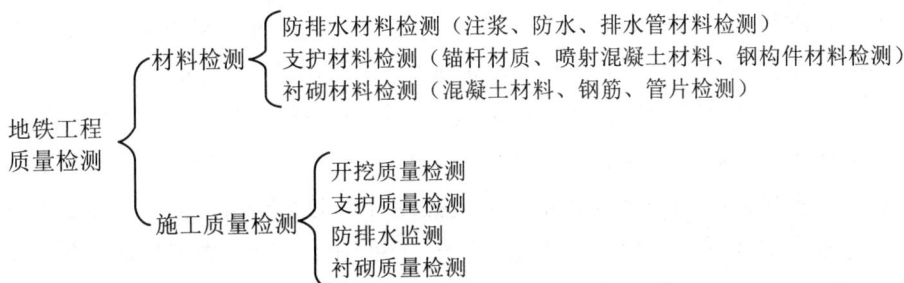

材料检测 ⎰ 防排水材料检测（注浆、防水、排水管材料检测）
　　　　　 ⎱ 支护材料检测（锚杆材质、喷射混凝土材料、钢构件材料检测）
　　　　　　 衬砌材料检测（混凝土材料、钢筋、管片检测）

地铁工程质量检测 ⎰
施工质量检测 ⎰ 开挖质量检测
　　　　　　　　 支护质量检测
　　　　　　　　 防排水监测
　　　　　　　　 衬砌质量检测

图 4-3　地铁工程质量监测体系

（一）材料检测

只有用合格的原材料才能修建出合格的地铁工程。

1. 防排水材料

防排水材料对地铁工程特别重要，有些甚至是隧道与地下工程专用的材料。隧道防水材料包括注浆材料、高分子合成卷材、防水涂料、石油沥青油毡、排水管和防水混凝土等。值得指出的是，合成高分子防水卷材在我国发展很快，目前修建的地铁隧道都采用不同性能、不同规格的合成高分子卷材作为防水夹层，并已取得良好的效果。

2. 支护材料

支护材料包括锚杆、喷射混凝土和钢构件等。锚杆杆体材质、锚固方式、杆体结构和托板形式等种类繁多，特性各异，分别适用于不同的工程条件；喷射混凝土有干喷、湿喷之分，为了获取较好的力学特性和工程特性，往往在喷射混凝土混合料之外添加各种外加剂，因此锚喷材料的检测内容较为繁多。

3.衬砌材料

衬砌材料有混凝土材料、钢筋和管片（盾构隧道）。

材料检测技术在公路、铁路等山岭隧道中应用广泛，且地铁工程材料检测技术也与山岭隧道基本相同。

（二）施工质量检测

地铁工程上出现的种种质量问题绝大部分都在施工过程中埋下了质量隐患，如渗漏水、衬砌开裂等，因此必须对施工过程进行质量检测。其主要内容包括开挖、支护（包括锚喷）、防排水和衬砌混凝土质量检测。

（1）支护质量主要指锚杆安装质量、喷射混凝土质量和钢构件质量。对于锚杆而言，施工质量检测的内容有锚杆的间排距、锚杆的长度、锚杆的方向、注浆式锚杆的注满度、锚杆的抗拔力等。对于喷射混凝土而言，施工中应主要检测其强度、厚度和平整度。对于钢构件而言，主要检测构件的规格与节间连接、架间距、构件与围岩的接触情况以及与锚杆的连接。

（2）防排水系统的施工方法目前尚在研究与发展之中，对施工质量的检测也处于探索阶段。防排水系统的检测也主要针对防水材料检测和排水系统施工质量检测。

（3）衬砌混凝土质量检测包括衬砌的几何尺寸、衬砌混凝土强度、混凝土的完整性、混凝土裂缝等的检测。其中，外观尺寸容易用直尺量测，混凝土强度及其完整性则需用无损探测技术完成，混凝土裂缝可用塞尺等简单方法检测。

地铁工程是主要修建于地层岩石（土）中的特殊构筑物，存在大量的隐蔽工程。地铁工程混凝土衬砌是地下结构重要的支护措施，衬砌结构质量的好坏对地下结构的稳定有很大的影响。

二、防排水材料施工质量检测

地下工程目前采取的防排水措施主要有高分子防水卷材、防水涂料、防水混凝土等。

（一）高分子防水卷材质量检测

从 20 世纪 80 年代开始，弹性或弹塑性的合成高分子防水卷材开始在我国地下防水工程中得到广泛应用，主要有三元乙丙橡胶防水卷材（EPDM）、氯化聚乙烯（CPE）、聚乙烯（PE）、聚乙烯 – 醋酸乙烯（EVA）、聚乙烯 – 醋酸乙烯 – 浙青共聚物（ECB）、高密度聚乙烯（HDPE）、低密度聚乙烯（LDPE）等。

高分子防水卷材均应进行物理性能的检测。一般对同一生产厂家同一品种、规格的产品按每 5 000 m 作为一批进行验收（不足 5 000 m 的以实际长度为一批）。从每批产品中取样 1 ～ 3 卷，在距端部 300 m 处截取约 3 m，用于各项物理力学试验。试样截取前，在温度（23 ± 2）℃、相对湿度 45% ～ 55% 的标准环境下进行状态调整，时间不少于 16 h，截取试件的尺寸、数量及性能要求如表 4–8、表 4–9 所示。

表 4-8　高分子防水卷材性能要求

项　目	技术性能						
	EVA	ECB	LDPE	PVC- Ⅱ	PE	EPDM	SBS
拉伸强度 / MPa	≥ 15	≥ 10	≥ 16	≥ 12	≥ 10	≥ 7.5	≥ 2.0
断裂伸长率 /%	≥ 500	≥ 450	≥ 500	≥ 250	≥ 400	≥ 250	≥ 150
不透水性 24 h / MPa	≥ 0.2	≥ 0.2	≥ 0.2	≥ 0.2	≥ 0.2	≥ 0.3	≥ 0.3
低温弯折性 /℃	≤ -35	≤ -35	≤ -35	≤ -25	≤ -35	≤ -40	≤ -30
热处理尺寸变化率 /%	≤ 2.0	≤ 2.5	≤ 2.0	≤ 2.0	≤ 2.0	≤ 2.0	≤ 2.0

表 4-9　物理力学性能试验所需的试样尺寸及数量

项　目	尺　寸/cm	数　量
拉伸强度	200×200	3
热处理尺寸变化率	100×100	3
低温弯折性	$(50 \times 100)(100 \times 50)$	1/1
抗渗透性	$\phi 100$	3
抗穿孔性	150×150	3
剪切状态下的黏合性	300×400	2
热老化处理	300×200	3
人工候化处理	300×200	3
水溶液处理	300×200	9

（二）涂膜防水层施工质量检测

地铁工程明挖区间外部防水多采用涂膜防水结构，完整的涂膜结构一般由底漆、防水涂料、胎体增强材料、隔热材料、保护材料 5 部分组成，其中胎体增强材料、隔热材料可根据实际情况选择使用。涂膜防水涂料是构成涂膜防水的主要材料，可分为聚氨酯类防水涂料、丙烯酸类防水涂料、橡胶沥青类防水涂料、氯丁橡胶类防水涂料、有机硅类防水涂料等。检测要求如下：

（1）涂料应按设计或产品技术规定配制，质量及配合比必须符合设计要求。每次配料应在其规定的时间内用完。

（2）涂料应分层涂布，并在前层干燥后方可涂布后一层，接缝宽度不小于 100 mm，涂膜厚度应符合设计要求。

（3）每层涂料应均匀涂布，且前、后层方向应垂直。

（4）基层面必须坚实、平整、干净，不得有渗水、结露、凸角、凹坑、起砂、松动现象。

（5）涂膜防水层应与基层黏结牢固，应平整、均匀，不得有流淌、皱折、鼓泡、露胎体和翘边等现象。

（三）防水混凝土施工质量检测

地铁工程防水混凝土一般要求如下：

（1）抗渗等级不得小于 P8。

（2）试件的抗渗等级应比设计要求提高 0.2 MPa。

（3）当结构处于侵蚀性地下水环境中时，混凝土的耐侵蚀系数不应小于 0.8。

（4）裂缝宽度不应大于 0.2 mm，迎水面主筋保护层厚度不应小于 50 mm。

三、超前支护及加固堵水注浆施工质量检测

在地铁施工中，超前支护主要用于暗挖法隧道施工，其形式主要为超前锚杆、超前小导管、管棚。注浆则主要用于盾构法施工端头加固、车站开挖堵水，其形式主要为袖阀管注浆、管棚注浆、超前小导管注浆等。

（一）超前锚杆检测

1. 基本要求

（1）锚杆材质、规格等应符合设计和规范要求。

（2）超前锚杆与隧道轴线外插角宜为 5°～10°，长度应大于循环进尺，宜为 3～5 m。

（3）超前锚杆与钢架支撑配合使用时，应从钢架中间穿过，尾部应与钢架焊接。

（4）锚杆插入孔内的长度不得短于设计长度的 95%。

（5）锚杆搭接长度不应小于 1 m。

2. 实测项目

实测项目和检查方法等如表 4-10 所示。

表 4-10 超前锚杆实测项目

项 目	规定值或允许偏差	检查方法和频率
长度 /m	不小于设计	尺量，检查锚杆数的 10%

项　目	规定值或允许偏差	检查方法和频率
孔位 /mm	±50	尺量，检查锚杆数的 10%
钻孔深度 /mm	±50	尺量，检查锚杆数的 10%
孔径 /mm	大于杆体直径 +15	尺量，检查锚杆数的 10%

（二）管棚检测

1. 基本要求

（1）管棚所用钢管的品种、级别、规格和数量等符合设计要求。

（2）管棚的搭接长度符合设计要求。

（3）管棚端部与拱架的连接符合设计要求。

2. 实测项目

实测项目和检查方法等如表 4-11 所示。

表 4-11　管棚实测项目

项　目	规定值或允许偏差	检查方法和频率
孔位 /mm	±100	尺量，检查锚杆数的 10%
钻孔深度 /mm	±50	尺量，检查锚杆数的 10%
孔径 /mm	大于杆体直径 ±40	尺量，检查锚杆数的 10%

（三）注浆效果检测

注浆的作用包括加固与堵水两种，所以对注浆效果的检测也围绕这两项进行，通常有以下 3 种方法。

1. 分析法

分析注浆记录，查看每个孔的注浆压力、注浆量是否达到设计要求；注浆过程中是否有严重漏浆、跑浆现象，从而以浆液注入量估算浆液扩散半径，分析其是否与设计相符。

2. 钻孔检测法

按设计要求以一定孔位和角度对加固地层进行钻孔取芯，看岩芯是否符合相关强度及完整度要求；另外，应对检查孔中的涌水量进行检测，通常情况下单孔应小于 1 L/min·m，全段应小于 20 L/min·m。

3. 声波检测法

用声波探测仪测量注浆后加固区地层声速、振幅及衰减系数等判断注浆效果。

四、混凝土施工质量检测

车站主体结构、暗挖法二次衬砌、盾构法管片等混凝土结构均应进行混凝土施工质量检测，在此统一对相关检测项目及方法进行简要介绍。

（一）回弹法检测混凝土强度

1. 检测原理

混凝土抗压强度与其表面硬度存在一定的数量关系，以一定的弹力将回弹仪的弹击锤打击在混凝土表面，通过其回弹高度求得混凝土表面硬度，从而推求出混凝土强度。

2. 检测方法

（1）数据采集。

①工程资料。全面精确了解被测结构的情况，如混凝土设计参数、混凝土实际所用混合物材料、结构形式等。

②测区回弹值。测区的选定采用抽检的方法，但所选测区应相对平整、清洁，应没有蜂窝、麻面，无结构破损（裂缝、裂纹、剥落和层裂等）。在 0.2 m × 0.2 m 范围内测点均匀分布，测点间距不小于 20 mm，距构件边缘不小于 30 mm。在每一个测区取 16 个回弹值，每个读数精确到 1。在检测过程中，要求回弹仪的轴线始终垂直于被检测区的测点所在面。

（2）强度计算。

①回弹值计算。从每个测区所得的 16 个回弹值中，去除 3 个最大值与

3 个最小值，对剩下的 10 个回弹值按下式计算平均值。[①]

$$R_{\mathrm{m}} = \frac{\sum\limits_{i=1}^{10} R_i}{10} \qquad (4-6)$$

式中：R_{m} 为测区平均回弹值，精确至 0.1；R_i 为第 i 个测点的回弹值。

②回弹值修正。回弹仪非水平方向检测混凝土侧面时，修正公式为

$$R_{\mathrm{m}} = R_{\mathrm{m}\alpha} + R_{\mathrm{a}\alpha} \qquad (4-7)$$

式中：$R_{\mathrm{m}\alpha}$ 为非水平方向检测时测区的平均回弹值，精确至 0.1；$R_{\mathrm{a}\alpha}$ 为非水平方向检测时测区的平均回弹值的修正值。

回弹仪水平方向或相当于水平方向检测混凝土表面时，修正公式为

$$R_{\mathrm{m}} = R_{\mathrm{m}}^{\mathrm{t}} + R_{\mathrm{a}}^{\mathrm{t}}, R_{\mathrm{m}} = R_{\mathrm{m}}^{\mathrm{b}} + R_{\mathrm{a}}^{\mathrm{b}} \qquad (4-8)$$

式中：$R_{\mathrm{m}}^{\mathrm{t}}$、$R_{\mathrm{m}}^{\mathrm{b}}$ 为水平方向（或相当于水平方向）检测混凝土表面时，测区的平均回弹值，精确至 0.1；$R_{\mathrm{a}}^{\mathrm{t}}$、$R_{\mathrm{a}}^{\mathrm{b}}$ 为混凝土表面回弹值的修正值。

③混凝土强度平均值与标准差计算。可按下式计算强度平均值和标准差：

$$\overline{R}_{\mathrm{m}} = \frac{1}{n} \sum_{i=1}^{n} R_{\mathrm{mj}}, S = \sqrt{\frac{1}{n-1} \left[\sum_{i=1}^{n} R_{\mathrm{mj}}^2 - n \left(\overline{R}_{\mathrm{m}} \right)^2 \right]} \qquad (4-9)$$

式中：R_{mj} 为构件强度平均值（MPa），精确至 0.1 MPa；$\overline{R}_{\mathrm{m}}$ 为混凝土强度的平均值（MPa）；n 为被抽取构件测区之和；S 为构件混凝土强度标准差（MPa），精确至 0.1 MPa。

（3）异常数据分析。回弹法测得的多个数据中，可能会遇到个别误差较大的异常数据，应予以剔除，以免影响最终数据的准确性。一般来说，混凝土强度服从正态分布，因此绝对值越大的误差出现的概率越小；当划定了超越概率或保证率时，其数据合理范围也会相应确定。因此，选择一个"判定值"去和测量数据比较，超出判定值者则认为包含过失误差而剔除。

（4）强度推定。按批量检测，其混凝土强度按下式计算：

$$R_{\mathrm{m}} = \overline{R}_{\mathrm{m}} - 1.645S, R_2 = R_{\mathrm{m,min}} \qquad (4-10)$$

① 傅鹤林，董辉，邓宗伟.地铁安全施工技术手册 [M].北京：人民交通出版社，2012：11.

$$R = \min\left(R_m, R_2\right) \qquad (4\text{–}11)$$

式中：$R_{m,min}$ 为该批构件中最小测区混凝土强度换算值的平均值（MPa），精确至 0.1 MPa；R 为混凝土强度推定值（MPa）。

按单个构件计算时：$R = R_{m,min}$。

（二）超声波法检测混凝土强度

1. 检测原理

超声波在混凝土传播，其波速和频率与混凝土的弹性模量、密实度有一定的关系，即混凝土强度越高，其中传播的超声波的速度和频率也越高。具体来说，超声波在混凝土中传播，其纵波速度的平方与混凝土的弹性模量成正比，与其密度成反比，而其强度又与其密度相关。因此，根据超声波传播速度可推算出混凝土的强度，一般声速越大、强度越高。

2. 检测方法

（1）数据采集。

①测区、测点布置。若将混凝土构件作为一个检测总体，在混凝土表面上均布划出不少于 10 个 200 mm × 200 mm 方网格，将每个网格作为一个测区。对同批构件可抽检 30%，且不少于 4 个，每个构件测区不少于 10 个。每个测区内应布置 3～5 对测点。测区应布置在构件混凝土浇筑方向的侧面，表面应清洁平整。

②数据采集。量测每对测点之间的直线距离（声程），采集记录对应声时。为保证强度检测结果的可靠性，可在同一测站中布置不同的测点。

（2）强度推定。根据各测区超声波声速检测值，可按回归方程计算或查表求得相应测区的混凝土强度值。各情况下混凝土强度推定值如下：

按单个构件检测时，单个构件的混凝土强度推定值取该构件各测区中的最小混凝土强度换算值。

按批抽样检测时，混凝土强度推定值按下式计算：

$$f_{cu} = f_{cu,m} - 1.645 S_{f_{cu}} \qquad (4\text{–}12)$$

$$f_{cu,m} = \frac{1}{n}\sum_{i=1}^{n} f_{cu},\quad S_{f_{cu}} = \sqrt{\frac{1}{n-1}\left(f_{cu}\right)^2 - n\left(f_{cu,m}\right)^2} \qquad (4\text{–}13)$$

式中：$f_{cu,m}$，$S_{f_{cu}}$ 分别为各测区混凝土强度换算值的平均值、标准差。

当同批构件按批抽样检测时，若所有测区出现下列情况，则该批构件应全部按单个构件检测：当混凝土强度等级不高于 C20 时，$S_{f_{cu}} > 2.45$ MPa；当混凝土强度等级高于 C20 时，$S_{f_{cu}} > 5.5$ MPa。

（三）混凝土厚度检测

1. 冲击—回波法

冲击—回波法是一种基于瞬态应力波的检测方法，即利用一个短时的机械冲击产生低频的应力波，应力波在结构内部传播的过程中会被结构缺陷和底面反射回来，反射波会被安装在冲击点附近的传感器接收下来，同时波信息将被传送至一个内置高速数据采集及信号处理的仪器。将反射波的信号进行幅值谱分析，谱图中的明显峰正是由于冲击表面、缺陷及其他外表面之间的多次反射产生瞬态共振所致，可以用来识别及确定混凝土的厚度和缺陷位置。

2. 地质雷达法

地质雷达法是一种用于确定地下介质分布的光谱电磁技术。地质雷达利用一个天线发射高频宽频带电磁波，另一个天线接收来自地下介质界面的反射波。电磁波在介质中传播时，其路径、电磁场强度与波形将随所通过介质的电性质及几何形态而变化。因此，可根据接收波的双程走时、幅度与波形资料推断介质的结构。

实测时将雷达的发射和接收天线密贴于混凝土表面，雷达波通过天线进入混凝土结构中，遇到钢筋、钢拱架、材质有差别的混凝土、混凝土中间的不连续面、混凝土与空气分界面、混凝土与岩石分界面、岩石中的裂面等产生反射，接收天线接收到反射波，测出反射波的入射、反射双向走时，就可计算出反射波走过的路程长度，从而求出天线距反射面的距离。

3. 直接量测法

直接量测法指在混凝土结构中打孔或凿槽直接量测厚度的方法，是最直接、准确的方法，但该方法具有破坏性，会破坏混凝土结构及防排水设备。目前，常用的方法有冲击钻孔取芯量测法、冲击钻打孔量测法。

（1）冲击钻孔取芯量测法。该方法是混凝土缺陷检测的主要方法之一。通过量测混凝土芯样的长度，便可以准确知道该处混凝土的厚度。

（2）冲击钻打孔量测法。冲击钻打孔量测法比冲击钻孔取芯法简单、快捷，成本也较低。具体方法是先在待检测部位用普通冲击钻打孔，然后量测混凝土的孔深。

五、盾构法施工质量检测

盾构法施工的质量检测主要包括管片自身质量检测、管片拼装质量检测、管片壁后注浆质量检测等。

（一）管片质量检测

1. 基本要求

（1）管片应进行结构性能检验，检验结果应满足设计要求。
（2）管片混凝土强度和抗渗等级应符合设计要求。
（3）管片不应存在露筋、孔洞、疏松、夹渣、有害裂缝、缺棱掉角、飞边等缺陷，麻面面积不得大于管片面积的 5%。

2. 实测项目

实测项目如表 4-12、表 4-13 所示。

表 4-12 管片允许偏差和检验方法

项 目	允许偏差 /mm	检验工具	检验数量
宽度	±1	卡尺	3 点
弧、弦长	±1	样板、塞尺	3 点
厚度	±1，-1	钢卷尺	3 点

注：每 15 环应抽取 1 块管片进行检测。

表 4-13 管片水平拼装检验允许偏差和检验

项 目	允许偏差 /mm	检验频率	检验工具
环向缝间距	2	每缝测 6 点	塞尺
纵向缝间距	2	每缝测 2 点	塞尺
成环后内径	±2	测 4 条（不放衬垫）	钢卷尺
成环后外径	+6，-2	测 4 条（不放衬垫）	钢卷尺

注：每生产 200 环管片进行水平拼装检验 1 次。

（二）管片拼装质量检测

1. 基本要求

（1）管片拼装要严格按拼装设计要求进行，管片不得有内外贯穿裂缝和宽度大于 0.2 mm 的裂缝及混凝土剥落现象。

（2）螺栓质量及拧紧度必须符合设计要求。

（3）管片防水密封质量要符合设计要求，不得缺损，黏结应牢固、平整，防水垫圈不得遗漏。

2. 实测项目

管片拼装过程中应对管片拼装偏差、隧道轴线和高程进行控制，具体要求如表 4-14、表 4-15 所示。

表 4-14　管片拼装允许偏差和检验方法

项　目	允许偏差 /mm	检验方法	检验频率
衬砌环直径圆度	±0.5%D	尺量后计算	4 点 / 环
相邻管片径向错台	5	尺量	4 点 / 环
相邻管片环向错台	6	尺量	1 点 / 环

注：D 指隧道外径。

表 4-15　隧道轴线和高程允许偏差及检验方法

项　目	允许偏差 /mm	检验方法	检验频率
隧道轴线平面位置	±50	经纬仪测中线	1 点 / 环
隧道轴线高程	±50	水准仪测高程	1 点 / 环

（三）管片壁后注浆质量检测

盾构施工壁后注浆一般根据隧道变形与地层隆陷的控制要求选择，分为同步注浆和管片注浆孔注浆两种方式。由于壁后注浆具有隐闭性的特点，一般不能直接对注浆效果进行检测，通常采用过程控制的办法来保证质量。

具体要求如下。

（1）注浆材料的要求如下：①不发生材料离析；②不丧失流动性；③注浆后的体积减少小；④尽早达到围岩强度以上；⑤水密性好。

（2）严格按配合比拌制浆液。

（3）盾尾注浆以不对衬砌产生偏压为原则，宜从隧道两侧、顶部及底部顺序对称进行，及时填满盾尾空隙。

（4）对注浆进行压力控制与注浆量控制，注浆过程中必须保证安全，要求如下：①地表隆陷必须符合设计要求，无具体要求时，地表沉降量不得超过 30 mm，地表隆起不得超过 10 mm；②浆液压力应均匀作用在衬砌上，不能危及结构安全。

六、暗挖法区间施工质量检测

（一）区间隧道土方开挖施工检测

区间隧道允许超挖值如表 4-16 所示。

表 4-16　区间隧道允许超挖值

尺寸单位：mm

开挖部位	围岩分类							
	爆破岩层						土层或不需要爆破岩层	
	硬岩		中硬岩		软岩		平均	最大
	平均	最大	平均	最大	平均	最大		
拱部	100	200	150	250	150	250	100	150
边墙或仰拱	100	150	100	150	100	150	100	150

（二）钢支撑施工质量检测

1. 基本要求

（1）钢筋格栅和钢筋网采用的钢筋种类、型号、规格应符合设计要求，其焊接应符合设计及钢筋焊接标准要求。

143

（2）钢筋格栅与岩面应楔紧，每片钢筋格栅节点及相邻格栅纵向必须分别连接牢固。

（3）钢筋、型钢等原材料应平直，表面不得有裂纹、油污、颗粒状或片头老锈。

（4）钢架的落底接长和钢架间纵向连接应符合设计要求。钢架立柱埋入底板深度应符合设计要求，且不得置于浮渣上。

（5）钢筋网的网格间距应符合设计要求，网格尺寸允许偏差为 ±10 mm，钢筋网搭接长度不应小于 200 mm。

2. 实训项目

实训项目如表 4-17、表 4-18 所示。

表 4-17　钢支撑加工允许偏差

项　　目		允许偏差 /mm	检验频率		检验方法
			范围	点数	
拱架（拱顶及墙拱架）	拱架矢高及弧长	±20 0	每榀	1	用钢尺量
	墙架长度	±20		1	
	墙架横断面尺寸（高、宽）	±10 0		2	
钢筋格栅	高度	±30		3	
	宽度	±20			
	扭曲度	20			

表 4-18　钢架安装允许偏差

项　　目	允许偏差	检验频率		检验方法
		范围	点数	
钢架纵向	±30 mm	每榀	3	用钢尺量
钢架横向	±50 mm			
高程偏差	±30 mm		2	
垂直度	±2°			
钢架保护层厚度	±5 mm		3	

（三）喷射混凝土

喷射混凝土的施工检测项目主要有喷射混凝土的抗压强度、厚度、回弹量、喷层与混凝土的黏结、外观及平整度等。具体要求如下。

1. 回弹量

边墙不宜大于 15%，拱部不宜大于 25%。

2. 抗压强度

（1）检查试块的数量。同一配合比，区间或小于其断面的结构，每 20 m 拱和墙各取一组抗压强度试件。

（2）检查试块的制作方法。

①喷大板切割法：在施工的同时，将混凝土喷射在尺寸为 45 cm×20 cm×12 cm 的模型内，在混凝土达到一定强度后，加工成 10 cm×10 cm×10 cm 的立方体试块，在标准条件下养护 28 d 进行试验。

②凿方切割法：在具有一定强度的喷层上，用凿岩机打密排钻孔，取出长 35 cm、宽 15 cm 的混凝土块，加工成 10 cm×10 cm×10 cm 的立方体试块，在标准条件下养护 28 d 进行试验。

（3）合格标准。

①同批（同一配合比）试块的抗压强度平均值不低于设计强度。

②任意一组试块抗压强度平均值不低于设计强度的 80%。

③同批试块为 3～5 组时，低于设计强度的试块组数不得多于 1 组；试块为 6～16 组时，不得多于两组；17 组以上时，不得多于总组数的 15%。

3. 喷射混凝土与围岩间的连接

（1）检查试块的制作方法。

①成型试验法。在模型内放置体积为 10 cm×10 cm×5 cm 且表面粗糙度近似工程实际的岩块，用喷射混凝土进行掩埋。在混凝土达到一定强度后，加工成 10 cm×10 cm×10 cm 的立方体试块，在标准条件下养护至 28 d，用劈裂法进行试验。

②直接拉拔法。在围岩表面预先设置带有丝扣和加力板的拉杆，用喷射混凝土将加力板压入，喷层厚度约 10 cm，试件面积约 30 cm×30 cm。经 28 d 养护后，进行拉拔试验。

（2）合格标准。喷射混凝土与岩体的黏结力，Ⅳ类及以上围岩不低于 0.8 MPa，Ⅲ类围岩不低于 0.5 MPa。

4.喷射混凝土厚度

（1）检测方法。喷层厚度检测有凿孔法、激光断面仪法、光带摄影法等，其中以凿孔法最为常用，故重点介绍凿孔法。采用凿孔法检测时，最好在混凝土喷射后 8 h 以内用短钎将孔凿出。若混凝土与围岩黏结紧密且颜色相近、不易分辨，则可用酚酞涂抹孔壁，呈红色者即为混凝土。

（2）检测数量。每 20 m 检查一个断面，每个断面从拱顶中线起，每 2 m 凿孔检查一个点。

（3）合格标准。断面检查点 60% 以上喷层厚度不小于设计厚度，最小值不小于设计厚度 1/3，厚度总平均值不小于设计厚度时，方为合格。

5.外观及平整度

喷射混凝土应密实、平整，无裂缝、脱落、漏喷、漏筋、空鼓、渗漏水等现象。平整度允许偏差为 30 cm，矢弦比不应大于 1/6。

（四）锚杆

（1）锚杆应进行抗拔试验。同一批锚杆每 100 根应取一组试件，每组 3 根（不足 100 根按 100 根取），设计或材料变更时应另取试件。同一批试件抗拔力的平均值不得小于设计锚固力，且同一批试件抗拔力最小值不得小于设计锚固力的 90%。

（2）半成品、成品锚杆的类型、规格、性能等应符合设计要求和规范标准。

（3）砂浆锚杆采用的砂浆强度等级、配合比应符合设计要求。

（4）锚杆安装数量应符合设计要求。

（5）锚杆孔应保持直线，一般情况下应保持与隧道衬砌切线方向垂直。当隧道内岩层结构面出露明显时，锚杆孔宜与岩层主要结构垂直，锚杆垫板应与基面密贴。

（6）锚杆安装的允许偏差：锚杆孔距为 ±150 mm，锚杆孔深为 ±50 mm。

第五章　地铁土建工程新技术的应用

第一节　施工信息化监测技术应用

地铁在现代城市交通中扮演着重要角色，它带给我们的方便与快捷是其他交通方式无法替代的。地铁工程监测指在地铁施工过程中，用仪器、设备等手段对围岩、支护结构、地表、周边建筑物、地下设施等对象的位移、倾斜、压力、内力、裂缝、基底隆起以及底下水位变化等特征进行观测，并对观测结果进行分析和反馈。它是新奥法施工的三大要求之一，通过监控量测可掌握围岩变形规律及支护结构的力学状态和稳定程度，判断支护参数及所采用的施工方法是否合理可行。工程监测既是检验设计正确性和促进理论发展的重要手段，又是指导正确施工、避免事故发生的必要措施。

随着我国监测技术、管理技术、计算机技术等各方面的发展，我国地下工程的施工设计跨入了"信息化"时代，信息化施工具有解决不确定性问题的能力，特别适合地下工程。信息化施工监测有利于掌握第一手现场实际数据资料，在数据处理分析的基础上，及时向业主、施工、监理、设计方提供分析结果，直接服务于施工，对可能出现的事故进行预警，对于保障施工安全具有重大意义。因此，城市地铁工程建设施工过程中进行信息化监控量测，可避免由于缺乏对施工现场监控量测数据处理分析造成的施工与支护等工作安排的盲目性，减少盲目施工带来的时间、费用损失，是施工工作顺利开展的重要保证。

因此，如何快速、有效地分析和处理各类监测信息，及时准确地评价围岩的稳定状况及支护结构的作用效果，对指导隧道施工、优化参数设计和保证隧道工程安全具有重大意义，也对提升现有隧道信息化施工技术水平具有重要作用。具体来讲，在隧道施工过程中实施信息化监控量测的意义如下：

（1）通过监测资料，业主能够全面、客观、真实地把握工程的质量，掌握工程各主体部分的安全信息，确保项目预定的目标能够完成。

（2）作为监测项目，其数据和资料往往是处理工程合同纠纷的重要依据。它可使监测数据真实可信，在处理工程质量问题时提供相关的证据。

（3）监测资料以数据库的方式进行存储和管理，并经过整理和分析，及时反馈到施工现场，指导施工。

（4）根据监测数据的变化趋势（如变形量及变形速率）发出警告信息，提示或建议施工单位采取相应技术措施，既可以对质量事故做到防患于未然，又可以对各种潜在的问题做到心中有数。

一、地铁监测信息化解决方案及技术

（一）地铁监测信息化解决方案

我国的地铁施工监测已经逐渐朝着信息化管理的方向发展。地铁施工监测信息化指在地铁信息化施工过程中，对监测数据分析、监测信息反馈等关键步骤采用信息化的管理方式，以便地铁施工监测的各方能够及时掌握施工安全状况信息，为信息化施工的实时指导提供支持，是保证信息施工作用的重要手段。

地铁施工监测信息化，提高了地铁施工监测的管理水平，可以做到施工与施工监测的有机结合，实现施工监测对现场施工的实时指导，同时为信息化施工积累经验。地铁施工监测信息化能够加快整个地铁工程管理的效率，减少由于信息传递不流畅引起的费用损失，对保证施工顺利的开展具有积极作用。地铁信息化监控量测流程如图 5-1 所示。

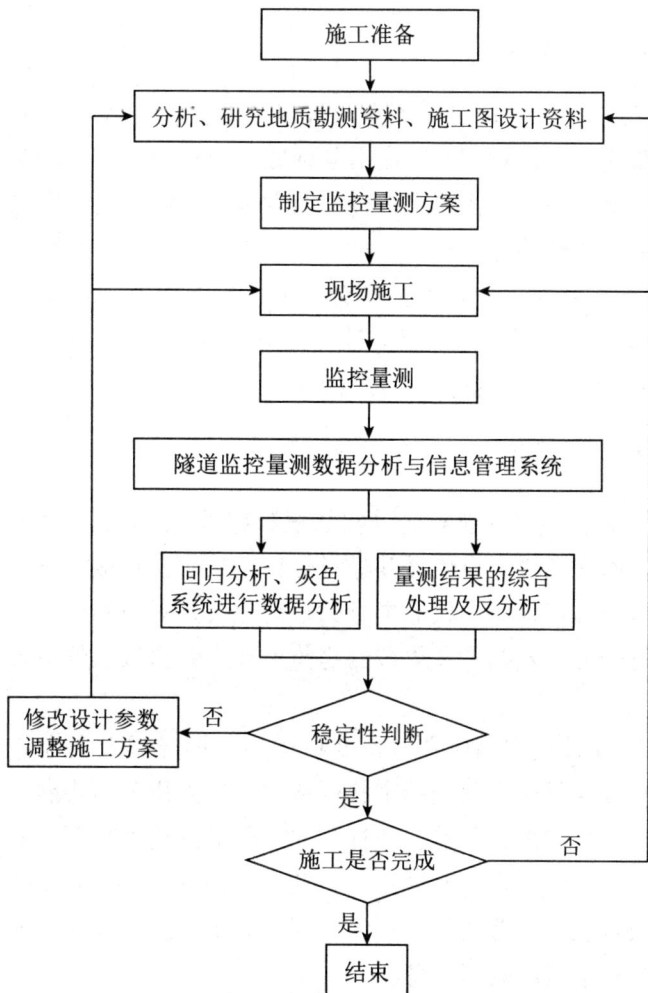

图 5-1　地铁信息化监控量测流程图

（二）地铁信息化监测技术

信息化监测技术是相对于传统的人工监测而言的，与人工监测不同的是，信息化监测技术采用智能化的测量仪器进行数据采集，然后通过现代数据通信技术将采集的数据实时传输至计算机，利用相应的数据处理软件进行自动化处理及分析，从而实现监测的自动化、智能化、信息化。目前，国内外主流的地铁信息化监测技术主要有以下三类。

1. 智能测量机器人

测量机器人能够实现对监测点全天候的监测，能够按照预先设定的周期自动完成监测工作，对短时间内由各种原因导致的暂时无法测量的监测目标进行重复测量，还能够按照预先设定的方案自行解决测量中遇到的各种问题，使测量工作顺利进行。

测量机器人通过和计算机相互交换指令，能够进行自动寻找、精确瞄准和自动测量并存储数据的过程。计算机对它发出一个执行命令（如开机、监测等）时，测量机器人就会及时进行答复。

2. 三维激光扫描技术

三维激光扫描技术又被称为"实景复制技术"，通过向被测物体发射激光，接收反射回来的激光束信号并进行分析，从而获得被测物体表面的三维信息。三维激光扫描仪利用仪器本身的自动化装置对空间内的目标以一定的采样密度进行全方位扫描，获得被测物体表面大量离散点的集合，这些点被称作"点云"。

目前，三维激光扫描仪在隧道变形监测中的应用大多是基于静态测量方式，而盾构隧道是一个狭长的带状构造物，当采用分站式静态扫描时，每一测站上能够采集到海量的点云数据，并且数据的精度较高。针对隧道的带状特点，一些公司研发出了对隧道进行动态扫描的三维激光扫描仪，把三维激光扫描仪放置在一个隧道检测车上，用人力推动隧道检测车前进，通过对隧道断面进行扫描获取数据信息。

3. 近景摄影测量与数字图像处理技术

近景摄影测量技术利用摄影测量手段，确定地形以外各类目标的形状、大小、几何位置和运动状态。近景摄影测量在国际上已经有五六十年的历史，因有突出的优点，已经成为国内外学术界研究的热点。近景摄影测量技术应用到地铁隧道监测中已越来越受到人们的关注。它采用数码相机摄取有关隧道断面的图像，经过图像处理获取相应数据，如变形数据，从而方便、快速、可靠地进行隧道变形监测。

二、地铁监控信息化系统设计与实现

（一）信息化系统建设目标

地铁隧道变形监测要求迅速、及时、准确地完成监测数据采集和数据分析，实时反映隧道结构变形情况。地铁信息化监测系统在获取基准点和监测点的初始点位信息后，即能够在以后的观测任务中自动完成数据采集、数据处理、自动预警和成果输出等工作，实现完全无人值守自动监测。因此，地铁隧道信息化监测系统建设以高度自动化和智能化为总目标。具体建设目标表现为以下几个方面：

（1）系统的自动化。

（2）系统的智能化。

（3）监测数据的远程实时传输和存储。

（4）数据处理。

（5）多种形式的成果输出。

（二）信息化系统设计原则

信息化系统采用人机交互式的处理方式，从系统建设的目标出发，结合业务和性能需求，系统设计应遵循以下原则。

1. 适用性原则

系统的设计和开发主要针对用户的需求和实际的用处，实现用户所需要的功能。

2. 系统可扩展性原则

包括实现系统硬件网络结构、软件架构以及该功能上的可扩展性和灵活性。例如，在将来可以自由扩充更多的地铁隧道监测项目及其类似工程等功能。

3. 可靠、稳定性原则

系统不但要在正常状态下实现满足需求的功能，而且在出现异常情况下要进行适当的处理。系统的可靠、稳定性不但能够保证监测任务的顺利完成，而且系统运行的状态保持良好还有利于承载长时间工作负荷。

4.科学性原则

系统设计必须遵从科学性原则。系统总体框架、功能结构均要从科学的角度出发，合理配置软硬件，实现高效、最优的性能，降低开发难度。

5.安全性原则

系统的安全性包括应用程序安全、数据库安全和操作界面安全。系统开发前要考虑系统安全防护，能发现和阻挡非法攻击，以减少用户的损失。

6.数据共享原则

在信息化大数据时代，数据的共享极为重要。系统必须能够支持多种常用数据的接口，方便不同格式的数据交换，供用户共享数据，实现网络远程访问。

（三）信息化系统总体功能设计

地铁施工信息化监测系统，既要实现监测数据的迅速有效处理利用，又要实现监测信息在各参与方之间的交流共享，便于各方及时了解施工安全现状，制定相应的技术处理措施。地铁施工信息化监测系统的总体功能结构如图 5-2 所示。

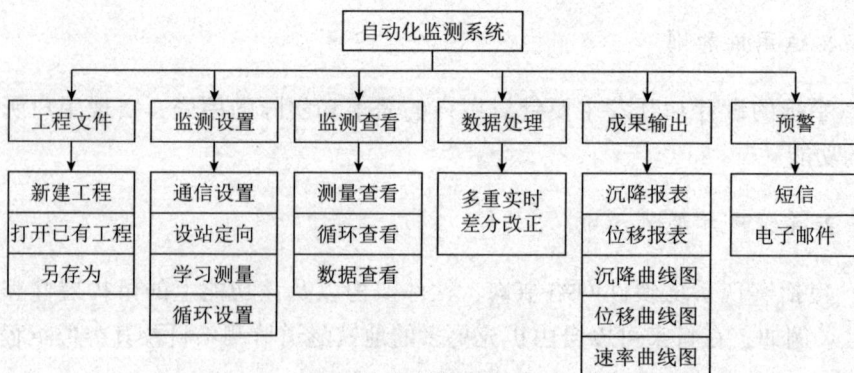

图 5-2　地铁隧道施工信息化监测系统结构与功能

根据数据的结构特点、所分析的需求说明和系统的开发目标，将系统分为几个模块实现，如用户等级、监测设置、监测查看、数据处理、成果输出和预警等。

三、地铁信息化监测数据分析

目前，隧道监测数据的主要分析方法包括回归分析法、灰色系统、时间序列分析、神经网络、Kalman 滤波。

（一）回归分析法

一般情况下，在隧道监控量测的物理量中，只有因变量和自变量两种物理量，因变量随自变量的变化而变化，如隧道的净空收敛值随时间或者掘进距离的变化而变化。

一元线性回归是研究因变量随自变量呈线性变化的规律，若令因变量（如位移）为 y，自变量（如时间）为 x，则可以用一个线性函数式表示 y 和 x 之间的关系：$y = a + b \cdot x$。

这条直线即为因变量 y 对自变量 x 的回归线。现场采集得到的数据散点通常都不在一条直线上，而是具有一定的离差，要使回归线与散点之间的离差最小，还需要用到最小二乘法。

由上述计算方法可以得到一条数学意义上的最佳回归线，不管变量 x、y 之间是否存在线性关系，都可得到最佳回归方程 $\hat{y}_i = a + b \cdot x_i$。但所得回归线是否具有实际意义，实际操作中往往通过专业技术人员的经验进行判断，但数学上采用相关系数 r 进行衡量。相关系数 r 的绝对值为 $0 \sim 1$，其越接近于 1，说明 x 和 y 线性关系越好；越接近于 0，说明 x 和 y 没有线性关系或者有线性关系但其相关性很低。

相关系数 r 仅说明因变量和自变量之间相关性的大小，为了清楚掌握实测数据与相应回归值之间的波动性大小，以及采用回归方程反映与预测现场实测数据的精度，还需用剩余标准差 S 判断回归线精度的高低。

（二）灰色系统

白色系统指一个系统的内部特征是完全已知的，即系统的信息是完全充分的；黑色系统指一个系统的内部信息对外界来说是一无所知的，只能通过它与外界的联系加以观测研究；灰色系统指一个系统内的一部分信息是已知的，另外一部分信息是未知的，系统内各因素间具有不确定关系。

隧道工程是一个灰色系统，由于隧道地质情况的复杂性，凭借目前的勘查手段不能完全掌握围岩的物理力学参数，而隧道围岩的变形又是这些不确定物理力学因素的最直观反映，通过监控量测得到的是很少量的数据，根据这些仅有的数据预测判别围岩的状况，这种小样本的数据分析和预测适用于灰色系统理论。

（三）时间序列分析

时间序列分析是一门从具有先后顺序的数据信息中提取有用信息的学科。用它分析预测的数据序列一般具有两个特点：一是数据序列是按照时间先后排列的，二是数据序列中前后时刻的数据具有一定的相关性。时间序列分析通过曲线拟合和参数估计对所观测得到的数据序列建立数学模型的理论和方法。时间序列预测法通过对时间序列数据的分析与编制，提取出所反映的特征规律，预测在未来时间可能达到的水平。

（四）神经网络

人工神经网络是由具有简单适应性的单元所组成的广泛互联并行的网络，该网络间的组织性能够模拟出类似于人体神经系统对外界真实物体所做出的交互反应。神经网络技术可以把缺失的信息自动补全，根据已学会的知识和处理问题的方法对复杂问题进行合理的判别，给出较满意的答案，或者对未来时间的某一过程做出预测预报。

（五）Kalman 滤波

Kalman 滤波是以最小均方误差为原则推导递推的估计算法，其基本思想是采用存在噪声和信号的状态空间模型，更新前一时刻的估计值和现时刻的观测值，得到状态变量的估计，进而求得现时刻的估计值。因此，它可对动态实时变化的数据进行十分有效的处理。

四、测量机器人信息化监测

（一）工程概况

钱江世纪城安全生态带（沿江景观带）项目位于杭州市萧山区钱江世纪城的钱塘江南岸。该项目范围东西长约 3 500 m，南北沿江腹地长约 90 ～ 270 m，包括 A、B、C、D 共 4 个区块。其中，D 区块沿东西方向从地铁 2 号线上方跨过。D 区块的 D_1 基坑和 D_2 基坑对称分布于庆春路过江隧道路线中线两侧。D_2 基坑距离地铁隧道边线约 170 m，且基坑最大开挖深度约 5 m，不在影响地铁的区域范围内。D_1 基坑位于地铁 2 号线隧道区间正上方，故对地铁隧道区间有影响的为 D_1 基坑。

D_1 基坑地下室基础底板距离地铁盾构隧道顶部 17.9 m，基坑在隧道区间的投影长度约 90 m，投影区域对应隧道区间里程为 K15+612 ～ K15+702。基坑在隧道区间的投影区域向两端各外延 50 m 为监测区域，故监测范围为钱江世纪城站～钱江路站上行线、下行线隧道区间里程 K15+562 ～ K15+752（对应环号为 9 ～ 167），上行线、下行线监测范围长度均为 190 m。[①]

（二）地铁结构信息化监测系统布置

1. 基准点的布设

基准点（后视点）布设在监测范围 50 环之外，监测区域外两侧各布设 4 个基准点，上、下行线共计布设 16 个基准点，其中小里程方向的基准点布设在 K15+482 ～ K15+502，大里程方向的基准点布设在 K15+812 ～ K15+832。基准点的布设采用大棱镜固定在隧道侧壁上，为了保证基准点起算数据的准确性，定期对基准点进行校核。

2. 监测点的布设

在监测区域内，每隔 5 环（6m）间距设一个监测断面，每个监测断面布设 4 个小棱镜。上、下行线各 32 个断面，各布设 128 个小棱镜。其中，隧道水平直径腰点处布设 2 个小棱镜，用于监测隧道收敛；隧道道床左右两侧各布设 1 个小棱镜，用于监测道床沉降、道床差异沉降及道床水平位移。观测点采用"L"型小棱镜作为观测标志，棱镜布设有两种方式，通视较好时，可直接将"L"型棱镜固定在结构体上；通视不好时，采用角钢制作支架的布设方式，即棱镜布设在支架上，棱镜可实现在水平方向上和垂直方向上的旋转，使之与测量仪器视线垂直。实地布设点位时将根据现场情况选择合适的布设方式。

在上行线道床沉降监测项目中，取每个监测断面道床上的 2 个小棱镜作为道床沉降监测点，共计 64 个监测点。其中，靠近疏散通道一侧的监测点沿小里程到大里程方向编号分别为 SXDC1B、SXDC2B、SXDC3B⋯SXD-C32B，另一侧的监测点沿小里程到大里程方向编号分别为 SXDC1C、SXD-

① 刘哲强 . 测量机器人在地铁隧道自动化变形监测中的应用 [D]. 西安：西安科技大学，2020.

C2C、SXDC3C…SXDC32C。在上行线道床差异沉降监测项目中，取每个监测断面道床上的 2 个小棱镜组成 1 个道床差异沉降监测点，共计 32 个监测点。其中，监测点沿小里程到大里程方向编号分别为 SXCY1、SXCY2、SXCY3…SXCY32。在上行线道床水平位移监测项目中，取每个监测断面道床上靠近疏散通道一侧的小棱镜作为道床水平位移监测点，共计 32 个监测点。其中，监测点沿小里程到大里程方向编号分别为 SXSP1、SXSP2、SXSP3…SXSP32。在上行线隧道收敛监测项目中，取每个监测断面隧道水平直径腰点处的 2 个小棱镜组成 1 个隧道收敛监测点，共计 32 个监测点。其中，监测点沿小里程到大里程方向编号分别为 SXSL1、SXSL2、SXSL3…SXSL32。

下行线监测点的选取与上行线相同，下行线监测点编号与上行线类同，将上行线监测点编号首字母"S"替换为"X"即为下行线监测点编号。按监测点布设原则，上行线、下行线隧道监测区域各长约 190 m，对应运营里程范围为 K15+562 ～ K15+752，对应环号为 9 ～ 167 环，上行线、下行线各需要布设 32 个断面，每个断面布设 4 个监测点，共计布设 256 个点。

（三）自动化变形监测流程

1. 监测信息反馈流程

实现监测过程的信息化，建立顺畅、快捷的信息反馈渠道，及时、准确地反馈、获取与施工过程有关的监测信息，供设计、施工及有关工程技术人员决策使用，才能最终实现信息化施工。采用的监测信息反馈流程如图 5-3 所示。

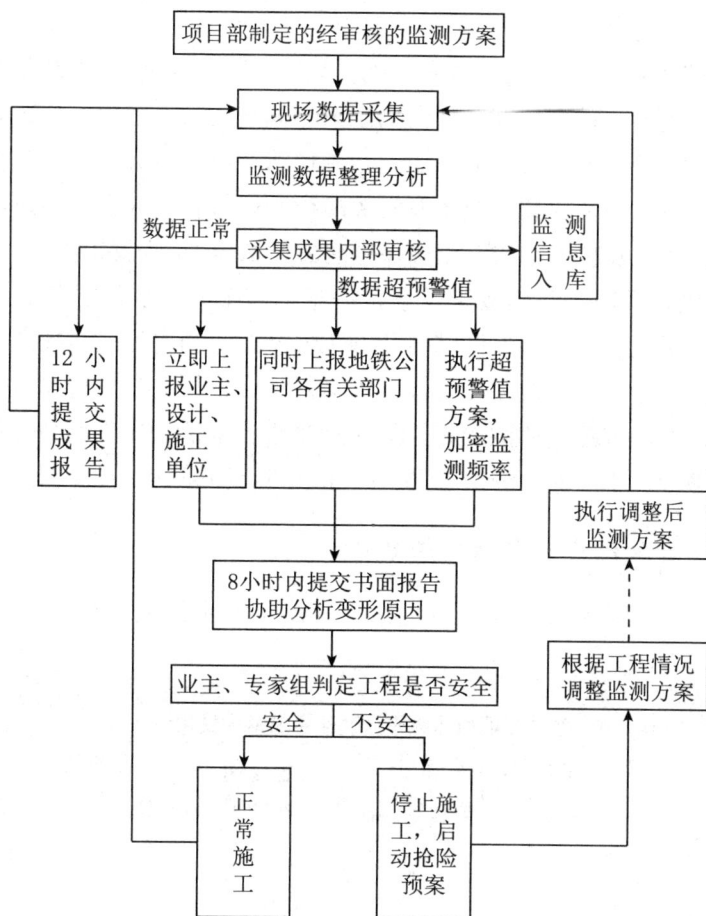

图5-3　监测信息反馈流程图

2. 监测数据实时处理流程

（1）远程连接。在电脑上安装自动化监测处理系统软件，进行串口设置并启动，就可以与现场的测量机器人建立通信连接。

（2）远程控制。通过软件操作，可以获取远程测量状态，对测量机器人进行远程控制，设置测量周期，并且在软件界面可以显示实时的测量状态信息。

（3）平差数据处理。该软件具有数据平差处理的强大功能，选择不同时间段的观测数据，就可以实现自动平差。

（4）监测成果报告。测量机器人采集到的各项监测数据，首先需要利用统计模型进行粗差探测检验，剔除测量粗差后再进行整体平差计算及测量精度统计，采用科学、合理的数据处理方法对监测成果进行整理分析，最终形成监测成果报告。

监测成果报告中应包含技术说明、监测时间、使用仪器设备、监测依据、监测方案及所达到精度，列出监测值、累计值、变形率、变形差值、变形曲线，并根据规范及监测情况提出结论性意见以供各方参考。当监测结果达到警戒值时，必须立即向业主及有关单位进行报告，并在 8 小时内将书面报告递交给业主及有关单位，以确保监测成果指导工程顺利施工。

（5）成果反馈。监测成果反馈是信息化施工的重要组成部分，成果反馈的准确、快捷、流畅是保证信息化施工安全、顺利进行的前提条件，是设计人员确定、优化以及改正已定设计方案的重要依据，是发包单位了解工程安全施工情况的首选。监测成果反馈包括报告、电话、口头反馈等形式或几种形式的综合，要确保监测信息第一时间反馈给相关单位、人员。

（四）自动化变形监测成果总述

各监测项目在整个监测周期内最大累计变化量及最大变化速率如表 5-1 所示。

表 5-1　各监测项目最大累计变化量及最大变化速率统计表

项　目	最大累计变化量		最大变化速率 /(mm·d⁻¹)	报警值		备　注
	监测点号	变化量 /mm		预警值 /mm	累计值	
道床沉降	SXDC23B	−2.4	−0.012	±6	±8	上行线
道床差异沉降	SXCY3	−0.8	−0.004	±2.4	±3.2	
道床水平位移	SXSP5	−1.2	−0.006	±3	±4	
隧道收敛	SXSL24	1.2	0.006	±3	±4	
道床沉降	XXDC24C	−3.1	−0.016	±6	±8	下行线
道床差异沉降	XXCY28	−0.9	−0.004	±2.4	±3.2	
道床水平位移	XSP29	−1.6	−0.008	±3	±4	
隧道收敛	XSL24	1.7	0.009	±3	±4	

各监测项目最后 100 天最大变化量及最大变化速率如表 5-2 所示。

表 5-2　各监测项目最后 100 天最大变化量及最大变化速率统计表

项　目	最后 100 天最大变化量		最大变化速率 / $(mm \cdot d^{-1})$	备　注
	监测点号	变化量 /mm		
道床沉降	SXDC1B	1.2	0.012	上行线
道床差异沉降	SXCY31	−1.0	−0.010	
道床水平位移	SXSP30	1.0	0.010	
隧道收敛	SXSL21	1.0	0.010	
道床沉降	XXDC28B	−1.8	−0.018	下行线
道床差异沉降	XXCY9	−0.9	−0.009	
道床水平位移	XXSP29	−1.2	−0.012	
隧道收敛	XXSL25	1.6	0.016	

由表 5-1 和表 5-2 可知：各监测项目最大累计变化量均未超出其预警值；各监测项目在整个监测周期和最后 100 天的最大变化速率均小于 ± 0.04 mm/d。

五、基于 Kalman 滤波数据信息化监测与分析

（一）工程概况

西安的行政中心地铁站是地铁 2 号线和 4 号线的换乘站。该站位于张家堡广场的中心，凤城八路道沿东西方向，已运营的地铁线路（2 号线）是一个南北布局。车站是地下三层侧式和现浇钢筋混凝土箱形框架结构。

（二）地铁隧道信息化监测系统硬件和软件介绍

监测采用超高精度测量机器人——MS05AX Ⅱ，测量机器人不但具有自动搜寻、识别和精确照准目标棱镜，而且能够根据测量的距离和角度自己计算测量坐标信息优势的能力。

岩石科技软件 RocMoS 全站仪三维变形监测系统整合了 GNSS、TPS、倾斜传感器、多种气象传感器等和其他系统为一个整体的先进全面的监测系统。此系统能够实现计算机远程控制配置，自动报警和传递消息，可以按照之前设定好的程序无昼夜随时进行测量工作和数据处理等。RocMoS 自动化监测软件的主要功能是实施自动化的数据采集并计算监测点的变形结果，能随时随地地显示输出监测结果信息，测量、计算、监测、定制各种工作状态

下的监测视差，实现服务器和 PC 机监控系统之间的数据传输。自动计算监测数据将数据结果用图形与数字方式表示，使结果一目了然，自定义图形、报告的格式并输出多种兼容的数据格式。

（三）信息化监测的实施

在地铁自动化变形监测中，监测点、基准点和工作基点的选取都非常重要。监测点能够描述局部变形，这些监测点组成的监测断面可以描述地铁隧道的整体变形。图 5-4 为自动化监测点位分布图。

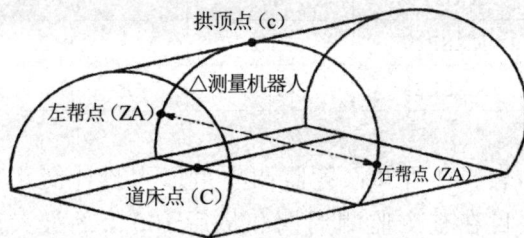

图 5-4　监测点位分布图

地铁隧道自动化监测包括基准点、工作基点和监测点。通常将地铁隧道 200 m 作为一个监测区域布设一台测量机器人和每 10 m 一个监测断面。如果监测区域大于 200 m，那么就每 200 m 作为一个监测段，每段设置一个工作基点。

（四）信息化监测的数据处理

本工程使用差分处理和 Kalman 滤波对变形数据进行处理分析。

差分的整体思路：将仪器架设在工作基点上之后对相同的监测点观测两次，然后将观测结果进行求差，消除或者减小确定的或未确定的误差，从而增加测量的精度。

Kalman 滤波可以有效地消除数据信号中存在的噪声，对自动化变形监测的测量数据的处理中可以使用 Kalman 滤波算法。本工程所使用的 Matlab 工具箱是 Kalman 滤波分析工具箱。图 5-5 为 Kalman 滤波去噪在 Matlab 工具箱的应用过程。

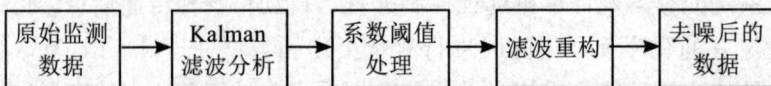

图 5-5　Kalman 滤波工具箱去噪流程

由 Kalman 滤波工具箱计算得到的某点监测数据如表 5-3 所示。

表 5-3　某监测点收敛值滤波残差

周　期	横向位移 /mm	Kalman 预测值 /mm	残差 /mm	纵向位移 /mm	Kalman 预测值 /mm	残差 /mm
1	0.273	0.1	0.173	0.304 8	0.1	0.204 8
2	0.721 3	0.673 2	0.048 1	−0.144 7	−0.106 1	−0.038 6
3	0.637	0.638 7	−0.001 7	−0.094 1	−0.099 3	0.005 2
4	0.637	0.637 1	−0.1	−0.094 1	−0.095 8	0.001 7
5	0.637	0.637	0	−0.094 1	−0.094 6	0.000 5
...	...	...	...	...	...	...
96	0.511 7	0.543 6	−0.031 9	0.021 3	−0.052 2	0.073 5
97	0.511 7	0.524 4	−0.012 7	0.021 3	−0.013 4	0.034 7
98	0.573 1	0.553 5	0.019 6	−0.099 3	−0.059	−0.040 3
99	0.584 5	0.572 2	0.012 3	−0.046 2	−0.052 2	0.006
100	0.584 5	0.579 7	0.004 8	−0.046 2	−0.049	0.002 2
均值	0.542 8	0.540 8	0.002	−0.067 2	−0.068 3	0.001 1
方差	0.028 9	0.021 8		0.031 8	0.020 6	

在地铁监测数据中，实时处理变形数据是一个比较难的问题，利用 Kalman 滤波对变形数据进行去噪处理，不仅能满足精度要求，还具有一定的预测功能。

（五）地铁隧道位移信息化监测预警

自动化监测系统会间隔固定的时间自动对数据库中的监测点的沉降和隧道收敛值的累积变形值和变形速率进行查询，依据之前设置好的预警值检查监测数据是否安全。如若出现超限的值，系统就会把超限的点位用黄（红）色标识出来（黄色代表超限预警，红色代表超限报警），同时软件上的预报警图标闪烁，报警声音响起，实时快速地提醒管理人员，保证地铁运营的安全以及避免损失。

在系统中接入短信发送模块可以实现预警信息的短信预警。其需要的硬件设备是一张手机 SIM 卡和一个短信猫装置。自动化短信预警可以手动或者自化短信预警。它的设计思路如下：首先，对数据库中监测点的累积沉降值和速率值进行实时监测，如果超出了预警值，系统会自动显示并提示某点或某区域监测数据有误。其次，系统会自动给短信发送模块一个命令。这个命令会自动把超限的监测点和超限的数据或者是超限监测的区域发送到之前系统设定好的用于接收的手机号码，能够使地铁管理人员更加及时、快捷地了解隧道的变形状况。

在发出报警之前，必须排除因为监测点被移动、破坏，基准点不稳等因素导致的数据异常。在判断某点需不需要进行预警时，可在实时监测系统中综合查看附近点位的变形情况，同时查看疑似点的累计变形和变形速率图示，从而做出准确的预警。

对于准确发出的预警信息，地铁隧道施工单位应根据相应的规范章程采取相应的应对措施。

第二节　BIM 技术在地铁工程中的应用

一、工程概况

（一）工程内容

某车站用地范围路面处理后标高为 2.8 m（1985 国家高程基准）。该车站为地下二层单柱闭合框架结构岛式站台车站，地下一层为站厅层，地下二层为站台层。车站总长度 198.91 m，车站基坑标准段开挖深度约 16.29 ～ 16.63 m，端头井开挖深度约 18.05 m，车站采用地下连续墙作为围护结构，地连墙与内部结构二衬组合成叠合墙作为永久结构，车站施工采用明挖顺作法施工，顶板覆土厚度为 2.80 ～ 3.13 m。[①] 车站小里程端双线盾构二次始发，大里程端双线盾构接收。

（二）车站工程地质

根据拟建场区地基土的特征、成因、年代及物理力学性质的不同，参照苏州地铁勘察标准层，施工场地地层划分为 7 个主要层次，其中第三、第四、第五、第六、第七层根据土性的不同分别划分为若干个亚层。

---

① 马骏 . 地铁车站深基坑支护 BIM 技术 [D]. 石家庄：石家庄铁道大学，2019.

各土层工程性质自上而下分别描述如下：

第一1层填土：部分表层为砼地坪，局部填土含较多碎石、砖块等杂物，局部地段以黏性土为主，含植物根茎、碎砖石、瓦砾等杂质，局部含有机质。

第三1层褐黄至灰黄色粉质黏土，含氧化铁斑点及铁锰质结核，局部为黏土，呈可塑状态，具有中等压缩性。

第三3层灰黄色至灰色黏质粉土，含少量贝壳碎屑，局部夹砂质粉土及粉质黏土，土质不均匀，呈稍密至中密状态，具有中等压缩性。

第四1层灰色粉质黏土，含云母、有机质，夹薄层粉土，土质不均匀，呈流塑至软塑状态，强度相对较低，具有高等至中等压缩性。

第四2层灰色黏质粉土夹粉质黏土，粉土与粉质黏土交错层理，呈稍密至中密状态，具有中等压缩性。

第五1层灰色粉质黏土，含云母、有机质，局部夹多量薄层粉土，土质不均，呈软塑状态，具有高等至中等压缩性。

第五2层灰色黏质粉土夹粉质黏土，粉土与粉质黏土交错层理，土质不均匀，呈稍密至中密状态，具有中等压缩性。

第五3层灰色粉质黏土交错层理，在第六层缺失区底部夹多量粉土，土质不均匀，呈软塑至可塑状态，具有中等压缩性。

第六1层暗绿色粉质黏土，含氧化铁斑点，呈可塑至硬塑状态，具有中等压缩性。

第六2层灰黄色—灰色粉质黏土夹黏质粉土，含少量氧化铁斑点，土质不均匀，呈可塑状态，具有中等压缩性。

第七2层灰黄—灰色粉砂，偶见贝壳碎屑，夹砂质粉土及少量黏质粉土，呈中密～密实状态，具有中等压缩性。

第七3层灰色粉质黏土，含云母及少量腐殖物，夹多量薄层粉土及少量黏土，呈可塑状态，具有中等压缩性。

二、基于 BIM 技术的深基坑支护模型

（一）基坑开挖支护模型族的建立

首先，建立更加精细化的钢支撑族，打开 Autodesk Revit2016，点击新建族，点击公制常规族，然后通过拉伸放样融合等命令建立直径 609 mm 和 800 mm 钢支撑。

其次，对创建好的钢支撑模型进行参数的赋予，钢支撑外直径默认值为 609 mm。

最后，保存成 rfa 格式的文件。

最终创建的钢支撑由三部分构成：活络头、固定端和标准段，如图 5-6 所示。

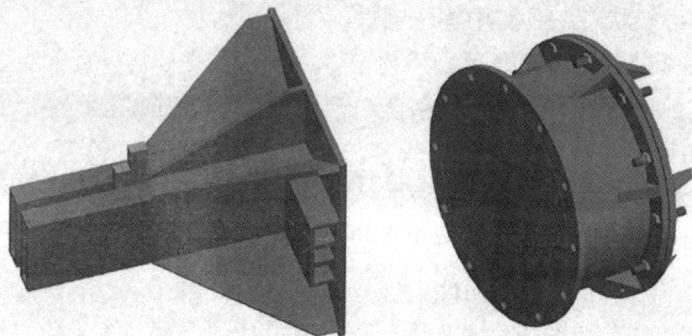

（a）活络端（左），固定端（右）

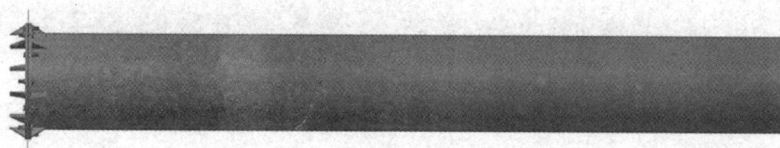

（b）钢支撑标准段

（c）609 mm 钢支撑

图 5-6　钢支撑图

除此之外，还建立了其他族文件，如截面为 1 500 cm×1 500 cm ×300 mm 角撑，如图 5-7 所示；截面为 460 mm×460 mm 格构柱，如图 5-8 所示；截面为 800 mm×1 000 mm 的 C35 混凝土支撑，如图 5-9 所示；截面为 600 mm×600 mm 的纵向联系梁，如图 5-10 所示。

图 5-7　角撑图

图 5-8　格构柱图

图 5-9　混凝土支撑图

图 5-10　纵向联系梁图

在属性栏中找到材质和装饰，打开材质库，添加混凝土材质，并完善混凝土参数（图 5-11）。

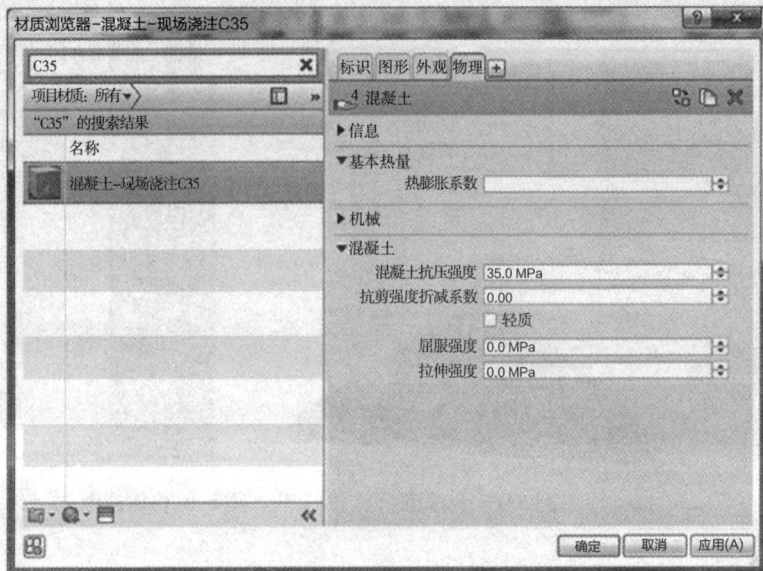

图 5-11　C35 混凝土材质

（二）优化深基坑支护 BIM 模型

首先，将建立好的族模型导入到项目文件中；其次，点击菜单栏中的插入菜单；再次，点击载入族，选中提前建立的族文件，点击打开。这样就把族文件载入了项目中，可以在项目浏览器中通过查询功能查找族文件。族文件如图 5-12 所示。最后，通过 Revit 中过滤器的功能用新建立的族批量替换原来的族文件。

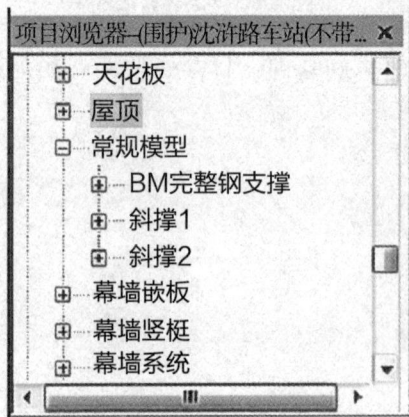

图 5-12　已载入族文件

　　对地下连续墙、混凝土支撑和冠梁等进行钢筋的创建。先点击插入把钢筋形状载入项目文件中（如果不进行此操作，使用插件时会报错），选中混凝土支撑，点击菜单栏中的Extensions选项，找到钢筋选项卡，再点击梁。根据施工图纸对混凝土支撑进行钢筋的添加。图5-13为混凝土支撑配筋。

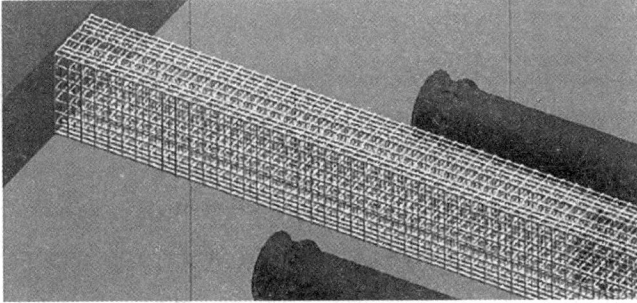

图5-13　混凝土支撑配筋

　　创建地下连续墙和冠梁的配筋同上面的操作步骤。图5-14为地下连续墙配筋，图5-15为冠梁配筋。

图5-14　地下连续墙配筋

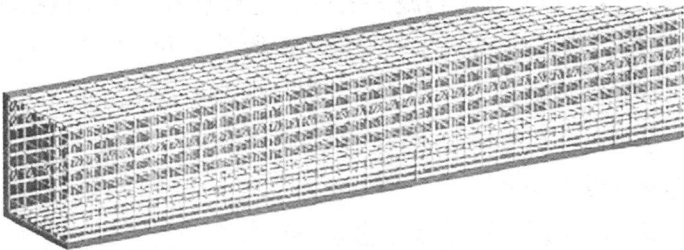

图5-15　冠梁配筋

前面通过导入的精细化族、详细的材质信息和混凝土的配筋，提高了模型的精度。图 5-16 为端头井支护效果图，图 5-17 为车站深基坑支护整体效果图。

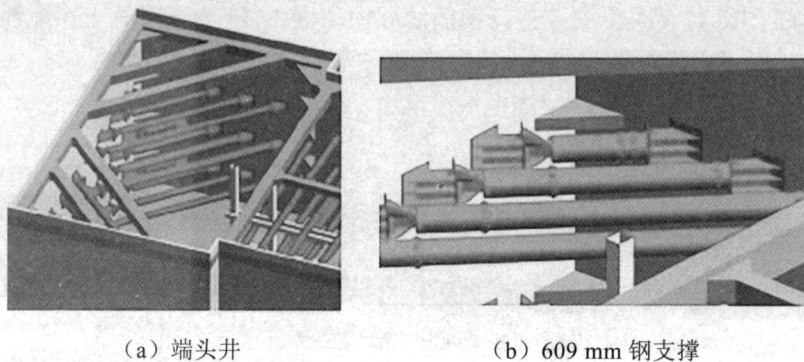

（a）端头井   （b）609 mm 钢支撑

图 5-16　端头井支护效果图

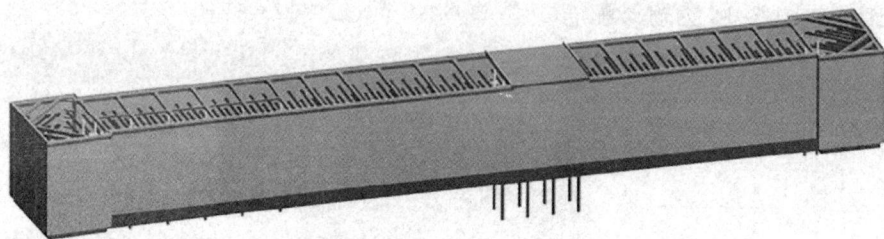

图 5-17　车站深基坑支护整体效果图

（三）基于 BIM 技术的施工过程可视化模拟

1. 基于 BIM 的基坑开挖过程

对基坑主体支护开挖工程施工的内容进行分析，主要包括地下连续墙施工阶段、冠梁、第一道混凝土支撑施工阶段及土方开挖支护施工阶段，各施工阶段工程量统计如表 5-4 所示。本项目中的车站施工主要机械设备分为两部分：一是地下连续墙施工设备，如表 5-5 所示；二是基坑开挖及结构施工设备，如表 5-6 所示。

表 5-4　基坑工程数量表

序　号	施工项目	数　量	单　位	备　注
1	地下连续墙	12 700.1	m³	厚度为 800 mm，C30 混凝土
2	混凝土支撑	357	m³	C30 混凝土
3	混凝土冠梁	457	m³	C30 混凝土
4	立柱桩混凝土	375	m³	C30 混凝土
5	开挖及外运	68 523	m³	土方
6	回填	12 212	m³	土方
7	钢支撑	1 370	t	直径为 609 mm 和 800 mm t_1=16 mm、t_2=20 mm

表 5-5　地下连续墙施工设备表

序　号	名　称	配备数量	型　号	进场时间
1	液压成槽机	3	金泰 SG35	2016.12
2	液压成槽机	1	金泰 SG40A	2016.12
3	液压成槽机	4	小松 PC220	2016.12
4	空气压缩机	6	W6-7	2016.12
5	自卸汽车	3	华骏 ZC320	2016.12
6	拌浆机	4	MNT-400	2016.12
7	泥浆泵	20	3LM 型	2016.12
8	泥浆泵	12	4PL-250 型	2016.12
9	汽车吊	3	徐工 QY25	2016.12
10	履带吊	3	QUY150	2016.12
11	履带吊	3	QUY80	2016.12
12	履带吊	1	FQUY200	2016.12
13	履带吊	1	QUY100	2016.12
14	超声波测壁器	3	DM-686-Ⅲ	2016.12
15	钢筋加工机械	10	国标	2016.12
16	黑旋风除砂机	3	ZX-200（250）	2016.12
17	混凝土浇筑架	6	国标	2016.12
18	顶拔机	4	400T	2016.12
19	电焊机	30	国标	2016.12
20	泥浆箱	36	2 m×2 m×6 m	2016.12

表 5-6　基坑开挖及结构施工设备表

序　号	名　　称	配备数量	型　号	进场时间
1	破碎机	3	古河 2×200	2017.04
2	伸缩臂挖掘机	1	CAT 425	2017.04
3	长臂挖掘机	4	SH220LC	2017.04
4	液压挖掘机	6	小松 PC400	2017.04
5	小型挖掘机	3	YC-70	2017.04
6	履带吊	4	QUY50C	2017.04
7	汽车吊	20	徐工 QY25	2017.04
8	汽车吊	12	徐工 QY50	2017.04
9	油泵车	3	32 ～ 60 MPa	2017.04
10	组合千斤顶	3	2×200 t/100 t	2017.04
11	钢筋加工机械	3	国标	2017.04
12	电焊机	1		2017.04
13	直螺纹加工机械	36		2017.04

　　获取完上述设施的数据之后，通过 BIM 技术对施工场地机械设备进行布置，确定最合理的施工场地布置方案，如图 5-18 所示。

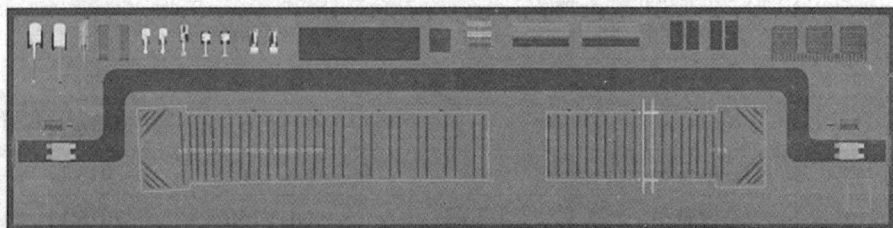

图 5-18　施工现场设施布置图

2. 地下连续墙及冠梁的施工

　　车站主体围护结构采用地下连续墙围护结构。[①] 地下连续墙体的厚度为800 mm，长度为 6 m，标准段墙体深度为 28.6 m，大小端头井处墙体深度为31.7 m。本工程总共做 84 幅地下连续墙。

　　地下连续墙的开挖主要工序有导墙制作→泥浆工艺→槽段挖掘→清沉渣换浆→吊装接头管→吊装钢筋笼→浇筑墙体混凝土→拔出接头管。注意在吊装钢筋笼时，要采用两台履带吊，一台主吊，一台辅吊。图 5-19 为地下

---

① 李俊峰 . 深基坑支护结构分析与应用研究 [D]. 成都：西南交通大学，2015.

连续墙施工图。

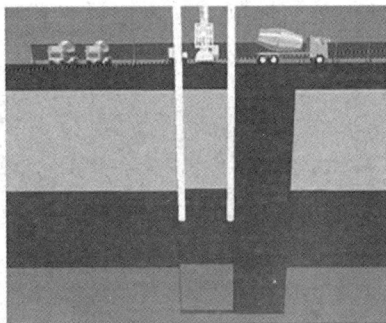

（a）开挖土体　　　　　　　　　　（b）吊装接头管

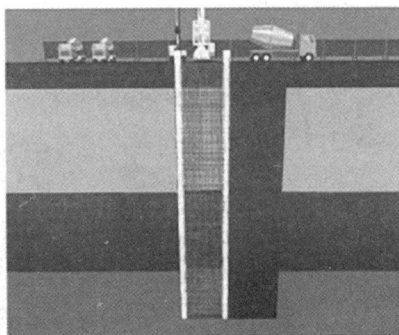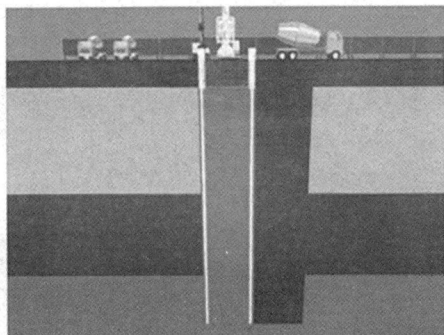

（c）吊装钢筋笼　　　　　　　　　　（d）浇筑混凝土

（e）拔掉接头管

图 5-19　地下连续墙施工图

在冠梁施工前，首先将地下连续墙顶的浮浆凿除，调直墙内预埋进冠梁的钢筋，如图 5-20 所示。冠梁和混凝土撑的钢筋在钢筋加工场地加工好后运至现场进行绑扎，并按照设计要求安装预埋件，如图 5-21 所示。其次按照测量放线的位置进行模板安装，待报检合格后进行冠梁和第一道混凝土的浇筑。浇筑混凝土时采用插入式振捣棒进行振捣，振捣必须密实。浇筑完成后必须及时洒水覆盖养护，图 5-22 为冠梁和混凝土支撑施工。

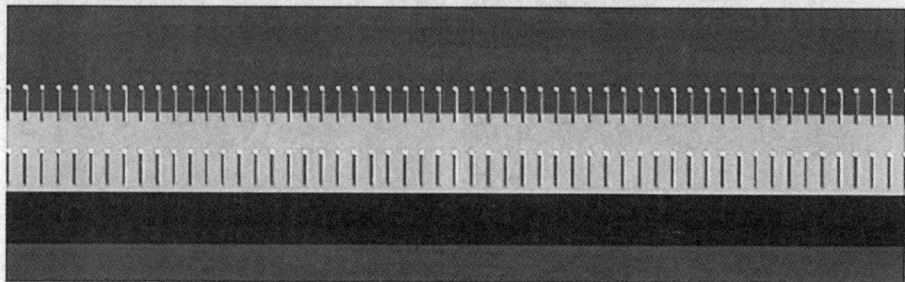

图 5-20　凿除墙顶浮浆

图 5-21　冠梁及混凝土撑钢筋绑扎

图 5-22　冠梁及第一道混凝土撑施工

3. 土方开挖与支护施工

当冠梁、第一道混凝土支撑达到设计强度，降水满足施工要求，且开挖条件验收合格时，方可进行基坑开挖。开挖过程要遵循"分层、分段、分块、对称、平衡、限时"六项原则。[①] 要做到随挖随撑，遵循"竖向分层、纵向分段、随挖随撑"的施工原则。采用分阶段开挖，在每个开挖段每开挖层中，分成小段开挖。每层土开挖中，每小段长度不大于 6 m，在 8 h 内完成，并在 8 h 内安装钢支撑，斜撑在 12 h 内完成，并施加预应力。[②] 在分层开挖中，每一层开挖底面标高不得低于支撑底面或设计基坑底标高，严禁超挖。垫层施工应快速及时，确保基坑安全。

开挖纵向分段长度一般为 25 m，每段开挖中分层、分块，并限时完成开挖和支撑，各区动态坡度控制为 1：2，层间留有台阶，平台宽度不小于 6 m，总开挖坡度控制在 1：3 以内，以保证边坡稳定。

基坑土方开挖第一层土采用普通挖机，第二层及以下各层土采用长臂挖掘机开挖，各层土方开挖都有小挖机在基坑进行倒土配合大挖机开挖，并采用自卸汽车运土。基底设计标高以上 30 cm 的土方，采用人工开挖，局部洼坑应用砾石砂填实至设计标高。开挖至第二道钢支撑下方 1 m 处，架设第二道钢支撑，预加轴力分三次进行，第一次先加至设计轴力的 30%，第二次施加至设计轴力的 60%，第三次施加至设计轴力的 100%。第三道和第四道钢支撑与第二道钢支撑安装方法相同。图 5-23 为施工模拟及对比。

（a）现场土方开挖实拍图　　　（b）BIM 技术模拟土方开挖

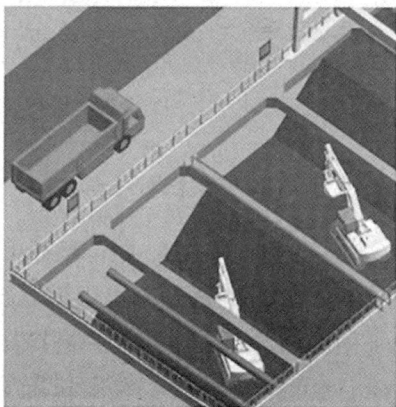

图 5-23　施工模拟及对比

①　陈鹏，杨能．探究城市轨道交通车站深基坑施工中的相关技术措施 [J]．科技与企业，2014（22）：78，80．

②　刘光，李昊勇．深圳地铁民治站深基坑施工技术 [J]．石家庄铁道大学学报，2009（1）：109-111．

首先，应用 Navisworks 对土方开挖的全过程进行模拟，Navisworks 可以完美地对接 Revit 模型，把模型导入 Navisworks 后创建选择集，把模型中的构件进行分类。其次，在 Navisworks 中制作自定义动画，把自定义动画导入 Timeliner 中。再次，制作施工进度计划表，有两种方法：一是可以在 Excel 中制作施工进度计划表，导入 Navisworks 中；二是直接在 Navisworks 中创建任务。最后，把选择集中的构件与任务相关联，并赋予自定义动画。图 5-24 为开挖与支护过程。

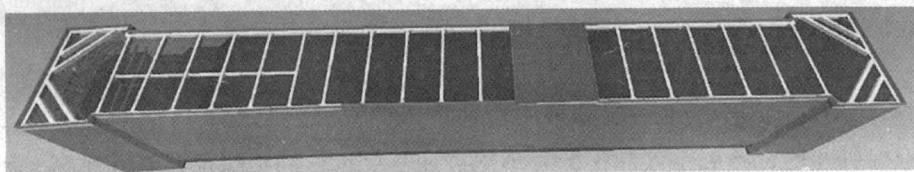

（a）第一次土石方开挖

（b）第十二次土石方开挖

图 5-24　开挖与支护过程

（四）基于 BIM 的主体结构施工

结构浇混凝土应遵守有关规程要求，严格控制一次浇筑厚度或高度，侧墙对称浇筑，随时观察是否有走模、跑模现象，发现问题立即停止浇灌，及时整治加固。钢筋型号、布设、搭接长度等应符合设计及规范要求。脚手架搭设安全，有足够的强度、刚度和稳定性；模板平整，接缝严密；施工中注意防水细部构造施工质量，对结构外包防水加以保护。

主体结构施工采用交叉施工分段、分层浇筑，遵循"纵向分段、竖向分层、从下向上"的施工原则。车站主体根据结构特点，按照自下而上的施工方法进行，泵送防水混凝土，分层、连续灌注，高频振捣器捣固。施工时按照设计诱导缝和施工缝分区分段展开，形成流水作业。表 5-7 为施工段划分。

表 5-7　施工段划分

施工段	长度 /m	划分依据
1 轴～ 4 轴	25.41	施工缝
4 轴～ 6 轴	18.88	施工缝
6 轴～ 9 轴	24.6	施工缝
9 轴～ 12 轴	27	施工缝
12 轴～ 16 轴	33	施工缝
16 轴～ 19 轴	27	施工缝
19 轴～ 21 轴	17.44	施工缝
21 轴～ 25 轴	25.75	施工缝
主体结构总长	199	

应用 Navisworks 对车站主体结构施工进行模拟，方法同土体开挖施工模拟。先制作构件的生长动画和施工进度计划表，再导入 Timeliner 中。图5-25 为标准段结构施工。

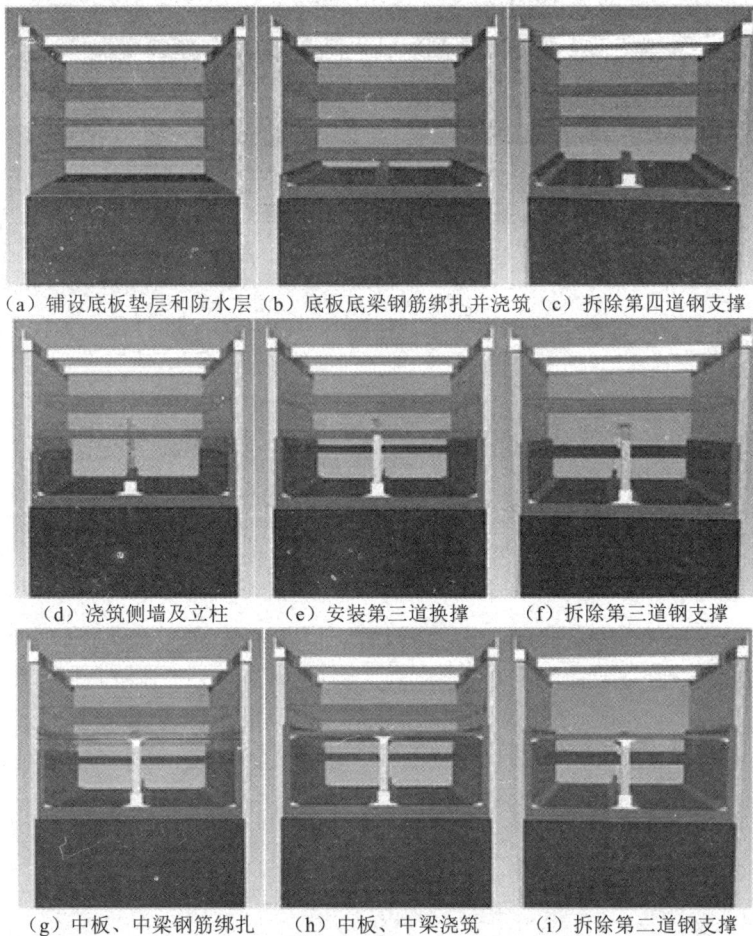

（a）铺设底板垫层和防水层（b）底板底梁钢筋绑扎并浇筑（c）拆除第四道钢支撑

（d）浇筑侧墙及立柱　（e）安装第三道换撑　（f）拆除第三道钢支撑

（g）中板、中梁钢筋绑扎　（h）中板、中梁浇筑　（i）拆除第二道钢支撑

（j）浇筑侧墙及立柱　　　（k）顶板及顶板梁浇筑　　　（l）顶板防水及压顶梁施工

（m）拆除第一道支撑并覆土至设计标高　　　（n）拆除第三道换撑

图 5-25　标准段结构施工

第六章 地铁土建工程施工案例分析

第一节 复杂环境下城市地铁工程控制爆破关键技术研究——广州地铁 4 号线

一、项目基本概况

近年来，岩石爆破开挖技术在矿山、水电、交通等多个领域获得了深入、系统的应用，同时带来了巨大的经济效益和社会效益，爆破技术和爆破危害控制随着工程实践的不断发展取得了巨大的进步。爆破危害控制，即爆破安全，一直是国内外爆破安全技术的重大研究课题。一般情况下，爆破开挖工程的爆破危害受周边复杂环境的影响，如爆破振动涉及工程周边环境及岩土介质的传播过程，而岩土介质的复杂性给爆破振动的理论研究带来了较大的困难，因此如何在复杂的周边环境和施工条件下经济、快速地进行爆破开挖，又使保护对象所受影响在工程许可范围内，以及在爆破难度加大的情况下如何相对降低爆破风险，仍是工程难点。虽然目前国内外一些学者取得了一些理论和工程的应用成果，但爆破危害本身的复杂性、多边性以及瞬间性仍使其特点随机性较大。爆破理论作为一门特殊的力学学科，随着炸药、起爆器材的发明和应用，爆破量测技术的进步以及相邻学科的发展而不断发展。目前，相关研究绝大部分仅为定性研究或实验研究，缺乏全面、系统的理论计算研究。因此，有必要对爆破开挖过程中的具体方案进行优化设计，提高对周边环境及重要设施的保护能力，降低其本身危害，使工程施工快速、经济、安全地进行。城市内进行地铁建设爆破开挖的场所一般处于闹市区，人员、建筑物均比较密集，周围环境相对复杂，对爆破技术要求高，对爆破危害以及造成的严重后果基本是零容忍，因此进行相应爆破方案设计时必须考虑对爆破危害进行严格的控制，包括飞石、空气冲击波、爆破振动、爆破灰尘等，使其既能正常地进行施工开挖，又不会影响人们的正常生活秩序。本章针对广州市轨道交通四号线南延段施工 1 标城市地铁明挖法基坑施工工程进行系统研究，分析复杂环境下城市地铁基坑爆破开挖时控制爆破关键技术研究。

广州市轨道交通四号线南延段施工 1 标全长约 2 338 m，包括一站两区间及两条出入场线，即金隆站、金洲站—金隆站区间、金隆站—广隆站盾构区间、东出入场线和西出场线。其中，金洲站—金隆站区间里程为 YD-K55+458.000～YDK56+058.8，线路沿南沙区城市主干道金隆路布置，基坑两侧建筑物密集。基坑宽度为 21～26.7 m，最大开挖深度 19.6 m，开挖范围内分布较厚的中、微风化混合花岗层，围岩分级为Ⅴ～Ⅱ级，岩质坚硬，局部强度高达 121.5 MPa。

周边环境复杂，基坑两侧分别为金隆小学及南沙第一中学两所重点学校，基坑距小学办公楼约 15 m，距中学宿舍楼及餐厅 12 m，同时还有碧桂园等大量商住楼及普通民宅。周边的管线众多，包括 2 根 ϕ600 雨水塑胶管（新建，距基坑约 5 m）、2 根 ϕ400 污水塑胶管（新建，距基坑约 4 m）、1 根 ϕ400 给水铸铁管（新建，距基坑约 5 m）、1 条 110 kV 电力线（新建，距基坑约 5 m）及电信线多条。地下水丰富，工程地质条件和水文地质条件复杂，对爆破地震波和飞石控制要求比较严格。岩石全部为花岗岩，完整性较好，抗压强度较高。

为此，有必要结合广州地铁四号线南延段施工 1 标的现场实际情况，通过现场调研、数值分析、理论分析及现场监测等多种科研手段，开展工程区域内硬岩岩性特点与分布规律、微差控制爆破技术在城市地铁明挖基坑施工中的适应性、既有石方地层与地下连续墙的保护技术、信息化施工控制技术等研究，对支护参数改进、基坑稳定机理、沉降控制、施工进度和爆破施工影响等多个方面进行深入研究，总结提出复杂环境下城市地铁基坑工程控制爆破施工技术，从现场隧道爆破振动效应的监测、爆破安全控制与施工技术控制两方面进行研究，对实测爆破振动波形图进行频谱分析，确定安全控制速度，制定隧道振动控制技术措施。同时，开展本课题相关方面研究所取得的研究成果可为后续地铁施工提供有益的借鉴。

由于该工程地面环境施工容不得半点闪失，针对该工程的特点，积极开展对应的施工工艺研究，对于保证该工程安全、快捷、顺利的实施有着重要意义。同时，控制爆破技术在地铁明挖深基坑中的应用在中交集团范围内属于首次，明挖区间采用控制爆破在国内亦不多见。

二、控制爆破关键技术分析研究

（一）基坑边坡稳定性分析研究

在深基坑爆破施工中，不可避免地会遇到开挖基坑边坡的稳定性问题。在基坑边坡开挖前，岩体中存在重力场和构造应力场（即原岩应力场），在整个开挖过程中，岩体应力释放导致应力场的变化，改变了原岩自稳状态。基坑边坡开挖后，由于卸荷作用，基坑边坡岩体不仅产生竖向位移和水平位移，还将改变地应力的方向。如何保证开挖基坑边坡的永久性稳定和施工过程中的稳定、安全，除了进行充分的地质勘探和稳定计算外，还需要有合理的施工程序、钻爆开挖方法、及时的加固措施、科学的监测手段等。其主要研究内容为以下两点。

1.基坑稳定性分类及影响

一般情况下，基坑边坡并不是一块整体，而是由不同的结构体和结构面组合而成，从而形成不同的基坑边坡岩体结构。常见的岩体结构类型可分为块状结构、破碎结构、层状结构、层状碎裂结构、镶嵌结构、整体结构。当结构体的抗剪强度较大时，岩体内抗剪强度相对较低，甚至含有一定厚度的软弱结构面就成为影响岩体稳定性的主要因素。尤其是软弱夹层结构面，一般是影响岩体变形机制、力学性质及破坏机制的主控因素。岩体崩塌的类型及规模很大程度上取决于岩体结构。由于岩体的结构类型不同，对地震的反应也不同。比如，块状结构的岩体整体强度较高，在动力作用下的变形特征类似于均质弹性体，在地震作用下一般不会发生失稳破坏，但当岩体中包含有结构面时，在高烈度区内可能产生大规模崩塌；对于镶嵌结构的岩体，地震荷载可能导致局部崩塌和落石，但不会造成大规模的失稳；层状结构受岩体结构面倾角、基坑边坡倾角和内摩擦角等诸多因素影响，当层状岩石中有节理面发育时，在地震作用下岩体可能会产生崩塌。

2.基坑边坡稳定的力学分析

在工程施工中，无论采用何种控制爆破方式，炸药爆炸所产生的冲击载荷除破碎设定范围岩土介质外，还会对邻近保留岩体产生强烈扰动和损伤，甚至产生宏观破坏。即便是光面爆破和预裂爆破等不耦合装药结构的控制爆破，在其形成炮孔中心连线的贯通裂缝过程中，爆炸的强冲击扰动仍会对周边围岩产生不同程度的损伤效应。因此，研究爆破对不同位置岩体的损伤作用，研究受损伤岩体的承载性能，对爆破参数的合理设计、围岩的有效加固以及高基坑边坡工程的稳定支护设计都具有十分重要的理论和实际指导意义。

基坑是不连续的，具有各向异性、非均质性和地质构造的复杂性，它的形态由断层、节理和层面等这样一类不连续面所控制。这些不连续面的方位和倾角控制着基坑边坡破坏的方位和倾角，它不仅能使基坑边坡破碎岩体发生片体、块体或楔体的滑动，即基坑边坡破碎岩体发生沿不连续面移动的破坏，还能在自重和受力平衡作用下使完整岩石遭到破坏。

基坑本身非常复杂，控制基坑性状的强度、密度、水压力、结构面等在基坑内往往是非均匀分布的，因此限制了塑性理论在岩体稳定分析中的应用。建立极限平衡常用的方法一般是把超静定问题变为静定问题处理，所得的结果与实际相比有较大误差。为解决这个问题，可在极限平衡法的平衡方程中引入外动力因素和有限单元法，建立模型，使其对基坑边坡在动力作用下的稳定分析更接近实际。

（二）爆破危害控制分析技术研究

在爆破技术广泛应用的同时，爆破作业对周围环境和建筑设施所带来的影响尤其是爆破振动的危害已成为人们关注的重点。爆破地震、爆破飞石、爆破空气冲击波、噪声和有毒气体是工程爆破的五大公害，而爆破地震被认为是工程爆破中各种公害之首。随着爆破环境的复杂化和人们环保意识的日益增强，对爆破安全的要求也进一步提高。为此，国内外的许多研究人员对爆破地震进行了深入研究，以寻求有效的爆破振动安全控制。主要研究内容如下。

1. 爆破振动试验研究

通过对某处岩石情况的实地考察、调研、采样，运用先进的爆破震动监测仪对不同爆破方案下一定距离处结构振动动力响应进行测试，对不同爆破开挖方式下的目标结构的爆破振动损伤问题开展现场实验，通过振动测试仪器和传感器装置进行现场结构取样，包括不同测试点的振动速度随时间变化曲线，从而总结出各种爆破条件对爆破振动的影响规律，通过数据分析、实验研究等手段，综合运用爆炸力学、岩土力学、损伤力学、断裂力学等学科，针对爆破振动对各种爆破工况下的动力响应问题展开深入研究，并在此基础上提出爆破开挖的安全控制技术和措施，为爆破开挖时结构的减振研究提供一定的实验研究基础。

2. 爆破减振数值模拟研究

利用现代计算机技术，采用三维动力学软件 LS-DYNA，将爆破理论知识和爆破生产实践密切结合，选取一组爆炸毁伤效应模拟爆炸效果，分析炸药在岩石中爆炸的动态响应过程，通过计算结果分析验证所采取的计算方法和手段的可行性。

3. 微差起爆振动控制技术研究

微差起爆技术是群药包爆破时以毫秒级时间间隔并严格按一定顺序先后起爆的爆破技术，它是现代工程爆破最主要的技术之一，在提高介质破碎效率，实现建（构）筑物拆除爆破的顺序解体，特别是降低爆破振动影响等方面具有关键性的作用。

微差起爆技术在工程爆破中得到了广泛的应用。截至目前，仍然没有一个严格的理论能全面解释微差起爆在改善爆破效果和降低爆破地震效应方面的作用原理，对微差起爆的爆破物理力学现象还没有相当准确的研究结果。对该问题的深入研究对在工程爆破实践中获得理想的爆破效果和最大限度地降低爆破地震效应具有重要意义。

微差间隔时间是微差起爆技术的最重要的参数，它直接影响到爆破作用效应的效果。合理选取微差间隔时间是微差起爆技术的关键课题。对微差起爆合理间隔时间的研究，有助于对爆破机理的分析，并指导新型毫秒延期雷管的研制。目前，合理微差间隔时间的理论研究仍停留在半理论、半经验地寻求简化计算的水平，尚缺乏新理论与新方法的运用。对于合理微差间隔时间进行深入研究仍具有重要意义。

（三）地铁基坑爆破振动控制技术分析研究

从地铁基坑爆破开挖工程研究发展历程可见，基坑结构稳定性研究发展过程是一个结构稳定性分析方法不断发展的过程，分析成果在逐步由定性向半定量、定量方向发展。定性分析方法主要是通过工程地质勘查对影响深基坑边坡稳定性的主要因素、可能的变形破坏方式及失稳的力学机制等进行分析，对已变形地质体的成因及其演化史进行分析，从而给出被评价基坑结构一个稳定性状况及其可能发展趋势的定性说明和解释。这一方法的优点是能综合考虑影响基坑稳定性的多种因素，快速对基坑的稳定状况及其发展趋势做出评价，对维护基坑整体稳定有指导性作用，但对达到准确预报滑坡的要求还有一定距离。定量分析的发展还需要一个过程，目前较为认可的、较通用的都是半定量的分析方法，如数值分析方法、极限平衡分析法等。其主要研究内容如下。

1.基坑爆破开挖稳定性分析

对于岩质基坑边坡而言，岩质基坑边坡体内存在许多不规则的结构面，因此岩体是非连续、非均质、各向异性的介质，而且岩质基坑边坡在开挖前就受到地应力（构造应力、温度应力、自重应力）和地下水等的作用。此外，岩质基坑边坡还受到本身岩石类型、自然界风化侵蚀等影响，因此岩质基坑边坡稳定与否不仅取决于岩体内部地质结构，还取决于外部环境的影响，是多种因素的综合作用。但总体而言，岩质基坑边坡的稳定性很大程度上取决于岩体内破坏面和不连续面的存在和性质，所以它的稳定性主要通过分析岩体中的结构面进行评价。

2.地铁基坑爆破微差减振研究

广州市轨道交通四号线南延段施工1标段城市地铁爆破开挖之前，地下连续墙施工工作已经完成，因此在进行石方爆破时，应尽可能减小对连续墙的扰动，确保基坑的施工安全，同时也要平衡施工进度与爆破安全之间的关系，保证整个施工过程安全、经济、高效。由于中深孔，所以本次爆破采用浅孔大孔径和浅孔小孔径相结合的爆破技术方案。爆破过程中控制地震波达到减振目的的主要方法有开挖边线上的减振孔、微差起爆技术。这里选取减振孔替代预裂爆破孔是为了保证施工进步，同时降低爆破振动的危害，提高基坑地连墙的完整性。

（四）工法特点与工艺原理

1.工法特点

爆破控制技术能够在复杂环境下工程爆破，根据不同环境、不同岩性调整施工工艺和施工参数，完成各种环境下的工程爆破作业。在城市地铁复杂环境下，爆破控制技术发挥了特殊的作用，在不同条件下调整施工参数时，确定参数速度快，调整后施工效果好，大幅度降低了施工成本，主要有如下几个特点：

（1）为能有效控制爆破效果，保证开挖顺利，针对不同的地质和施工环境，采取相应的控制爆破技术。

（2）能极大地减少振动和冲击波，有效防止飞石，保证建筑设施安全。

（3）爆破的岩石开裂、凸起、松动而不飞散，岩石破碎效果好，有利于加快清运作业速度。

2. 工艺原理

随着爆破技术的广泛应用，人们越来越关注爆破动态响应对周围环境和建筑物的影响，特别是对爆破振动引起的危害加强了重视。施工中，爆破主要会碰到以下几方面的难题：

（1）爆破飞石安全控制。爆破安全控制方面最常见的是爆破飞石和振动问题，几乎所有爆破场地都会遇到飞石和地震安全防护问题。

（2）岩石大块率居高不下。大块率是衡量深孔爆破效果优劣的主要指标，孔距和排距参数参差不齐而大块率过高将增加二次破碎成本，爆块大块还会增加装挖和碎石工序损耗。

三、施工工艺流程及操作要点

（一）爆破区划分

1. 爆破区域

爆破区域示意图如图 6-1 所示。

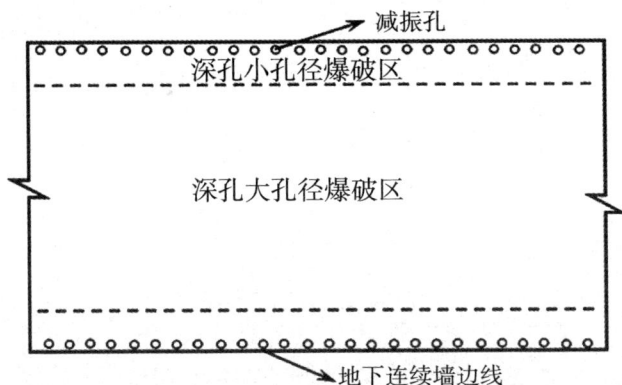

图 6-1　爆破区域示意图

2. 深孔大孔径爆破台阶要素

为了达到良好的爆破效果，必须确定各台阶要素。为了达到抵抗线均匀、大块率和残留根底少、爆堆形态好、台阶稳定性好、有利于提高爆装效率的目的，本方案采用倾斜炮孔。深孔大孔径爆破台阶要素如图 6-2 所示。

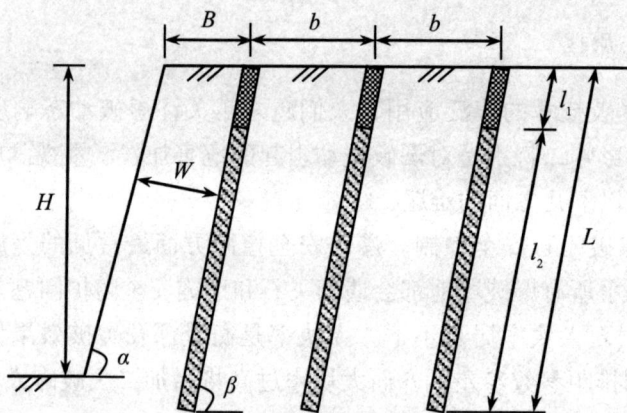

图 6-2　台阶要素图

3. 各类炮孔相对布置

各类炮孔相对布置如图 6-3 所示。

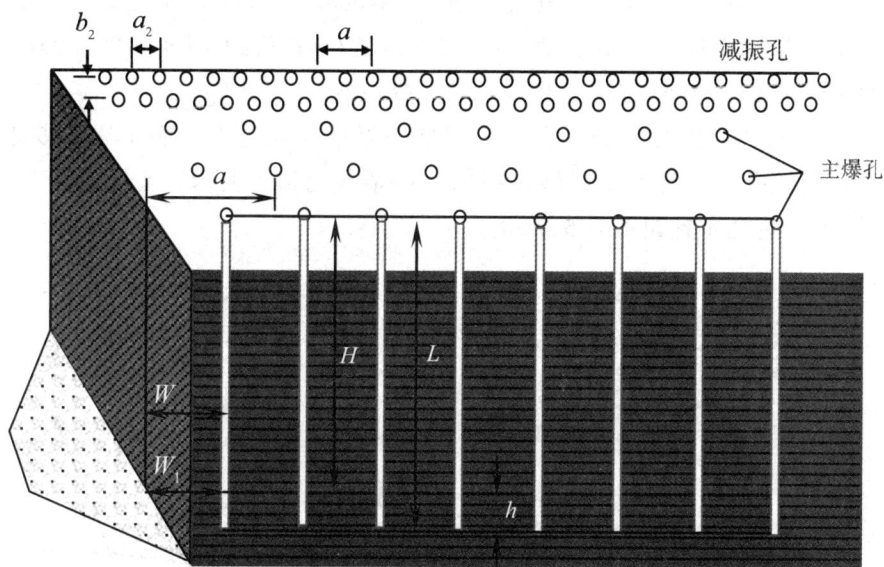

图 6-3　各类炮孔相对布置图

4. 爆破参数设计

基坑在爆破开挖前只有一个临空面，岩石夹制作用较大，会影响爆破效果。因此，应先对爆破区进行掏槽爆破或者浅孔多层分次爆破相结合，创造新的自由面，为随后深孔大孔径爆破作业创造台阶。

掏槽区宽度为 3 ～ 5 m，可从基坑两端同时进行掏槽作业，也可从基坑中央或一端进行掏槽作业。在各掏槽作业区，开设 3 排掏槽孔。掏槽孔布置示意图如图 6-4 所示。

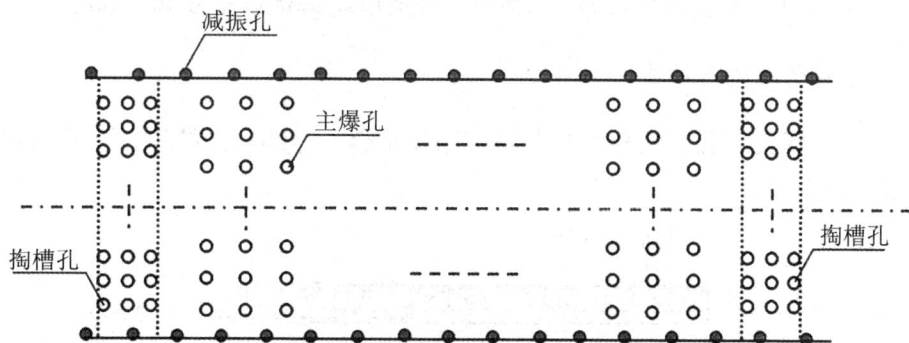

图 6-4　掏槽孔布置示意图

（1）掏槽孔爆破参数。孔径（ϕ）：76 mm；孔倾角（θ）：65 ~ 70°；孔深（垂直）（L）：3.5 m；孔距（a）：2.0 ~ 2.2 m；排距（b）：1.8 ~ 2.0 m；单耗（q）：0.5 ~ 0.6 kg/m³；单孔药量（Q）：6.5 ~ 7.5 kg。

（2）深孔大孔径爆破参数。为了加快爆破作业进度，满足工期要求，需要进行深孔大孔径台阶爆破。根据地铁站开挖施工要求，台阶高一般为5 m 左右。炮孔布置如图 6-5 所示。

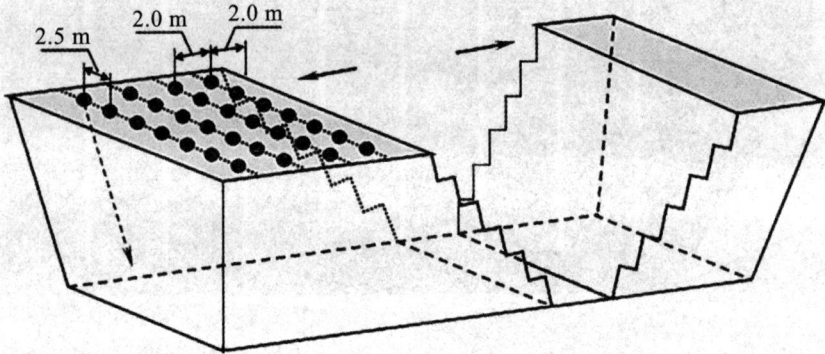

图 6-5　深孔大孔径台阶爆破示意图

钻孔直径 d_1=76 mm；台阶高度 H=5 m；底盘抵抗线 W=（0.4 ~ 0.8）H；炮孔超深 h=（0.1 ~ 0.15）H，取 h=0.2 m；炮孔深度 L_1=$H+h$=5.2 m；炮孔间距 α_1=（1.0 ~ 1.8）W，取 α_1=2.5 m；炮孔排距 b_1=（0.8 ~ 0.9）α_1，b_1=2.0 m；孔口填塞长度 $I_1 > 1.2W$；单孔装药量 Q_1=$q\alpha_1 b_1 H$；炸药单耗 q=0.4 ~ 0.5 kg/m³。

（3）浅孔小孔径爆破参数。钻孔直径 d_1=42 mm；抵抗线 W=0.8 m；炮孔深度 L_1=2.5 m；炮孔间距 α_1=（1.0 ~ 1.8）W，取 α_1=1.2 m；孔口填塞长度 $I_1 > 1.2W$；单孔装药量 Q_1=$q\alpha_1 b_1 H$；炸药单耗 q=0.35 ~ 0.40 kg/m³。

5. 装药结构与填塞

（1）深孔大孔径装药结构与填塞采用耦合、连续装药结构，装药形式如图 6-6 所示。

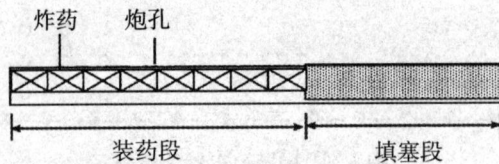

图 6-6　深孔大孔径装药结构与填塞

（2）浅孔小孔径装药结构与填塞采用不耦合、连续装药结构，装药形式如图 6-7 所示。

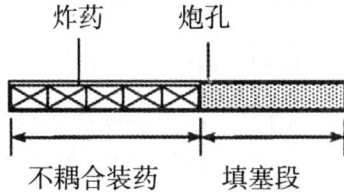

图 6-7　浅孔小孔径装药结构与填塞

6. 起爆网路

因该工程周边环境比较复杂，为减少爆破次数和增加一次爆破方量，本设计采用非电起爆网路，孔外延时接力逐孔起爆。浅孔大孔径孔内采用 Ms15、孔外采用 Ms4 导爆管雷管。浅孔小孔径孔内采用 Ms15、孔外采用 Ms3 导爆管雷管，深孔大孔径孔内采用 Ms15、孔外采用 Ms4 导爆管雷管，两者的网路连接分别如图 6-8、图 6-9 所示。

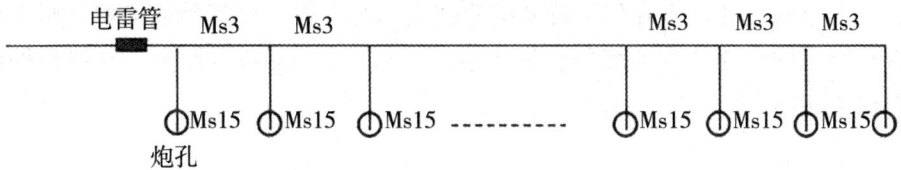

图 6-8　浅孔小孔径爆破网路连接图

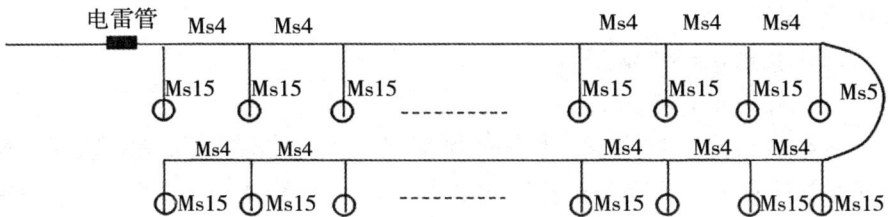

图 6-9　深孔大孔径爆破网路连接图

7. 单次起爆总药量

南沙第一中学距爆源中心 14 m，是周边所有建筑物中距爆源中心最近的建筑物，因此以它为安全校核标准计算一次齐爆总药量（单段药量），如表 6-1 所示。根据国家质量监督检验检疫总局发布的《爆破安全规程》（GB

6722—2014），南沙第一中学楼房为框架结构，在地震波垂直振动速度不大于 3.0 cm/s 的情况下安全。本设计 K 值取 150，地面允许垂直速度 V 取 3.0 cm/s，本次爆破振动速度不大于 2.0 cm/s，得

$$Q=R^3 \left(V/K \right)^{3/\alpha} \tag{6-1}$$

式中：V 为保护对象地点振动速度；Q 为最大微差段药量；R 为爆破点距保护建筑物的距离；K 为与爆破方式、距离、地质条件有关的系数；α 为与传播途径、距离、地质条件有关的指数。

表 6-1　单段允许起爆药量

距离 /m	14	16	18	20	25	30	35	40
装药 /kg	4.2	6.3	8.9	12.3	24.0	41.5	66.0	98.5

为确保安全，爆破施工初始阶段，可根据监测到的爆破地震波振速适当调整爆破参数；地下连续墙在一定程度上削减了爆破地震波强度。另外开设了一排减震孔，可降低爆破地震波强度 30% 左右，根据类似工程经验，可将计算出的允许一次齐爆总药量（单段药量）4.2 kg 适当调大，具体根据试爆结果而定。

8. 减振孔

在距离地下连续墙 0.5 m 处钻凿减振孔，起到降低爆破振动效果。减振孔孔网参数如下：

（1）孔径 d_3=90 cm。

（2）孔距 a_3=50 cm。

为防止减振孔被沙土、水等介质填充，降低减振效果，在减振孔中设置长度等于孔深、直径小于孔径的 PVC 管，并将管体上下密封，以确保减振效果，如图 6-10 所示。

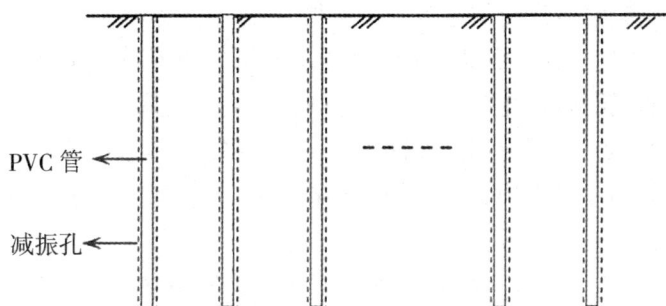

图 6-10　PVC 管设置示意图

9. 爆破施工工艺

（1）钻孔精度的控制。

①钻孔孔位精度。钻孔作业应尽可能地按爆破设计的炮孔间距和排距钻孔，在实际钻孔时，由于受地形、地质等因素的影响，不能完全准确地按设计的位置钻孔，但是为了保证爆破效果，钻孔孔位误差为 ±20 cm，对一些不能按设计钻孔的炮位，应适当地前后左右移动，不能轻易地取消炮孔。必须严格地控制孔位精度，否则不仅影响爆破效果，还将有根坎，不利于下一层钻爆作业。

②钻孔角度精度。为了控制爆破飞石，改善爆破效果，有时需要设计斜孔，一般倾斜角度为 75°～85°；在钻孔作业时，应按设计的角度钻孔，特别是对于同一排炮孔，倾斜角度的误差不能大于 ±1.5°。

③钻孔深度精度。无论是一次性爆破，还是分层爆破，钻孔孔深（包括超钻）都是十分重要的，深度不够，爆破效果就不好，下一层钻爆作业就会十分困难，因此必须严格控制钻孔深度，一般误差不应大于 ±10 cm。对于个别的堵孔、卡孔现象，应做好处理工作，用炮棍捣通或用高压风管吹通，否则应重新补孔。

④钻孔数量。在进行明挖浅孔爆破时，一般不允许大规模大吨位的爆破，但是为了减少放炮时对周围的干扰，应尽可能地减少爆破次数，一般一次爆破的炮孔数为 20～30 个。

（2）钻孔技术。

①钻孔平台的修建。对于分层台阶式爆破平台，应根据设计的爆破梯段，从上到下逐层修建，上层爆破后为下层平台的修建创造了条件，上一层的下平台是下一层的上平台。因此，每一层的爆破都应对钻孔进行严格的控

制，为下一层的钻爆作业创造良好的条件。

②钻孔技术。钻孔质量标准是孔位、孔深、角度符合爆破设计的要求，误差在允许的范围内；孔口完整、孔壁光滑、孔身直顺。

a.钻孔要领。作业手应掌握钻机的操作要领，熟悉和了解设备的性能、构造原理及使用注意事项，有熟练的操作技术，并掌握不同性质岩石的钻凿规律。

b.钻孔技术。孔口开好后，进入正常钻孔时也应掌握一定的技术。对于硬岩而言，应选用高质量高硬度的钻头，送全风加全压，但转速不能过高，防止损坏岩石；对于软岩而言，应选全风加半压，慢打钻，排净碴，每进 1.0～1.5 m 提钻孔吹一次，防止孔底积碴过多而卡孔；对于风化破碎层而言，应风量小、压力轻，勤吹风、勤护孔。

（3）装药与堵塞。

①装药。

a.每个孔口应由专人负责，记录装入各孔的炸药品种和数量，并与设计数量核对无误后再填卡、签字或盖章，交爆破负责人。

b.装药前应及时掌握气象资料，尽量选择晴天进行装药填塞。

c.装药工作应在爆破技术人员指导下进行。

②堵塞。

a.堵塞开始前，应根据设计要求备足填塞材料，堆放在孔口附近。

b.装药完毕后，孔口采用沙土细料充填，顶部不留空隙。

c.堵塞时，应有专人负责检查监督堵塞质量。

（二）材料与设备

1. 主要材料

主要材料如表 6-2 所示。

表 6-2　主要材料

序　号	材料名称	用　途
1	乳化炸药	炸药
2	雷管	引爆

2. 机具设备

机具设备如表6-3所示。

表6-3　机具设备

序　号	名　　称	规　格	单　位	数　量
1	潜孔钻	90	台	4
2	风镐	03-11	台	4
3	风动凿岩机	YT-28	台	4
4	高压风管		个	10

第二节　盾构穿越特殊复合地层掘进施工控制技术研究——复合地层盾构掘进施工技术

一、盾构掘进对地层扰动因素分析

盾构掘进控制最终的目的是控制地表沉降，地表沉降初始动因是盾构掘进过程中扰动了地层结构，通过一系列传递转化，最终反映在地面沉降上。因此，盾构掘进对地层的扰动机理的研究是盾构施工控制的首要核心工作。

（一）地层扰动类型

岩土的扰动指由于外界机械作用造成的岩土的应力释放，以及体积、含水量或孔隙水压力的变化，特别是土体结构或组构的破坏和变化。盾构施工对土体的扰动表现为盾构对土体的挤压和松动、加载与卸载、孔隙水压上升与下降所引起的土性的变异、地表隆起与下沉等。盾构法施工引起周围地层变形的内在原因是土体的初始应力状态发生了变化，使原状土经历了挤压、剪切、扭曲等复杂的应力路径。扰动的影响范围和程度取决于很多因素，包括盾构型式、施工参数（土仓压力、刀盘扭矩、推进力、出土量、注浆量、注浆压力、盾尾间隙等）、土体性质及隧道所处环境、隧道上部荷载的影响、隧道几何尺寸等。

盾构施工过程中相对于盾构不同位置处土体经历的应力路径，把盾构隧道周围扰动土体分为4个区。将土体比贯入阻力和孔隙水压力变化作为评价土体扰动的范围与程度的指标，数值计算中参数选择应考虑到应力路径这一因素的影响。

本工程复合地层在断面垂直方向上为上软下硬地层，上部分布为粉细砂—淤泥质粉细砂层，下部为强、中风化泥质砂岩。此种复合地层中的砂层极易被扰动，而风化岩层相对稳定，但下部岩层的存在加剧了上部砂层的扰动，因此通过室内建地层模型，模拟盾构掘进过程，量测地层变形，总结内在规律，对于工程实践来说意义重大。

通过对土压平衡式盾构掘进的全过程数值模拟，研究地层扰动对盾构施工参数的敏感性，以及在不同扰动程度下管片结构的荷载、结构的轴力和弯矩的改变。

（二）数值模拟实验

1. 数值模型

（1）模型的建立。建立盾构掘进模拟的地层模型，其中隧道开挖断面直径 6.28 m，埋深为 12.56 m，模型长 78 m、高 43 m、宽 36.5 m。在纵向上，按开挖进尺每隔 1.5 m（管片幅宽）划分一个网格，共 18 928 个单元和 20 882 个结点（图 6-11）。计算中地层参数如表 6-4 所示。

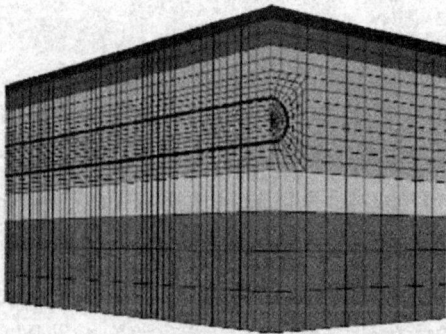

图 6-11　地层模型

表 6-4　地层参数表

名　称	密度/(kg·m⁻³)	黏聚力/kPa	内摩擦角/°	弹性模量/MPa	泊松比
表层填土	1 700	10	10	2	0.39
粉质黏土	1 830	20	18	5	0.36
中砂	1 930		35	15	0.25
粉细沙	1 850		23	13	0.28
中风化泥岩	2 300	700	50	65	0.29

（2）盾构掘进过程模拟。在 FLAC 3D 程序中，通常采用空单元法和刚度迁移法实现盾构的掘进过程模拟。本书盾构掘进全过程的三维数值模拟中，将考虑大部分重要环节，以尽可能地模拟出盾构施工对地层的扰动，主要包括以下环节：

①盾构机的模拟。盾构机在隧道开挖过程中起到的作用主要包括掘削面支护压力平衡、盾构机壳体刚性支护、超挖以及推进反力影响等。

②盾尾空隙的模拟。盾尾空隙是引起周围地层移动的主要因素，对盾尾空隙的模拟包括临空面的产生、浆液的注入、浆液压力的耗散与硬化等。

③管片背后注浆层的模拟。管片衬砌在注浆层硬化后产生支护作用，并考虑注浆层硬化的时效特性。

2. 施工参数敏感性分析

（1）掘削面支护压力。掘削面的支护压力主要用于平衡掘削面前方的水土压力。有关的室内模型试验也表明，盾构掘削面顶推力对地表移动、临近结构物变位等均有显著影响。若支护压力太大，会引起前方土体的隆起；若支护压力太小，则会引起掘削面坍塌。因此，将掘削面的支护压力控制在一个合理的范围内，有利于盾构机的顺利掘进。在稳定性较差的松软地层中，支护压力的大小与掘削面变形息息相关，对支护压力的控制显得尤为重要。在保持其他参数不变的条件下，分别取掘削面支护压力为 0.30 MPa、0.20 MPa、0.10 MPa 进行计算。3 种工况下，地表沉降随掘进步的变化如图 6-12（a）所示。

由图 6-12（a）可以看出，盾尾通过前，掘削面支护压力对地层的影响较大：支护压力越大，地表隆起的量值及分布范围也越大。盾尾通过后，地表的沉降受掘削面支护压力的影响较小，最大沉降量也基本相同。盾构隧道贯通后，管片结构最终受力情况如图 6-12（b）、图 6-12（c）、图 6-12（d）所示。由图 6-12(b)、图 6-12(c) 可以看出支护压力为 0.2 MPa 和 0.10 MPa 的工况，两者计算结果相近，而支护压力为 0.30 MPa 时，管片结构受到的径向土压、轴力及最大正、负弯矩都具有明显增加。故当超过平衡压力后，增大支护压的存在，将引起最终管片结构的受力增加，而在一个合适的范围内时，改变支护压力几乎不对管片结构受力产生影响。

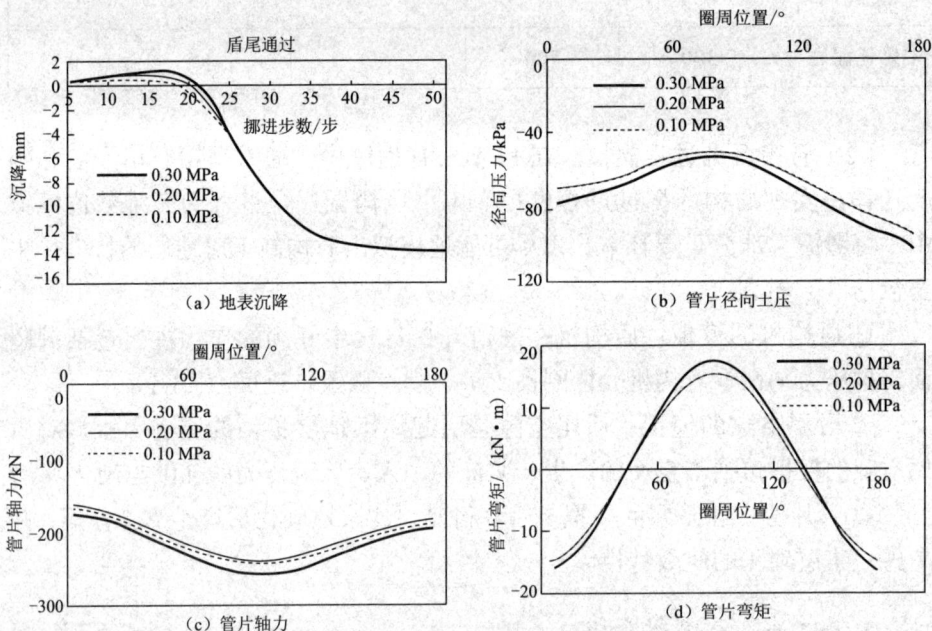

图 6-12　掘削面支护压力的影响

（2）盾构机超挖量。在实际工程中，盾构机通常都存在一定的超挖量，该超挖量主要由刀盘的超挖量和盾构机壳体的楔形量两部分构成，如图 6-13 所示。通过超挖可以达到两个目的：减小盾构机摩擦阻力和方便转弯。由于该楔形量的存在，虽然盾构机壳体刚度很大，但随着盾构机的推进，周围土体同样会向内移动，产生正的地层损失。

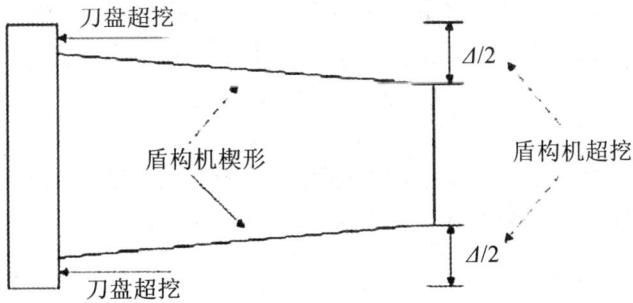

图 6-13　盾构机超挖的构成

　　采用理论分析与数值计算相结合进行的研究表明，盾构超挖将引起隧道结构内力减小。在保持其他条件不变的情况下，分别取超挖量为 1.0 cm、1.5 cm、2.0 cm 进行计算，计算结果如图 6-14 所示。

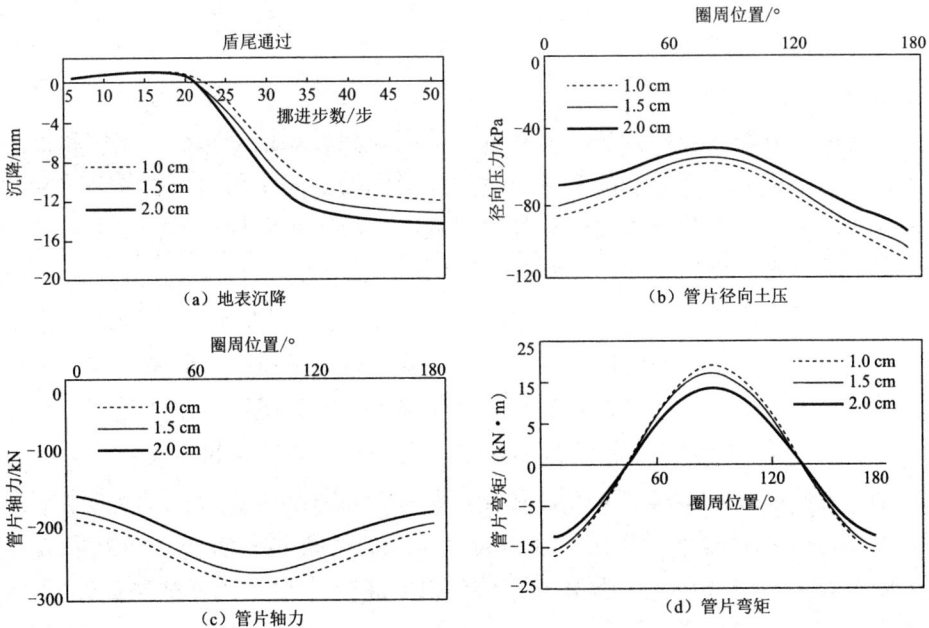

图 6-14　盾构机超挖量的影响

　　从地表沉降的动态变化曲线可以看出，在盾构机到达之前，不同超挖量下的地表隆起基本相同，或者说盾构机前方地表的隆起基本不受超挖量的影响，这与前面掘削面支护压力的影响是不同的。此盾构机通过过程中，不同超挖量对地表沉降的影响便体现出来，即超挖量越大，地表沉降越大，这种影响一直持续到隧道完全贯通后。表 6-5 显示了地表最大沉降与盾构机超挖量之间的关系。若从单位超挖量对最大沉降的贡献量值上看，超挖量小时比超挖量大时要大得多。这也从侧面说明了地层损失引起的地层早期变形速率是最大的，随着时间的推移，地层变形速率逐渐减小，并最终收敛（地层较好时）。

表 6-5　不同超挖量下的地表最大沉降

盾构机超挖量（$\Delta/2$）/cm	1.0	1.5	2.0
最大沉降 /mm	12.1	13.52	14.61

以超挖 1.0 cm 和超挖 2.0 cm 两种工况为例，计算结果表明，管片受到的径向土压力，前者比后者增大了 23%（顶部）、15.7%（侧部）和 16.6%（底部）；管片轴力增大了 20.6%（顶部）、17.7%（侧部）和 15.2%（底部）；管片弯矩增大了 24.9%（负弯矩）和 26.7%（正弯矩）。各种工况下，管片结构的受力如图 6-14（b）～图 6-14（d）所示。可以看出，减小超挖将引起管片径向土压力及轴力在管片结构整个范围内都增加，管片弯矩则体现为最大正负弯矩的增加。另外，从增加的量值上看，随着超挖的减小，单位超挖量引起的结构受力改变量也随之减小。管片受到的径向土压力、管片轴力和弯矩增加，说明地层的应力或位移释放率减小。故减小盾构机超挖量可以减小地层的应力或位移释放率，进而增大管片结构的受力。

（3）盾尾注浆压力。由于盾尾空隙的存在，管片脱环后周围地层会出现一个临空面，使地层向内移动。盾尾注浆的目的就是填充盾尾空隙、阻止地层移动。盾尾注浆的方式有多种，目前施工中的盾尾注浆主要采用同步注浆方式。有关研究表明：注浆压力过小，会导致地表沉降量过大；注浆压力过大，地表会产生隆起。本次数值模拟中通过向临空面施加法向压力来模拟浆液对地层壁面的支撑作用，在保持其他条件不变的情况下，分别取盾尾注浆压力为 0.05 MPa、0.15 MPa、0.25 MPa 进行计算，计算结果如图 6-15 所示。

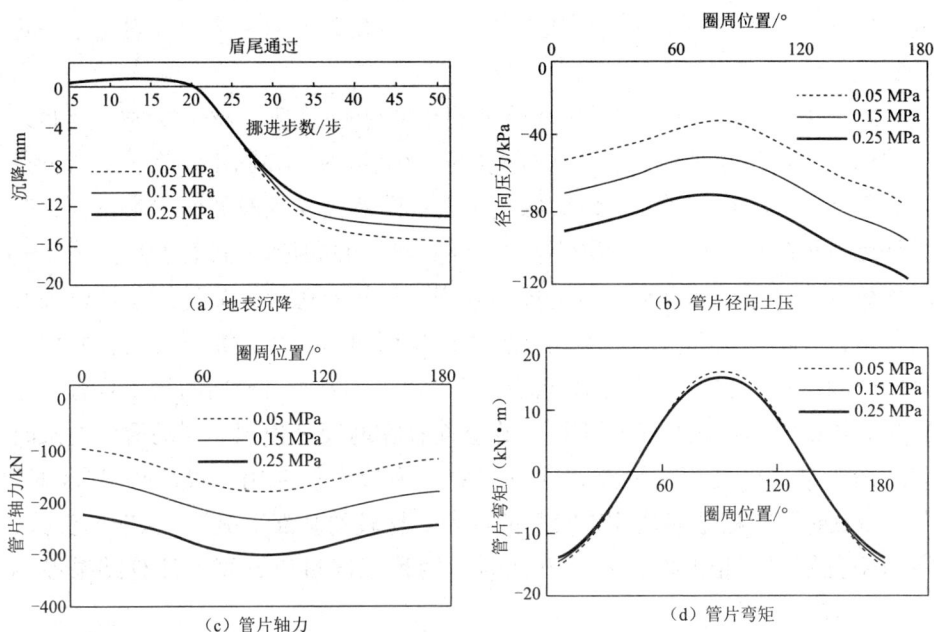

图 6-15 盾尾注浆压力的影响

从地表的沉降曲线可以看出，在盾构机到达之前以及盾构机通过时，地表的沉降基本上与盾尾注浆压力无关，当盾构机通过后，不同注浆压力引起的地表沉降差异开始体现出来，而且这种差异随着盾构机的推进一直存在，直到隧道完全贯通。由于注浆压力的支撑作用，地层向隧道内的挤入以及地表沉降等也就得到了控制，故注浆压力越大，地表的沉降也就越小。注浆压力与地表最大沉降之间基本上呈线性关系，如表 6-6 所示。

表 6-6 不同注浆压力下的地表最大沉降

盾尾注浆压力 /MPa	0.05	0.15	0.25
最大沉降 /mm	15.80	14.44	13.13

地表位移越小，说明隧道开挖引起的应力释放率或位移释放率越小，因而增加盾尾注浆压力可以在一定程度上减小应力或位移释放率。但随着应力或位移释放率的减小，管片结构受到的径向土压力以及管片内力必然会增大。各种工况下，管片结构的受力如图 6-15（b）~ 6-15（d）所示，可见增加注浆压力虽然在一定程度上减小了地表沉降，但却引起管片结构的径向土压力和管片轴力大幅度增加。与管片径向土压和管片轴力不同，管片弯矩

受注浆压力的影响较小，而且随着注浆压力的增加，管片弯矩还得到了一定的降低。

（4）盾尾注浆时间。盾尾注浆的目的在于有效填充盾尾空隙，抑制地层移动。盾尾注浆最好是在盾构推进的同时进行注入（同步注浆）或者推进后立即注入（及时注浆）。地层的土质条件是确定注入时间的先决条件，对易坍塌的松软地层而言，必须在盾尾空隙产生的同时对其进行背后注浆，若盾构机所在地层土质坚硬，自稳能力较强，盾尾空隙产生后地层能够较长时间稳定，并不一定非得在产生盾尾空隙的同时进行背后注浆。可见，盾尾注浆的时间决定了脱环后地层临空面的存在时间，因而对地层的移动具有一定影响。数值模拟中同样采用不同的临空面存在时间来模拟不同的盾尾注浆时间。由于具体的注浆时间难以明确界定，模拟中仅采用"很及时""及时"与"不及时"粗略地表达注浆时间的早晚。比较的基准工况为"及时"注浆，模拟中分别对"很及时"和"不及时"两种工况进行计算，计算结果如图6-16所示。

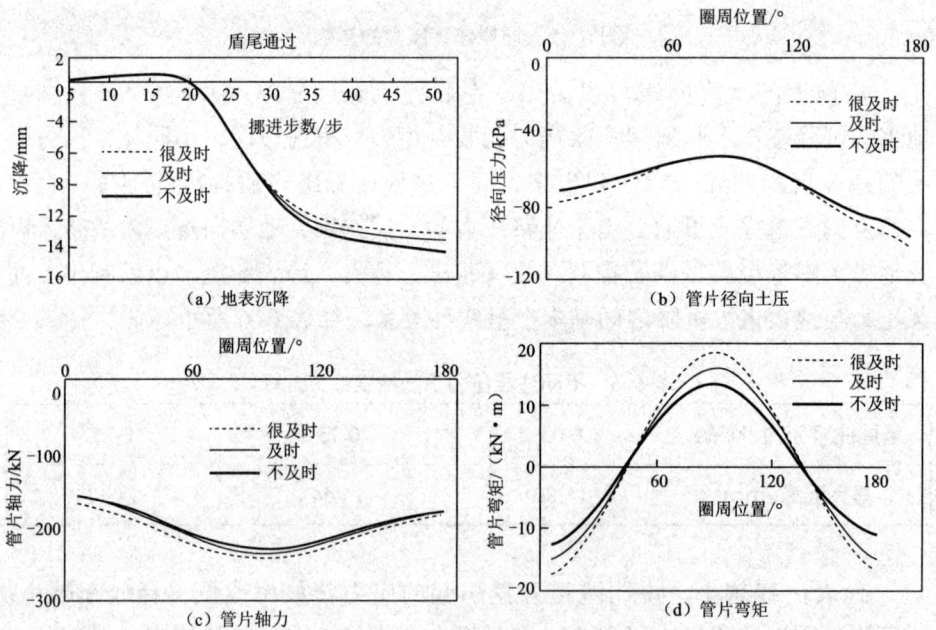

图 6-16　盾尾注浆时间的影响

从地表沉降曲线来看，盾尾注浆的时间仍然只影响盾构机通过后的地表沉降，盾尾注浆越晚，地层临空面的存在时间越长，地表沉降也就越大，如表6-7所示。

表 6-7　盾尾注浆时间对地表最大沉降的影响

注浆时间	很及时	及时	不及时
最大沉降 /mm	13.97	14.44	15.46

盾尾注浆的早晚也影响盾构隧道开挖后的应力释放率，注浆越早，地层临空面存在时间越短，地层的位移或应力释放率也就越小，反之越大。从图 6-16（b）～ 6-16（d）中可以看出，管片上的径向土压及管片轴力受注浆时间的影响较小，而管片弯矩受注浆时间的影响较大。比较注浆"很及时"和"及时"两种工况，管片受到的径向土压，前者比后者增大了 8.0%（顶部）、0.7%（侧部）和 4.7%（底部）；管片轴力增大了 6.3%（顶部）、3.6%（侧部）和 1.5%（底部）；管片弯矩增大了 15.3%（负弯矩）和 16.0%（正弯矩）。

（三）数值模拟结论

通过土压平衡式盾构掘进过程的数值模拟，可以得出如下结论：

（1）掘削面支护压力是掘削面前方地表沉降的主要因素，支护压力越大，地表隆起越大。当支护压力在一个合适的范围内时，改变支护压力几乎不对管片结构受力产生影响，但当支护压力超过平衡压力后，增大支护压力将引起最终管片结构的受力增加。

（2）盾构机超挖量、注浆压力及注浆时间等对地层位移、结构荷载及内力均具有较大影响。超挖量越大，地表沉降越大，同时开挖引起的应力释放率越大，并使管片结构的径向压力、轴力和最大正负弯矩均减小。增加注浆压力可在一定程度上减小地表沉降，但却引起管片结构的径向土压力和管片轴力大幅度增加，且增加了封顶块剪坏的危险。注浆越早，地层的位移或应力释放率也就越小，管片受力越大，反之位移和应力释放率较大，管片受力变小。

二、上软下硬复合地层开挖面稳定分析

（一）土压平衡盾构开挖面的稳定机理

隧道开挖是一个卸荷过程，土压盾构属封闭式盾构（图 6-17）。土压盾构推进时，其前端刀盘旋转掘削地层、土体，掘削下来的土体涌入土舱。当掘削土体充满土舱时，由于盾构的推进作用，掘削土体即对掘削面加压。

当该加压压力（削土压力）与掘削地层的土压＋水压相等时，若能维持螺旋输送机的排土量与刀盘的掘土量相等，就把这种稳定的出土状态称为掘削面平衡，即稳定。要想维持排土量与掘土量相等，掘削土必须具备一定的流塑性和抗渗性。如果土体流塑性和抗渗性较差，需要添加材料混合搅拌进行改良。土压平衡盾构开挖面稳定依靠开挖面稳定机构实现，包括切削机构（刀盘）、掘进机构、添加材料注入装置、混合搅拌机构和排土机构。

　　加泥式土压平衡盾构是在开挖面处加入泥浆、水或化学泡沫等润滑材料，在土舱内通过搅拌叶片将切削下来的土、砂与加入的润滑材料混合，使其变成具有适当塑性、流动性及低透水性的泥土，这种改良后形成的泥土充满土舱和螺旋输送机。加泥式土压平衡盾构利用改良后的泥土产生的泥土压力，平衡地层的水、土压力，保证开挖面的相对稳定，并通过控制盾构千斤顶的推进速度和螺旋输送机的转速，保持土舱内改良土的压力处于适当范围，当掘进量和出土量处于平衡状态时，盾构向前掘进，螺旋输送机排土，盾构掘进继续。

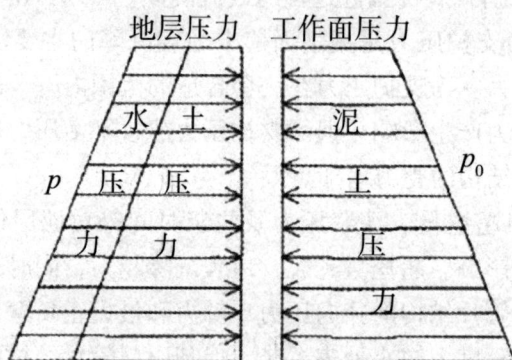

地层压力　工作面压力

p 水 土 压 压 力 力　　泥 土 压 力 p_0

图 6-17　开挖面稳定原理图

　　综上所述，加泥式土压平衡盾构是在掘进过程中对从各计量检测元件上获取的施工参数与预先设定的施工参数目标值进行检查和比较，综合控制掘进机构各组成部分协调动作，实现工作面的稳定，确保施工安全。控制开挖面稳定技术包括泥土压力控制技术、泥土的塑性流动态改良技术、出土量管理技术。

（二）泥土压力控制技术

　　加泥式土压平衡盾构施工中，合理设置泥土压力对控制地表沉降意义重大。泥土压力的设定遵循如下原则：一是土舱内的泥土压力应可以维持刀盘前方的围岩稳定，如果泥土压力偏低会使土体坍塌、地下水流失；二是尽可能减小土舱内的泥土压力，以降低掘进扭矩和推力，提高掘进速度，减少土体对刀具的磨损，最大限度地降低掘进成本。

一般来说，泥土压力＝地下水压力＋土压力＋预备压力。其中，地下水压力可通过钻孔数据正确掌握，但要考虑季节性变化及水面水位变动的影响。土压力有主动土压力、静止土压力和被动土压力，可根据地层条件区别使用。土压平衡盾构预备压力通常取 $10 \sim 20$ kN / m²。为使开挖面稳定，泥土压力波动要小，波动变化大时开挖会不稳定。

盾构施工过程中，刀盘扰动改变了原状天然土体的静止弹性平衡状态，使刀盘附近的土体产生主动土压力或被动土压力。盾构掘进时，如果土舱内泥土压力设置偏低，工作面前部的土体向盾构刀盘方向产生微小移动或滑动，出现土体向下滑动趋势。为抵抗土体向下滑动，土体的抗剪力逐渐增大。当土体的侧向应力下降到一定程度，抗剪强度充分发挥时，其侧向土压力减到最小值，处于极限平衡状态，即主动极限平衡状态，与此相应的土压力称为主动土压力。当土舱内泥土压力设置偏低（接近主动土压力）时，地面出现沉降现象（图 6-18）。

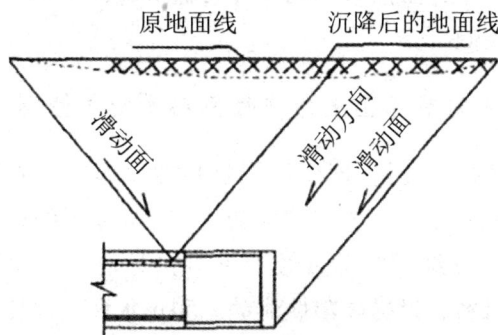

图 6-18　泥土压力设置偏低时地面出现沉降

盾构掘进时，如果土舱内土压力设置偏高，刀盘对土体的侧向应力逐渐增大，刀盘前部的土体出现向上滑动趋势，为抵抗土体的向上滑动，土体的抗剪力逐渐增大，处于极限平衡状态，即被动极限平衡状态，与此相应的土压力称为被动土压力。当土舱内泥土压力设置偏高（接近被动土压力）时，地面出现隆起现象（图 6-19）。

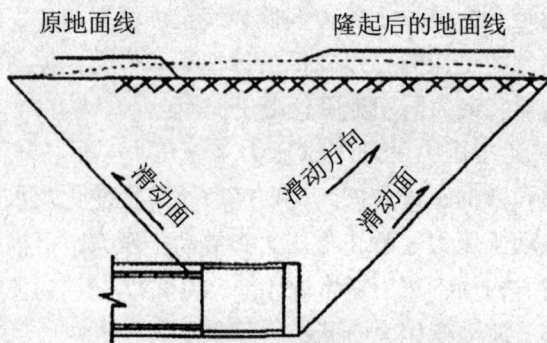

图 6-19　泥土压力偏高时地面出现隆起

除了地层因素，刀盘形式和泥土压力设定值与开挖面稳定直接相关，从面板式与辐条式刀盘泥土压力特性来看，辐条式刀盘的开挖面平衡比面板式刀盘更容易控制。地铁 3 号线一期工程施工中，采用 5 台盾构机，其中 3 台刀盘为面板式，2 台为辐条式。在地层相似、埋深相似地段掘进时，盾构机刀盘形式不同，泥土压力设定值也略有差异。在粉土和粉质黏土中，面板式刀盘泥土压力为 0.12 ～ 0.18 MPa，辐条式为 0.08 ～ 0.12 MPa。在粉质黏土和小粒径砂卵石中，虽然采用同一种刀盘形式，但小粒径砂卵石地层刀盘泥土压力设定值较低。

（三）土压平衡盾构泥土的塑性流动态改良控制

土压平衡盾构掘进时，理想地层是塑性变形好、流塑至软塑状、内摩擦角小、渗透性低的土层，要求细颗粒（75 μm 以下的粉土与黏土）含量为 30% 以上的砂土。在细颗粒含量低于 30% 的砂土或砂卵石地层，必须添加泥或泡沫等改良材料，以提高塑性流动态和止水性。改良材料必须具有流动性、易与开挖土和砂混合、不离析、无污染等特性。纵观国内外土压平衡盾构采用的土质改良剂，主要通过向刀盘、土舱、螺旋输送机内注入膨润土泥浆、发泡剂、水或聚合物进行泥土改良，不同地层所用的改良材料也有所不同。

（四）出土量的管理

1. 盾构掘进出土量的管理

施工时限定地面沉降范围，以控制盾构出土量维持开挖面稳定，如地面出现隆起，加大出土量；地面出现沉降，减少出土量。地表对隆起反应迅速，会产生放射状或不规则的裂缝，而对沉降反应迟钝，需要一段时间，不同地层的地表沉降时间也不一样。对于人断面盾构而言，由于在软硬不均的地层中掘进，各地层释放应力不同，使用哪层泥土压力作为盾构掘进管理设定的压力值较为困难，因此盾构掘进中的出土量管理非常关键。

2. 出土量的管理方法

盾构法施工的出土方式很多，大致分为土箱出土和管道出土两类。土箱出土是常用方法之一，上马快、投资少，但存在出土计量不准、工作面不整洁等缺点。管道出土采用泥水和土压平衡盾构等类型。泥水盾构施工出土采用泥水泵输送，出土效率高，便于管理，但设备投资及泥水分离的成本较高。土压平衡盾构的管道出土采用泵压送、螺旋输送机和排土管等，优点是施工效率高，可防止喷渣和改善作业环境，水平与垂直运输的组合自由度大，作业危险性低。盾构机出土量的控制方法分为质量控制和容积控制。质量控制主要检测运土车质量和用计量漏斗检测出土量；容积控制是比较掘进长度开挖出的土、砂，采用运土车计数方法和根据螺旋输送机旋转次数计算出土量的方法检测出土量。目前，一般采用容积控制方法。

3. 土箱出土的泥土管理

目前，土压平衡盾构采用土箱出土方式。该方法简单易行，通过一个掘进循环装满泥土的土箱数量计算容积，计算结果要在掘进循环后得到。在穿越江河时，遇到软硬不均的复合地层，针对喷渣和涌水状况，应特别注意出土量的实际原状土容积，以防排土过多。本项目掘进过程中要求控制每一循环的出土量，粉细砂、中粗砂地层出土量不大于 5.5 车。根据初始掘进时掌握的土的松散系数，计算掘进中的出土量。在特殊地段掘进时，应严格管理出土量，严禁超挖。根据试验段掘进经验，严格控制沉降时的出土量不能超过理论计算值的 98％。由于添加剂的种类、添加量和排土方式不同，泥土的容积重量随着岩土性质的变化也会改变，因此正确掌握出土量比较困难。排出的土可在半固体状态与流体状态间变化，形状各种各样，因此仅依据出土量控制开挖面坍塌或地表沉降是困难的。出土量的管理只是盾构掘进和施工管理中一个重要方面，可对盾构土仓压力、推进力和掘进速度等施工参数系统监控，进行实时的信息化综合管理，减少掘进参数波动，做到"勤测勤纠"。

三、地表沉降预测及控制

（一）地表沉降

1. 沉降机理分析

在软土地层中，因地层损失和土体扰动，用盾构法施工隧道必然会引起地表变形。土压平衡盾构掘进机的前方和顶部会产生微量的隆起或者沉降，盾尾脱离以后，地表开始下沉并形成一定宽度的沉降槽地带，下沉的速率随时间的增加而逐渐衰减，且与盾构经过的土质、施工工况和地表荷载等有着密切的关系，并表现出相当大的差异性。

从理论上讲，盾构法施工引起隧道周围地表沉降指主固结沉降、次固结沉降和施工沉降（也称瞬时沉降）三者之和。如果不考虑次固结沉降，总沉降应等于地层损失造成的施工沉降和地层扰动引起的固结沉降之和。此时，位于隧道上方的任意土层的相对沉降值是相同的。这是因为随着超孔隙水压力的消散，土颗粒向着它原来的相对位置移动，当超孔隙水压力全部消散完毕，土颗粒也就回到原来的相对位置。

影响地表沉降的因素是十分复杂的，但主要的关键因素有以下几个方面：

（1）盾构隧道掘进时，前方土压力的松弛。盾构舱内土压力是可以控制的，舱内土压力与围岩压力的平衡关系控制着地表沉降的大小。直观上来说，当舱内土压力大于围岩侧压力时，会造成开挖面上方土体上隆；当舱内土压力小于围岩侧压力时，会造成开挖面上方土体下沉。

（2）盾构机与围岩之间的摩擦作用。盾构机向前掘进时，势必会带动周边的土体移动，这种移动表现在盾构机附近土体发生侧移，导致开挖面后方地表产生下沉，开挖面前方土体产生上隆。

（3）盾构机掘进过程中对孔隙水压力平衡的破坏。盾构机在掘进扰动土体的过程中会破坏地下水的平衡，引起孔隙水压力变化，从而引起地表沉降。

（4）盾尾空隙。在盾构机尾部脱出后，围岩和管片之间存在一定的间隙，为土体下沉提供了空间，一般会造成沉降速率较大的变化。

（5）盾构机掘进过程中的姿态。在掘进过程中，盾构机并不是完全按照设计路线前进的，而是在一定的误差范围内前进的。这样的波动增大了对土体的扰动，也增加了地表沉降的可能性。

（6）控制地表沉降采取的施工措施。为了减少地表沉降，在盾构隧道的施工过程中都会采取同步注浆和二次补浆，这会在一定程度上减少沉降速率，但处置不当会形成地表隆起。

（7）管片的变形和下沉。作用在管片上的土压、水压等周边压力不匀使衬砌产生变形，在自重、上部土压及地面荷载作用下所引起的地表变形。

（8）围岩的固结沉降。在盾构机穿越后，后期受扰动土体的重新固结也会增加地表沉降的幅度。

2. 施工过程中地表隆沉的演变

土压平衡盾构在推进过程中所引起的地表沉降，根据始发段实测资料，按地表沉降变形曲线的形态，大致可分为 5 个阶段。

（1）先行沉降，即盾构到达前的地层移动，主要是由于盾构推进对前方土体的挤压或由开挖所造成的地层松弛在开挖面前方产生滑裂面以及地下水位下降，使地层有效应力增加引发的固结沉降。

（2）开挖面前的沉降与隆起，指盾构到达时的地层移动，盾构机通过设置密封舱中的压力来抵抗开挖面处的水土压力，理想状态为两压力平衡。而密封舱内的设置压力要根据实际地层条件预先设定，当设置的抵抗压力不足时，开挖面产生主动土压力，土体向盾构方向移动，产生土体损失，从而引发地层沉降；反之，产生被动土压力，盾构前方土体有上拱趋势，若力设置过大，将引发地表隆起。

（3）盾构机通过时的沉降。盾构机支撑刚体与地层摩擦阻力造成周围地层的扰动影响，盾构外壳与土层之间形成剪切滑动面，剪切滑动面附近土层中产生剪切应力，引起土体变形。

（4）盾尾间隙沉降。理论上讲，管片环外径与隧道开挖直径有一个差值，因而当将拼装好的管片环推出盾尾时，壁后注浆未能及时充填它们之间的空隙，使管片周围的土体产生向隧道内部的径向形变，从而引起地表沉降。

（5）后续沉降阶段，伴随前面地层扰动的固结沉降。这部分沉降反映了地层移动的时间效应。

3. 理论计算

1969 年，Peck 在分析大量地表沉降观测数据的基础上，提出了地表沉降槽符合正态分布曲线的概念，认为地层变形由地层损失引起，施工引起的地面沉降是在不排水的条件下发生的，从而假定地表沉降槽体积等于地层损失体积。地层损失量与盾构种类、操作方法、地层条件、地面环境及施工管理严格程度有关，一般很难进行准确估计。

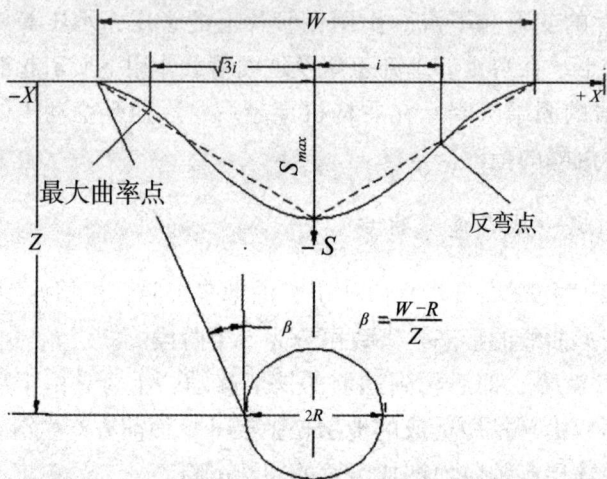

图 6-20　沉降槽横向分布图

对两个监测断面进行理论计算，采用 Peck 公式，YDK13+430 断面和 YDK13+610 断面的覆土厚度和地质参数如表 6-8 所示。

表 6-8　计算断面地质参数

里　程	地质名称	深度 /m		天然重度 γ / (kN · m^{-3})	内摩擦角 ϕ /°	备　注
CK27+430	①素填土	1.82		18.5		隧道穿越粗砂、粉质黏土
	②粉质黏土	4.63	H=10.8	18.9	加权内摩擦角 ϕ =15.2	
	③粗砂	4.35		20.1		
CK27+610	①素填土	3.79		18.5		隧道穿越中砂、粗砂、粉质黏土
	②粉质黏土	3.10	H=10.0	18.9	加权内摩擦角 ϕ =13.8	
	③中砂	3.11		20.1		

横向分布地面沉降估算公式为

$$S(x) = S_{\max} \exp\left(-\frac{x^2}{2i^2}\right) \tag{6-1}$$

$$i = \frac{Z}{\sqrt{2\pi}\, \mathrm{tg}(45 - \varphi/2)} \tag{6-2}$$

式中：$S(x)$为沉降量（mm）；$S_{\max}$为最大沉降量（mm）；x为距隧道中心线处距离（m）；i为沉降槽宽度系数（m）；V为盾构隧道单位长度地层损失（m³/m）；Z为地面至隧道中心深度（m）。其中，地层损失

$$V = \frac{\pi}{4}\left(D_{\text{开挖}}^2 - D^2\right) = \frac{\pi}{4}\left(6.30^2 - 6.28^2\right) \approx 0.20\,\mathrm{m}^3/\mathrm{m}$$

$$Z_1 = 10.8 + 6.34/2 = 13.97\,\mathrm{m}$$

$$Z_2 = 10.0 + 6.34/2 = 13.17\,\mathrm{m}$$

$$i_1 = \frac{13.97}{\sqrt{2\pi}\, tg(45 - 15.2/2)} \approx \frac{13.97}{2.5 \times 0.765} \approx 7.30\,\mathrm{m}$$

$$i_2 = \frac{13.97}{\sqrt{2\pi}\, \mathrm{tg}(45 - 13.8/2)} \approx \frac{13.17}{2.5 \times 0.784} \approx 6.72\,\mathrm{m}$$

沉降槽理论计算值如表6-9所示。

表6-9　沉降槽理论计算值

里　程	覆土厚度H /m	地层损失V /（m³·m⁻¹）	沉降槽宽度系数 i/m	最大沉降量$s_{\max}$ /mm
ZDK13+580	10.8	0.20	7.30	10.93
ZDK13+610	10.0	0.20	6.72	11.87

理论沉降槽曲线图如图6-21和图6-22所示。

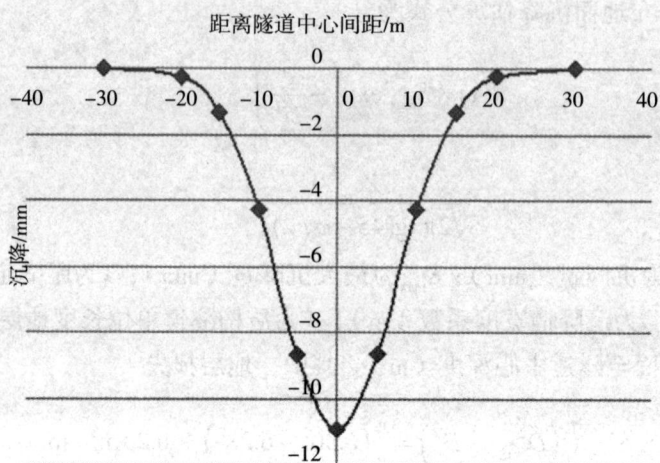

图 6-21　断面 1 横向沉降槽理论值

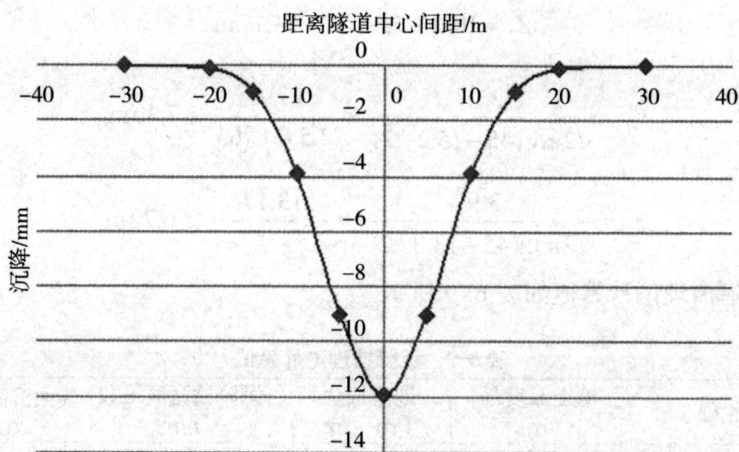

图 6-22　断面 2 横向沉降槽理论值

利用 Peck 公式进行预估，在不考虑盾构超挖或欠挖（亦超压或欠压）的理想情况下，断面 1 的理论最大沉降值为 10.93 mm，断面 2 的理论最大沉降值为 11.87 mm，横向影响范围在隧道中心两侧约 20 m 以内。

4. 断面数据分析

（1）断面 1 右线地表沉降曲线如图 6-23 所示。

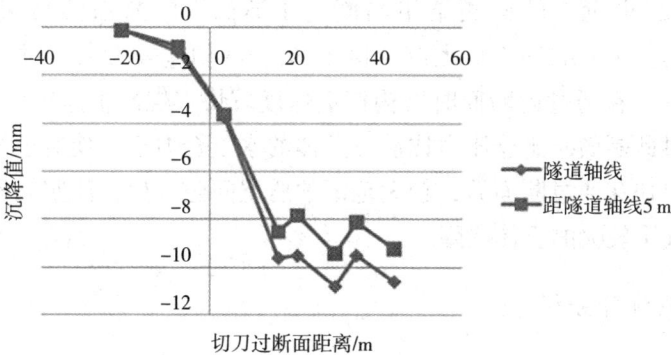

图 6-23　断面 1 右线地表沉降曲线

从图 6-23 断面 1 的右线监测结果来看，在切口距断面 20 m 左右（3D）时，盾构开始有沉降发生，在距断面 7.5 m 之前的沉降都很小，这是由于土仓压力设置与前方土水压力和相当，没有引起前方土体的隆起。在盾构接近和通过断面时，沉降速率加快，这段主要是由于土体的开挖引起的土层损失以及盾壳前进时的摩擦引起土体扰动，从而产生土体沉降。在切口过断面 16.5 m 时，盾尾脱出后，由于盾尾间隙的形成以及盾尾注浆未及时发挥作用，此时的沉降最快。在切口过断面 21 m 以后，沉降速率变缓，到切口过断面 44 m 后，沉降基本稳定。在切口过断面 16.5 m 以前，隧道轴线上和距隧道轴线 5 m 处的沉降基本一致；在切口过断面 16.5 m 以后，沉降出现差异，最终沉降相差 2 mm。

沉降监测的最大值为 10.8 mm，这与 Peck 曲线中的最大沉降值 10.93 mm 很相近，说明在此段推进时，很好地控制了土仓压力和注浆压力注浆量等参数，未出现超挖，很好地控制了地表沉降的发展。

（2）断面 2 右线地表沉降曲线如图 6-24 所示。

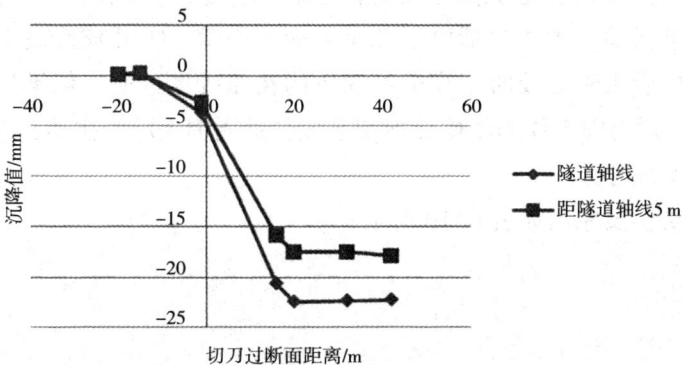

图 6-24　断面 2 右线地表沉降曲线

图 6-24 断面 2 的监测结果与断面 1 类似，此断面的最大沉降值为 22.4 mm，与 Peck 的理论最大沉降值 11.93 mm 相差较大。通过对盾构参数的分析发现，在通过此断面时盾构掘进速度较快，螺旋输送带的转速加快，因此在通过此断面时土仓压力比前方土体的水土合力小，使对土体的沉降较大。再加上快速通过断面后，较大范围的盾尾间隙产生，注浆来不及发挥作用，也引起了较大的土体沉降。

5. 地表沉降分析

（1）盾构推进各阶段的沉降百分比如图 6-25 所示。

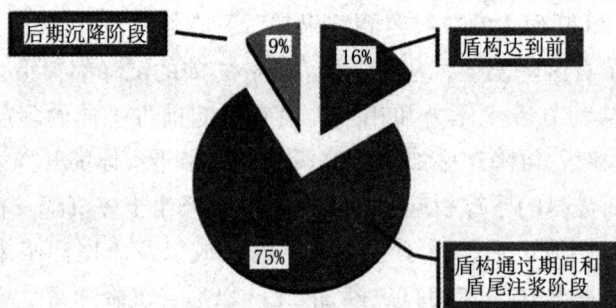

图 6-25　盾构推进各阶段沉降百分比

从图 6-25 可以看出，对于砂土为主的土层，前期沉降占 16%，而主要的沉降集中在盾构通过期间和盾尾注浆阶段，占了 75%，后期沉降只占 9%。由此可知，盾构在通过期间和盾尾注浆阶段的参数设置很重要，如土仓压力的控制、注浆量和注浆压力的设定等，还表明砂土在扰动后的固结速率比较快。

（2）施工期间隧道沉降主要是由于盾构推进时对周围土体的扰动以及注浆等施工活动，主要包括以下几个方面的因素：①开挖面底下的土体扰动；②盾尾后压浆不及时不充分；③盾构在曲线推进或纠偏推进中造成超挖；④盾壳对周围土体的摩擦和剪切造成隧道周围土层的扰动；⑤盾构挤压推进对土体的扰动。

沉降类型及原因如表 6-10 所示。

表6-10 土体沉降类型及原因

沉降类型	原 因	应力扰动	变形机理
初始沉降	土体受挤压而压密	孔隙水压力减小、有效应力增加	孔隙比减小，土体固结
盾构工作面前方的沉降	工作面处施加的土压力过小	孔隙水压力增加、总应力增加	土体压缩，产生弹塑性变形
土体压缩，产生弹塑性变形	土体施工扰动，盾构与土体间剪切错动，出土量过多	土体应力释放	弹塑性变形
盾尾空隙沉降	土体失去盾构支撑，管片背后注浆不及时	土体应力释放	弹塑性变形
土体次固结沉降	土体次固结沉降	土体应力松弛	蠕变压缩

（3）土体在盾构掘进速度较慢的情况下，容易发生液化而造成更大的土体沉降，因此在通过富水砂层时，应尽量快速通过，避免停留时间过长。

（4）由于地理位置的特殊，沉降点的选取受到限制，一个断面最多只布置了两个监测点，无法分析横向沉降槽的规律。监测时间点不能很好地和盾构掘进相联系，只是按照自己的时间安排进行，大致是上午下午各监测一次，使盾构在通过期间时不能得到变化过程的数据。由于穿越高速比较麻烦，选取的参考点（即沉降监测时默认的不动点）离隧道太近，无法保证其绝对不沉降。

（二）分层沉降监测

1. 分层沉降仪构造及原理

常用的分层沉降仪由磁铁环、保护管、探测头、指示器等组成。一般情况下，每层土体里应设置一个磁铁环，在基坑土体发生变形的过程中，土层和磁铁环同步下沉，设在顶部的指示器指示应变的大小，从量测的应变值可得到磁铁环的位移值，最终得到地层的沉降情况。分层沉降仪安装时，需要先在土里钻孔，再将磁铁环埋入孔中预先设置的位置，并在孔中注入由膨润土、细砂、水泥等按比例制成的砂浆，将分层沉降测管与孔壁之间的空隙填实。其示意图如图 6-26 所示。

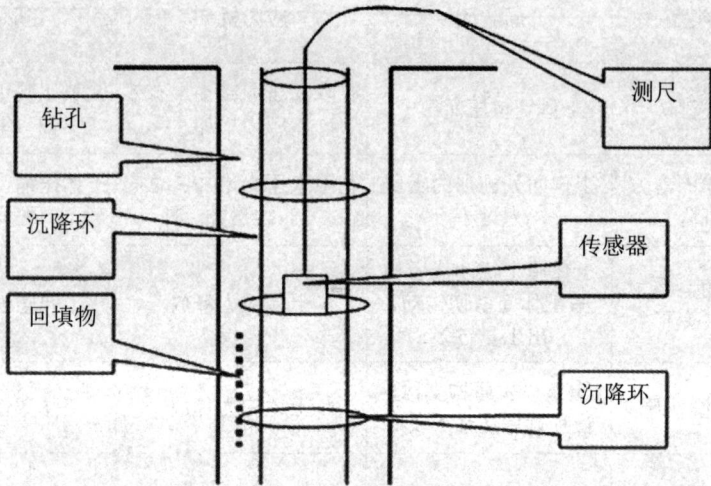

图 6-26　分层沉降示意图

分层标埋好后，至少要在 5 d 之后才能进行观测。分层沉降仪所用传感器是根据电磁感应原理设计的，将磁感应沉降环预先通过钻孔方式埋入地下待测的各点位，当传感器通过磁感应环时，产生电磁感应信号送至地面仪表显示，同时发出声光报警。读取孔口标记点上对应钢尺的刻度数值，即为沉降环的深度。每次测量值与前次测值相减即为该测点的沉降量。为了减小误差，在传感器放下和拉上的过程均要读数。量测频率如表 6-11 所示。

表 6-11　分层沉降量测频率

量　测　频　率				
测量项目	测量仪器	开挖面距量测断面前后 ≤ 10 m 时	开挖面距量测断面前后 ≤ 30 m 时	开挖面距量测断面前后 > 30 m 时
管顶高程	水准仪	3 次 / 天	2 次 / 天	1 次 /3 天
管顶高程	沉降仪	3 次 / 天	2 次 / 天	1 次 /3 天

2. 断面数据分析

（1）断面 1。断面 1 分层沉降监测布置图如图 6-27 所示。

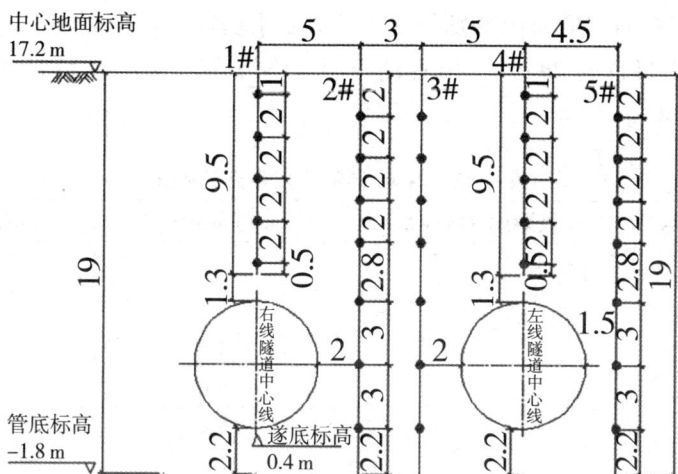

图 6-27　断面 1 分层沉降监测布置图

由于 1# 孔在盾构通过时出现冒浆，其上覆土层只监测到盾构达到前的沉降变化曲线，如图 6-28 所示。

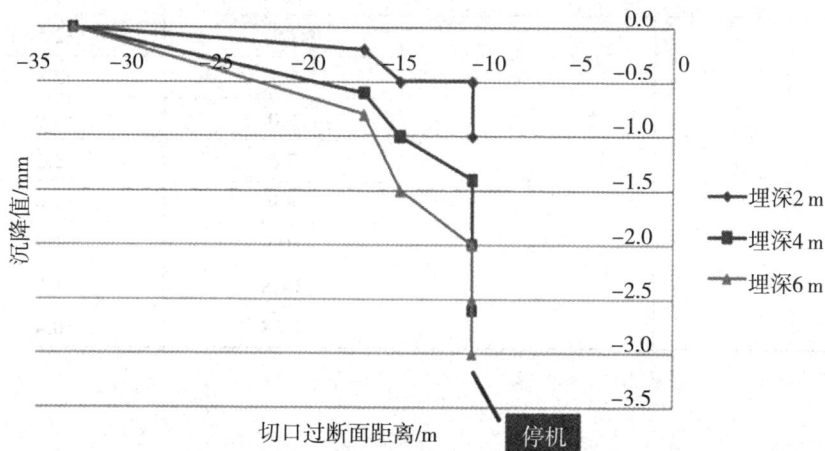

图 6-28　断面 1 右线隧道轴线上覆土层沉降变化曲线

从图 6-28 可以看出，在盾构距断面较远时影响较小，随着盾构刀盘的靠近，由于土体的开挖以及盾壳与土体之间的摩擦剪切作用造成土体的损失，前方土体有向临空面运动的趋势，因而沉降值开始增大，埋深越深，沉降越大。在盾构距断面 11 m 左右时，皮带断裂，不得不停机换皮带。在此期间，沉降继续增大。分析其原因，土体受施工扰动后将形成超静孔隙水压力区，在长时间停机后，超孔隙水压力下降，孔隙水消散，土体发生固结作用，引起土层主固结沉降，如果停顿时间长，土体仍会产生蠕变，发生次固结沉降，这样四周的松土特别是砂土就会发生坍落，从而更容易造成沉降。

离隧道最近的 2# 孔和 3# 孔的土层最终沉降值如表 6-12 所示，其示意图如图 6-29 所示。

表 6-12 2# 和 3# 孔土层最终沉降值

孔　号	到隧道轴线距离 /m	深度 /m	最终沉降值 /mm
2	5	2.1	-5.0
		4.1	-5.8
		4.9	-6.2
		6.0	-7.9
		7.9	-8.5
		8.8	-8.0
		9.9	-5.3
		11.9	-3.8
		13.9	-1.0
		16.3	-0.6
3	8	1.1	-2.5
		3.2	-2.8
		5.0	-4.0
		7.0	-3.5
		8.9	-2.8
		10.9	-1.7
		14.8	-1.0
		16.8	-0.4

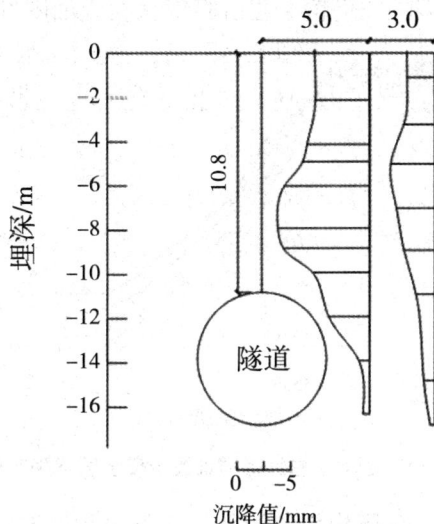

图 6-29 2# 和 3# 孔土层最终沉降示意图

从距隧道较近的 2# 孔和 3# 孔的分层沉降结果可知，随着埋深的增大，沉降值先增大后减小。其中，2# 孔的沉降最大值为 8.5 mm，发生在埋深 7.9 m 处；3# 孔的沉降最大值为 4.0 mm，发生在埋深 5.0 m 处。越往下，沉降值越小，到隧道底的时候沉降趋于 0。这是因为隧道在开挖过程中的影响范围为从隧道开始向上呈辐射状，在辐射影响范围内的土体会随着离隧道的距离的减小而沉降增大，从地表开始，埋深越大，离隧道的距离也越小；在辐射影响范围外的土体，即埋深较深的土体，会随着离影响范围越远而沉降减小，在隧道底的沉降值几乎为 0。

（2）断面 2 数据分析。断面 2 分层沉降监测布置图如图 6-30 所示。

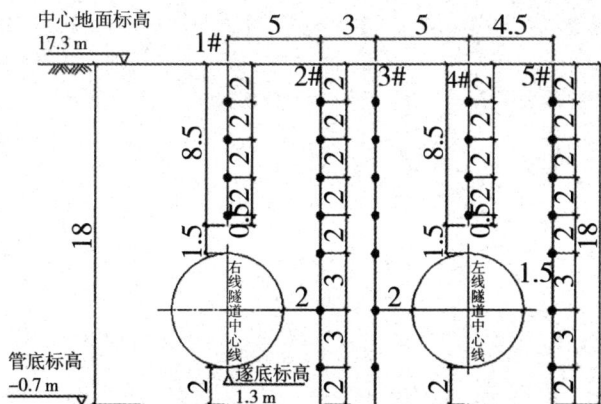

图 6-30 断面 2 分层沉降监测布置图

断面 2 右线隧道轴线上覆土层沉降变化曲线如图 6-31 所示。

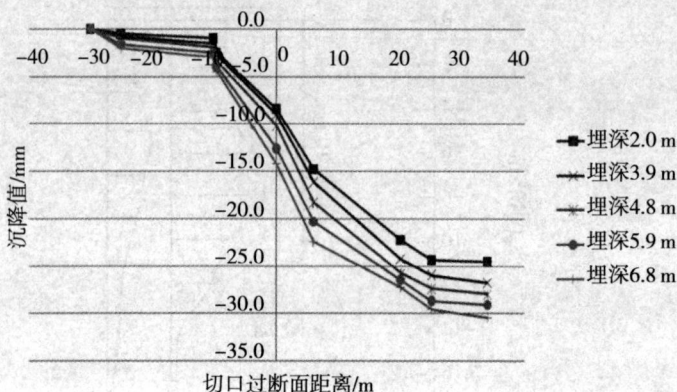

图 6-31 断面 2 右线隧道轴线上覆土层沉降变化曲线

从监测结果看，在盾构距监测断面 10 m 以前的各层沉降都比较小，因此沉降差异不明显。在刀盘接近断面时开始出现沉降差异。这主要是盾构机掘进速度较快，螺旋输送带转速加快使土体排除加快，致使土仓压力偏小，沉降加快。沉降最快的阶段发生在盾构通过断面以及盾尾通过后 10 m 范围内，这是由于盾壳的摩擦剪切作用，刀盘与盾壳的直径差引起的土层损失和盾尾间隙引起的土层损失，以及盾尾通过后速度仍然很快，只是注浆未大范围产生效果而引起的。刀盘通过断面 20 m 后，沉降趋于稳定，主要是盾尾注浆已经发生作用，砂土受扰动后排水快，能在这段时间内固结很大部分，之后的次固结作用发生相对缓慢。埋深越大的土层沉降量越大，这是因为在隧道正上方的土体埋深越大，与隧道临空面的距离越小，土体扰动越大，沉降量也越大。在埋深 6.8 m 的土层最终沉降值达到了 30 mm。

参考文献

[1] 北京交通大学.地铁工程施工安全管理与技术[M].北京：中国建筑工业出版社，2012.

[2] 陈克济.地铁工程施工技术[M].北京：中国铁道出版社，2014.

[3] 陈馈，洪开荣，焦胜军.盾构施工技术（第二版）[M].北京：人民交通出版社，2016.

[4] 陈鹏，杨能.探究城市轨道交通车站深基坑施工中的相关技术措施[J].科技与企业，2014，22（73）：78-80.

[5] 邓尤东，雷军，陈俊.地铁土建工程施工关键技术——长沙地铁四号线[M].北京：中国建筑工业出版社，2020.

[6] 丁立超.基于盾构法的地铁施工安全风险评估[D].北京：中国矿业大学，2020.

[7] 段军朝.城市轨道交通地铁土建工程总承包管理指南[M].北京：中国建筑工业出版社，2019.

[8] 傅鹤林，董辉，邓宗伟.地铁安全施工技术手册[M].北京：人民交通出版社，2012.

[9] 龚少飞.大型地铁车站深基坑支护方案优化设计研究[D].武汉：湖北工业大学，2020.

[10] 郭帅帅.地铁隧道双护盾TBM施工衬砌结构变形与控制技术[D].绵阳：西南科技大学，2019.

[11] 郭馨阳.地铁车站横向洞盖法施工与PBA工法施工力学特性对比分析[D].北京：北京交通大学，2019.

[12] 贺丽娟，任莉莉.地铁施工技术[M].成都：西南交通大学出版社，2020.

[13] 姚占虎，石振明，石新栋.水下隧道盾构检测与维修技术[M].上海：上海科学技术出版社，2019.

[14] 胡鹰.地铁土建工程技术与管理实务（第2版）[M].北京：人民交通出版社，2019.

[15] 胡友刚.地铁隧道穿越敏感异形板桥的风险控制技术研究[D].北京：北京交通大学，2020.

[16] 黄海滨.深基坑施工对近接地铁盾构隧道变形的影响及控制研究[D].广州：华南理工大学，2019.

[17] 黄力平.复杂环境条件下地铁土建施工技术创新与实践[M].北京：人民交通出版社，2018.

[18] 贾帮辉.浅埋暗挖车站地铁关键节点空间分析[D].沈阳：沈阳建筑大学，2020.

[19] 兰开江.先盾构隧道后矿山法横通道竖井施工关键技术研究[D].西安：西安理工大学，2020.

[20] 李俊峰.深基坑支护结构分析与应用研究[D].成都：西南交通大学，2015.

[21] 李勇.地铁深基坑变形规律施工监测与数值模拟[D].衡阳：南华大学，2019.

[22] 李玉盟.上软下硬复合土层中土压平衡盾构法施工技术研究[D].西安：西安建筑科技大学，2020.

[23] 李云飞.地铁车站信息化施工及安全协同管理研究[D].大连：大连交通大学，2019.

[24] 刘光，李昊勇.深圳地铁民治站深基坑施工技术[J].石家庄铁道大学学报（自然科学版），2009（1）：109–111.

[25] 刘哲强.测量机器人在地铁隧道自动化变形监测中的应用[D].西安：西安科技大学，2020.

[26] 马骏.地铁车站深基坑支护BIM技术[D].石家庄：石家庄铁道大学，2019.

[27] 马小玲.BIM技术在地铁工程中的应用研究[D].沈阳：沈阳建筑大学，2017.

[28] 任远，田建兆.城市轨道交通车载信号系统[M].北京：北京交通大学出版社，2019.

[29] 沙涛.哈尔滨地铁2号线土建工程项目施工质量控制研究[D].哈尔滨：哈尔滨理工大学，2019.

[30] 深圳地铁有限公司.城市轨道交通快线关键技术创新与应用——深圳地铁11号线工程[M].北京：人民交通出版社，2018.

[31] 沈荣.地铁车站土建工程施工过程质量管控研究 [D]. 武汉：华中科技大学，2018.

[32] 王亮.城市轨道交通新线筹备应用指南 [M]. 北京：中国建筑工业出版社，2021.

[33] 王路杰.浅埋暗挖地铁车站施工风险评价研究 [D]. 青岛：山东科技大学，2017.

[34] 王宁.基于 BIM 的地铁明挖车站施工进度管理研究 [D]. 北京：中国地质大学，2019.

[35] 宣杰.盾构施工对地表沉降影响及预测 [D]. 合肥：合肥工业大学，2020.

[36] 闫正罡.地铁隧道盾构法施工地表沉降研究 [D]. 淮南：安徽理工大学，2020.

[37] 张睿.地铁盾构下穿立交桥施工技术研究 [D]. 成都：西南交通大学，2019.

[38] 张雪丽.地铁盾构隧道施工端头土体与管片结构可靠度研究 [D]. 沈阳：沈阳建筑大学，2020.

[39] 张子龙.复杂条件下大跨度拱盖法车站施工关键技术研究 [D]. 大连：大连海事大学，2020.

[40] 赵智成.基于 BIM 的大型分体式地铁车站施工关键技术研究 [D]. 哈尔滨：哈尔滨工业大学，2020.

[41] 竺维彬.岩溶区地铁土建工程风险防控技术 [M]. 长沙：中南大学出版社有限责任公司，2020.